日本流通学会設立25周年記念
出版プロジェクト

3 商品の安全性と社会的責任

日本流通学会 [監修]

小野　雅之 [編著]
佐久間英俊

東京　白桃書房　神田

まえがき

　本書は，日本流通学会設立25周年記念出版プロジェクト「現代流通シリーズ」全5巻の第3巻として企画・出版したものであり，商品の安全性と社会的責任に関する10編の論考から構成されている。

　今日，私たち消費者は多種多様の商品を使用することやサービスを利用することによって，日々の生活を営んでいる。これらの商品やサービスから，消費者は何らかの便益（有用性）や効用（満足）を得ており，もはや商品の使用やサービスの利用なくしては，私たちの生活は成り立たない。しかし，その反面で商品やサービス自体がもつ欠陥や，その商品やサービスを提供する企業等の反倫理的行為によって，消費生活における消費者の安全や安心が阻害されることもある。

　わが国では，高度経済成長期以降，消費者が使用・利用する商品やサービスの種類と量が飛躍的に増加するなかで，工業製品や農産物・加工食品，さらにサービスを含めた多くの商品に起因する消費者被害が続発した。しかも，消費者被害が個別的・偶発的なものではなく，広範化・大規模化することによって，消費者個々の問題だけにとどまるものではなく，社会的な問題となってきた。

　もちろん，商品の安全問題に起因する消費者被害の防止や被害からの回復のために，多くの取り組みが行われてきた。政府や地方公共団体は，「消費者保護基本法」（1968年制定）および2004年にそれを改正した「消費者基本法」と多くの関連法に基づいた消費者行政を進めてきた。さらに，2009年には消費者行政を一元的に推進するために消費者庁と消費者委員会が設置され，2012年には消費者安全調査委員会も設置されている。企業等でも，コンプライアンスの徹底に加えて，CSRやソーシャル・マーケティングにも取り組むようになってきた。さらに，安全な商品を求める消費者や消費者組織による運動が，消費者行政や企業の取り組みを監視し，後押ししてきたことは言うまでもない。しかし，今日においても商品の安全問題に起因する消費者被害は頻発しており，健康・生命に関わる深刻な被害が発生したケースも

多数あることから，問題が解決されたわけではない。

　本書では，このような商品の安全問題を社会的責任の視点から取り上げ，その発生の背景や具体的様相を明らかにするとともに，消費者の立場に立って問題解決の展望を示すことをねらいとしている。

　商品の安全に社会的責任を持つ主体は多様である。商品を製造・販売する企業の社会的責任はもちろんのこと，主として家族経営で営まれている農漁業者や中小商工業者，農漁業者団体やNPO等の非営利組織，政府や地方公共団体の行政機関の役割も大きい。さらには，消費者にも消費生活の主体として，また「消費者の権利」の行使や「消費者主権」実現の主体としての役割が存在すると考えられる。もちろん，それぞれの主体によって問われる社会的責任や役割には違いがあり，商品の安全に第一義的な社会的責任が問われるのは，商品を製造・販売する企業であることは言うまでもない。

　そこで，第Ⅰ部「理論編」では，商品の安全と消費者の信頼の確保に関する企業の社会的責任についての理論的考察を行う。序章「商品の安全と企業の社会的責任，「消費者の権利」」（執筆者：小野雅之）では，本巻全体の総論として，企業の社会的責任と「消費者の権利」の視点から商品の安全問題について論じた。第1章「安全問題とソーシャル・マーケティング」（執筆者：佐久間英俊）は，企業による安全侵害の特質や不祥事の増加要因を整理した上で，ソーシャル・マーケティングの概念に基づいて，企業の社会的責任を論じている。第2章「CSR論の系譜と課題」（執筆者：山下裕介）では，アメリカにおけるCSR論の発展・展開の歴史を理論的に概観するとともに，その意義と今後の課題について論じている。

　ところで，安全問題の現れ方には商品によって違いがあり，商品別の検討が必要になる。そこで，第Ⅱ部「安全侵害の現状分析」では，消費者に身近であるにもかかわらず相次ぐ事故によって安全が脅かされるとともに，消費者の不安感や不信感が強まっている食品を対象に，安全侵害の現状と安全確保の課題について論じている。第3章「グローバリゼーションと食品の安全問題」（執筆者：樫原正澄）は，グローバリゼーションの進展と新自由主義のもとでのわが国の食品安全問題の所在と食品安全行政の展開を整理し，食の安全・関心の確保のための課題を論じている。第4章「農畜産物の安全性

問題」(執筆者:野見山敏雄)では,市場メカニズムにのみ立脚できない農畜産物の安全性確保に関して,商品の使用価値の側面と人と人との関係性を重視する「半商品」概念を用いて論じている。第5章「水産物の安全問題」(執筆者:古林英一)は,その特性から農畜産物に比べて安全問題のリスクが高い水産物を取り上げ,危害要因の検討を踏まえて安全性確保の枠組みを考察している。第6章「加工食品の安全問題」(執筆者:矢野泉)は,今日の食料消費において不可欠のものとなっている加工食品を対象に,その特徴を踏まえて安全性確保対策を消費者の食生活の観点から検討している。第7章「放射能と食の安全」(執筆者:池上幸江)では,被災地に大きな被害を与えるとともに国民全体にも強い不安をもたらした福島原発事故を対象に,放射能と食の安全,国民の健康について論じている。

以上の論考を踏まえて,第Ⅲ部「安全問題と消費者」では,企業の社会的責任を監視し,その実行を確保するための政策・制度と,消費生活の主体である消費者の役割と課題について考察する。第8章「安全に関わる消費者保護の現状と課題」(執筆者:古谷由紀子)は,消費者の安全確保に関わる法・制度の歴史と現状に関する検討を通じて,消費者からみた今後の安全確保の課題を論じている。第9章「消費者主権と消費者による監視の可能性」(執筆者:伊藤祥子)は,消費者主権を実現する主体である消費者による監視の可能性を,ICTの利用による監視を通じて追究している。

今日の商品の安全問題は多様化・複雑化していることから,本書で取り上げることができなかった課題や論点も多く残されているが,同時に今後の研究にとって有益な視点の提示や問題提起を多少なりとも行えたのではないかとも考えている。大方のご叱責をお願いする次第である。

最後に,編集にあたって多大な労を執っていただいた白桃書房の大矢栄一郎社長に感謝を申し上げる。

2013年9月

編著者　小野雅之,佐久間英俊

目 次

まえがき i

第Ⅰ部　理論編

序章　商品の安全と企業の社会的責任,「消費者の権利」……3

1　はじめに　3
2　商品の安全と消費者問題　4
　　2－1　商品の安全と消費者問題　2－2　広がりと強まりをみせる消費者の不安と不信
3　商品安全問題発生の背景と消費者被害の特徴　10
　　3－1　商品安全問題発生の要因　3－2　商品の安全問題による消費者被害の特徴
4　商品の安全と「消費者の権利」,「食の人権」　14
　　4－1　商品の安全と「消費者の権利」　4－2　食品の安全性と「食の人権」
5　商品の安全確保の法と制度　16
　　5－1　「消費者基本法」と商品安全問題　5－2　「食品安全基本法」と食品の安全確保対策　5－3　「消費者の権利」と「食の人権」と消費者の役割
6　おわりに　19

第1章　安全問題とソーシャル・マーケティング……23

1　はじめに　23

2　企業活動が生む安全侵害の諸問題　23
　　　　2－1　安全侵害問題とは何か　2－2　安全侵害問題の特質
　　　　2－3　近年不祥事が増加する原因
　　3　消費生活の安全・安心とマーケティング　33
　　　　3－1　ソーシャル・マーケティングの概念　3－2　ソーシャル・マーケティングの具体例　3－3　営利企業の利潤志向と社会志向　3－4　CSRに関する既存理論
　　4　営利企業に責任を果たさせるために　38
　　　　4－1　政府の果たすべき役割　4－2　日本政府の既存政策の問題点
　　5　おわりに　41

第2章　CSR論の系譜と課題　…………………………………49

　　1　はじめに　49
　　2　CSR論の系譜　50
　　　　2－1　1950年代・1960年代のCSR論　2－2　「企業と社会」論　2－3　1970年代初頭のCSR論　2－4　「企業の社会的即応性」論としてのCSR論　2－5　「企業倫理」論の展開　2－6　企業の倫理学としての「企業倫理学」
　　3　CSRを巡る各種の多様な議論　62
　　4　おわりに―今後の課題「企業倫理の社会的制度化」―　65

第Ⅱ部　安全侵害の現状分析

第3章　グローバリゼーションと食品の安全問題　……………71

　　1　はじめに―新自由主義とグローバリゼーション―　71
　　2　世界的な食糧需給の動向　71
　　　　2－1　農産物貿易の特質　2－2　穀物需給の動向　2－3　穀物国際価格の変動　2－4　食料需給要因の複雑化

3　農産物貿易交渉の動向　79

　　3-1　GATT体制からWTO体制へ　3-2　WTO農業交渉の流れ　3-3　日本のEPA／FTAの取り組み

4　日本における食の安全行政　82

　　4-1　食の安全をめぐる状況　4-2　食の安全行政

5　食の安全と国際関係　88

　　5-1　WTO協定　5-2　SPS協定　5-3　コーデックス委員会

6　日本の食生活と食品安全問題　89

　　6-1　食生活の変化　6-2　食の安全確保システム

7　おわりに―食の安全・安心の確保をめざして―　95

　　7-1　食品行政の動向　7-2　市民団体の動向

第4章　農畜産物の安全性問題
――半商品経済からのアプローチ―― ……………99

1　はじめに―食と農のグローバル化と安全性問題―　99

2　半商品の概念規定と農畜産物の半商品性　101

　　2-1　内山節の半商品論　2-2　農畜産物と半商品経済

3　農畜産物の安全性問題の本質　104

　　3-1　食料消費の動向と農畜産物の安全性　3-2　農畜産物市場の心性論　3-3　産直事業と運動の展望

4　放射能汚染と農畜産物の安全と安心　111

　　4-1　放射能汚染と食品のリスクマネジメント　4-2　未来を支える世代には，より安全な食品を

5　おわりに―これからの農畜産物の安全問題―　113

第5章　水産物の安全問題 ………………119

1　はじめに　119

2　水産物の危害要因　120

　　2-1　危害要因の種類　2-2　魚食文化に基づく対応とその

限界　2-3　環境汚染による危害要因　2-4　養殖魚の化学物質汚染
　3　安全性確保の枠組み　125
　　　3-1　表示と偽装　3-2　養殖業の安全確保　3-3　放射能汚染
　4　北海道標津町の地域HACCP　131
　　　4-1　地域HACCP導入の背景　4-2　地域HACCP導入の契機とその概要
　5　おわりに　134

第6章　加工食品の安全問題　139

　1　はじめに―本章の課題―　139
　2　加工食品とは何か　140
　　　2-1　加工食品の定義　2-2　加工食品の消費拡大の背景と商品特性　2-3　加工食品市場と食品製造・加工業　2-4　小括
　3　日本における加工食品の安全性の担保　146
　　　3-1　加工食品の安全性と危害要因　3-2　加工食品に関するリスク評価―食品添加物を例に―　3-3　食品の製造・加工工程における安全性担保―HACCPを例に―
　4　消費者の食生活と加工食品の安全性問題　153
　　　4-1　加工食品に対する不安と食生活　4-2　加工食品の表示問題と安全性
　5　おわりに　156

第7章　放射能と食の安全　161

　1　はじめに　161
　2　食品の安全確保の制度　161
　3　福島第一原発事故で問題となる放射性物質　162
　　　3-1　放射性物質に関する基本　3-2　福島第一原発事故で

問題となる放射性物質
4 食品の放射性物質の基準　164
　4−1　福島第一原発事故以前の規制と事故後の対応　4−2　暫定規制値　4−3　日本の行政機関の放射能に対する考え方　4−4　新基準値　4−5　食品の放射能検査体制　4−6　福島第一原発事故に伴う食品の放射能汚染実態
5 放射性物質の健康影響　170
　5−1　放射性ヨウ素の健康影響　5−2　放射性セシウムと放射性ストロンチウム　5−3　確定的影響と確率的影響　5−4　被曝経路による区別　5−5　放射線とがん
6 福島第一原発事故後の食事からの内部被曝量の測定　174
　6−1　東京大学生産技術研究所による食品からの年間被曝量の試算　6−2　厚生労働科学研究における試算　6−3　京都大学などによる実測　6−4　日本生活協同組合連合会による実測　6−5　自治体による給食の検査
7 放射線から身を守る食生活　177
　7−1　食品中の放射性セシウムを低減する調理法と加工法　7−2　食生活によって放射能から身を守る
8 おわりに　180

第Ⅲ部　安全問題と消費者

第8章　安全に関わる消費者保護の現状と課題 …………187

1 はじめに　187
2 消費者保護の発展について　187
　2−1　戦後から消費者保護基本法成立（1968）の時期まで　2−2　消費者保護基本法（1968）成立から規制緩和の時期まで　2−3　規制緩和から消費者庁創設までの時期　2−4　消費者庁（2009）創設以後

3　消費者の安全に関わる仕組みの現状　　193
        3-1　消費者の安全に関わる関係者の取組み　3-2　消費者の行動から見る安全　3-3　リコール制度　3-4　事故情報収集・公表制度　3-5　消費者への情報提供とコミュニケーション　3-6　事故原因の究明と再発防止　3-7　消費者教育その他
    4　消費者から見た課題　　201
        4-1　消費者の使用実態から見た課題　4-2　リコールの実態から見た課題　4-3　消費者への情報提供から見た課題　4-4　消費者の被害回復から見た課題
    5　おわりに―これからの安全に関わる消費者保護の取組み―　　203

第9章　消費者主権と消費者による監視の可能性　　207

    1　はじめに　　207
    2　現代の市場と消費者主権　　208
        2-1　消費者主権とは　2-2　消費者主権のとらえ方にみる今日的な消費者像　2-3　消費者保護論の消費者像を超えて
    3　ICTと消費者主権　　211
        3-1　ICTと消費者主権をとらえる3つの視座　3-2　ICTと問題解決のためのネットワーク
    4　ICTを用いた消費者による監視の可能性　　217
        4-1　情報化社会における監視機能　4-2　食品トレーサビリティにおける監視機能
    5　おわりに　　223

第Ⅰ部

理論編

序章

商品の安全と
企業の社会的責任，「消費者の権利」

1　はじめに

　今日の消費生活は，多種多様な商品の利用のうえに成り立っている。消費者が，安全と安心が確保された消費生活を営むためには，商品の安全・安心の確保は必須のものである[1]。しかし現実には，商品自体が持つ欠陥やその商品を製造・販売する企業等の非倫理的行為によって，消費生活の安全や消費者の安心が阻害される消費者被害が多発してきた。もちろん，消費生活の安全と消費者の安心，信頼の確保のための取り組みは，消費者行政においても，また企業等においても2000年代に入って強められてきた。しかし，消費者被害は後を絶たないばかりか，より広範化・社会化している。本章では，このような消費者被害を「消費者の権利」，なかでも「安全への権利」の侵害と捉える。

　本章では，商品の安全確保に第一義的な責任を有する企業の社会的責任を，「消費者の権利」の視点から考察することを目的とする。以下では，まず商品の安全・安心に関する消費者被害や意識の状況について概観し，次に商品安全問題発生の背景と消費者被害の特徴について検討する。そのうえで，「消費者の権利」と「食の人権」の視点から，企業の社会的責任と消費者の役割について考察することにしたい。

2 商品の安全と消費者問題

2-1 商品の安全と消費者問題

　消費財の特徴は，その最終消費者が，日々の生活のために商品を消費する生命をもつ人間であるという点にある。したがって，商品が持つ便益や効用によって消費者は日常生活を営むうえでの有用性や満足を得る反面で，商品の使用によって，あるいは商品を製造・販売する企業等によって被害（消費者被害）を受けることもある。その意味で，商品の安全問題は，消費者の生活の様々な領域において発生する消費者問題の一部であり，またその中核をなすものと捉えることができる。

　西村多嘉子は，消費者問題を消費者の生活領域に即して，①生活維持のために，商品やサービスを市場で購買し，消費する際に発生する私的な消費を中心とする領域の消費者問題，②鉄道，電気，ガス，電信電話，郵便，道路，水道，医療，教育，文化，スポーツなど，多くが私的資本の活動により経営されている公共事業の領域に発生する社会的な共同消費を中心とする領域の消費者問題，③国家や地方自治体の政策によって，経済的生活の質などに直接的・間接的に影響を受ける世帯の家計の領域に発生する消費者問題，④大気・河川・湖沼などの汚染や破壊により発生する自然的環境の領域の消費者問題，に区分している[2]。

　そして，「消費者問題を人間の消費に限定して狭義に捉えると，今日の消費者問題は商品やサービスを市場において購入し消費することによって維持・再生産されるべき個人や世帯・家族の生命・健康・家計などへの加害・阻害内容」と規定し，その内容はきわめて多種多様であり，「消費者問題は商品の安全性や，価格的側面に関する直接的被害以外に，市場支配的資本のマーケティング活動の中心ともいうべき『販売促進』『製品政策』『広告宣伝』など，寡占的市場構造を前提とした生産・流通・消費のあらゆる面で発生している」[3]とする。

　消費者問題をこのように捉えるならば，そこには生命・健康面での被害，家計・財産面での被害，精神面での被害など，多様な問題が含まれるとして

も，生命をもつ人間である消費者にとって，商品の安全はもっとも基底的な問題であり，消費生活における安全・安心・自由の確保は「消費者の最も基本的な権利」というべきものである[4]。

2－2　広がりと強まりをみせる消費者の不安と不信
2－2－1　消費者相談件数の増加

しかし，現実には消費者は日常の消費生活において様々な不安を感じており，生命・健康や財産・家計などの面で深刻な被害を受けるケースも後を絶たない。しかも，消費者の被害や不安は，個々の消費者が被害を受けたり不安を感じたりする個別的なものではなく，多数の消費者が被害を受けたり，不安を感じていることから広範化，社会化したものになっている。

そこで，いくつかの指標を用いて消費者の被害や不安の状況をみておこう。

まず，「全国消費生活情報ネットワーク・システム」（PIO－NET）が受け

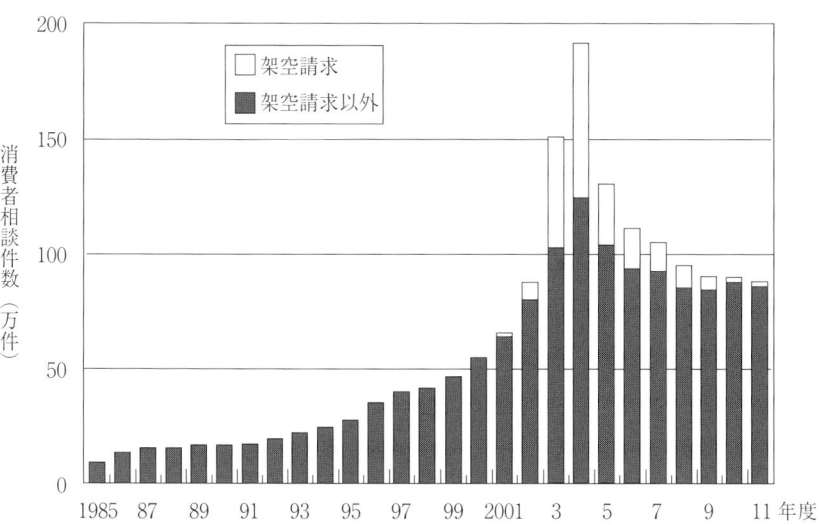

図表序－1　PIO－NET が受け付けた消費者相談件数の推移

（注）架空請求の件数は2000年度以降に集計されている。
（資料）独立行政法人国民生活センター（2012）による。

付けた消費生活相談の件数をみると，図表序－1に示したように1990年16.5万件，1995年27.4万件，2000年54.7万件と1990年代後半から急増しており，2004年度には192.0万件（うち架空請求に関する相談67.6万件，それ以外の相談124.4万件）に達した。その後，相談件数は架空請求に関する相談の急減によって全体として減少しているが，2011年度にも87.9万件と1990年代に比べて高止まりの状態にある。

2011年度の相談内容について，やや詳しく見ておこう。相談内容を「取引」に関する相談（「販売方法」と「契約・解約」のいずれかに関する相談を合計したもの）と「安全・品質」に関する相談（「安全・衛生」と「品質・機能・役務品質」のいずれかに関する相談を合計したもの）に分けると，前者は73.2万件（83.3％），後者は13.3万件（15.1％）であった。また，商品に関する相談28.5万件（他は役務に関する相談57.2万件と他の相談2.2

図表序－2　PIO-NET が受け付けた安全・品質に関する相談の商品別件数
（2011年度）

（単位：件，％）

	安全・品質		うち安全・衛生		うち品質・機能	
	件数	割合	件数	割合	件数	割合
商品全体	98,803	100.0	24,203	100.0	74,600	100.0
商品一般	1,186	1.2	299	1.2	887	1.2
食料品	17,726	17.9	7,324	30.3	10,402	13.9
住居品	17,087	17.3	4,025	16.6	13,062	17.5
光熱水品	1,416	1.4	485	2.0	931	1.2
被服品	8,349	8.5	726	3.0	7,623	10.2
保健衛生品	15,168	15.4	5,732	23.7	9,436	12.6
教養娯楽品	19,286	19.5	2,025	8.4	17,261	23.1
車両・乗り物	9,999	10.1	2,026	8.4	7,973	10.7
土地・建物・設備	8,281	8.4	1,502	6.2	6,779	9.1
他の商品	305	0.3	59	0.2	246	0.3

（資料）図表序－1に同じ。

万件)のうち「安全・衛生」に関する相談は2.4万件あり,商品分類別の割合は食料品30.3%,保健衛生品23.7%,住居品16.6%と,食料品に関する相談が最も多くなっている(図表序-2)。

2-2-2 消費者にとっての危害・危険発生の増加

さらに,消費生活相談よりも,より生命・健康への直接的な被害を表すとみられる全国の消費生活センターが収集した危害・危険情報[5]の件数も,1990年代半ば以降,増減をくり返しながらも増加傾向を見せており,2011年度には1万5195件(うち危害に関する情報1万1493件,危険に関する情報3702件)と過去最高に達している(図表序-3)。2011年度(2012年5月まで)の危害発生情報件数を商品・サービス別にみると,保健衛生品(4180件,36.4%),保健・福祉サービス(2389件,20.8%),食料品(1601件,13.9%)による危害情報が多く,全体の約70%を占めている。危害発生情報件数上位の商品・サービスは,①化粧品3447件,②医療サービス728件,③エステティックサービス616件,④健康食品533件,⑤外食438件,⑥歯科

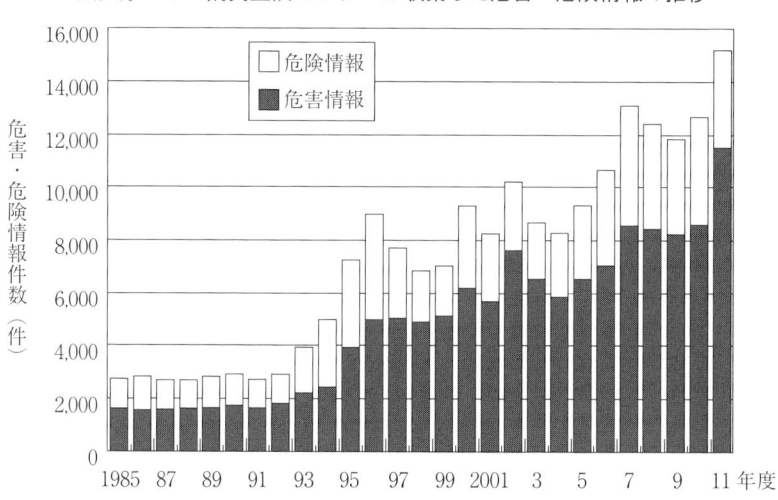

図表序-3 消費生活センターが収集した危害・危険情報の推移

(注)危害情報と危険情報は次の通り。
　　危害情報:商品や役務,設備等により生命や身体に危害を受けた事例。
　　危険情報:「危害」には至っていないが,そのおそれがある事例。
(資料)図表序-1に同じ。

治療296件，⑦美容院273件，⑧調理食品252件，⑨家具類218件，⑩飲料199件，となっている[6]。健康・美容に関する商品・サービスによる危害情報（化粧品，医療サービス，エステティックサービス，健康食品など）が上位を占めており，また食品に関する商品・サービスによる危害（健康食品，外食，調理食品，飲料など）も多い。

2−2−3　食品の安全・安心への不安と不信の強まり

そこで，食品について，いくつかの面から消費者の安全・安心への不安や不信の強まりを示しておこう。

やや資料が古くなるが，内閣府による2008年の調査[7]では，「日常生活を取り巻く安全の分野のうち，自然災害，環境問題，犯罪，交通事故などの分野に比べて，食の安全の分野に対するあなたの不安感は相対的にどの程度の大きさですか」という質問に対する回答は，「最も不安感が大きい」28.2％，「比較的不安感が大きい」47.3％，「中程度の不安感」18.1％，「比較的不安感が小さい」4.9％，「最も不安感が小さい」1.5％と，不安感が大きい（「最も不安感が大きい」と「比較的不安感が大きい」の合計）が4分の3を占めている。

また，農林水産省が国民から食品の偽装表示や不審な表示に関する情報を受けるための窓口として設置した食品110番への問い合わせ件数（図表序−4）も，牛肉偽装表示事件，魚沼産コシヒカリ偽装表示事件，讃岐うどん偽装表示事件などがあった2004年度と，ミートホープ牛肉偽装表示事件，比内鶏偽装表示事件，船場吉兆偽装事件，赤福もち消費期限偽装表示事件などが相次いだ2007年度を画期に階段状に増加しており，2009年度には2万7356件まで増加した。この年の問い合わせ件数の品目別割合は，加工食品56％，米麦20％，生鮮食品19％であり，加工食品が各年度6割前後を占めている。

食品の表示不適切や品質不良などが理由となる食品の自主回収件数も，図表序−5に示したように，偽装表示が相次いだ2007年度に急増し，2012年度には920件に及んだ。その理由別の割合は，表示不適切（食品衛生法，JAS法等に基づく食品表示が不適切であったもの，偽装も含む）52.4％，規格基準不適合（食品衛生法，JAS法の規格・基準等に違反した場合や，自主基準に適合していない場合）15.2％，品質不良（製品本来の品質・特性を維持

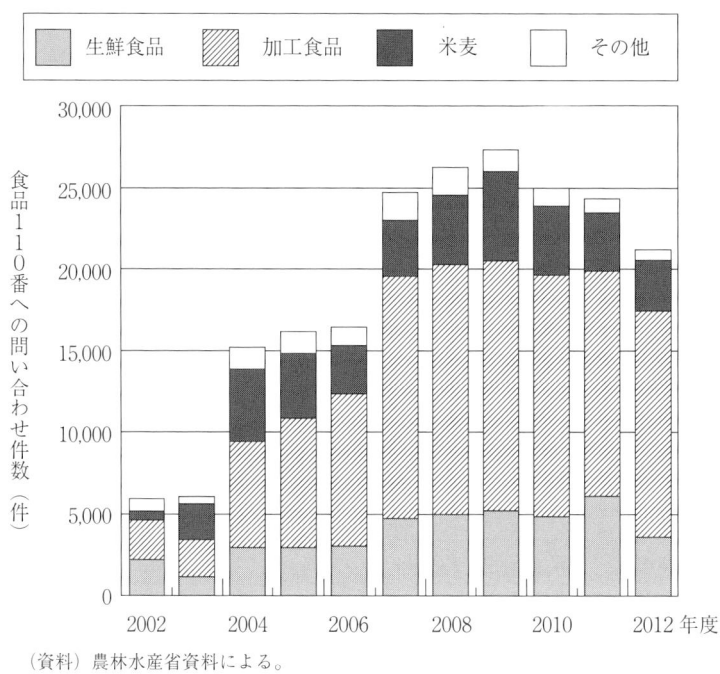

図表序−4 食品110番への問い合わせ件数の推移

（資料）農林水産省資料による。

していなかった場合）11.7％，異物混入（硬質異物，軟質異物，生物由来異物等の混入の場合）9.1％，容器・包装不良（容器・包装に不良があった場合）3.0％，その他（賞味期限切れの原料・商品，原料納入者による偽装が原因で結果的に不適切な表示となった場合など）8.5％となっており，表示を要因にする自主回収が最も多い。

　いうまでもなく工業製品の性能や食品の原料，原産地，使用添加物，消費期限・賞味期限などの適正な表示によって消費者に商品に関する正確な情報を提供することは，市場での消費者の選択の自由を保障する前提となることである。続発する食品表示に関する諸問題は，消費者の不信感を強めるとともに，選択の自由という消費者の権利の保障にも関わる問題であり，この面からも企業倫理が問われている。

図表序－5　要因別食品自主回数件数の推移

(単位：件)

年度	合計	表示不適切	規格基準不適合	品質不良	異物混入	容器・包装不良	その他
2003	159	80	31	17	18	5	8
2004	225	95	32	30	42	7	19
2005	301	147	34	57	25	20	18
2006	351	130	67	58	46	5	45
2007	839	373	110	108	87	26	135
2008	774	350	129	95	76	19	105
2009	707	341	92	106	50	21	97
2010	709	401	53	95	75	29	56
2011	943	382	270	73	45	20	153
2012	920	482	140	108	84	28	78

(資料) 独立行政法人農林水産消費安全技術センター資料による。

3　商品安全問題発生の背景と消費者被害の特徴

3－1　商品安全問題発生の要因

　では，このような商品安全問題の発生や，それによる消費者被害の要因にはどのようなものが考えられるのであろうか。それには多くの要因が考えられるが，ここでは，商品そのものに起因する問題，商品の生産・流通・消費に関する経済的・社会的構造に起因する問題，企業の非倫理的行動や企業・行政の不作為に起因する問題，消費者の特質に起因する問題，に整理してみよう。

　第1の商品そのものに起因する安全問題には，商品数の増加や高機能化・構造の複雑化という商品そのものの変化に起因して発生する問題や，流通段階や消費段階における商品の質的劣化によって発生する問題がある。

今日，消費者が使用する商品数は，かつてに比べて飛躍的に増加しており，しかも次々に新しい機能を持った商品が開発され，製造・販売されている。同時に構造も複雑化しており，部品数の増加や構造の複雑化が進んでいる。その結果，例えば部品の一つに欠陥が存在した場合にも，商品そのものの欠陥となり，同時に欠陥の発生原因の究明が困難になるように，安全問題の発生や拡大，被害の大規模化につながっている。

　また，耐久消費財の経年劣化や，食品の腐敗・損傷等によっても安全問題が発生する。特に食品の場合は，工業製品とは異なり，農産物や加工食品の生産段階のみならず，生産終了後の流通過程や消費の段階においても経時的な品質劣化が進むことによって，食中毒などの消費者被害が発生する可能性がある。

　第2の商品の生産・流通・消費をめぐる経済的・社会的構造に起因する安全問題には，サプライチェーンの複雑化やグローバル化に起因する問題や，短期的な市場成果の追求に主眼をおく企業の営利主義的行動や効率一辺倒の経済活動によって発生する安全問題，多忙化や貧困化など消費者の生活条件によって生じる安全問題，などがある。

　今日では，一つの商品の生産に多数の企業が関与したり，同一事業者のなかでの複数の部門や事業所が関与しているように，企業内や企業間の垂直的・水平的分業が深まり，さらにそれがグローバルに拡大している。そのことから，消費者被害が発生した際にも，その原因となった企業，事業所や部門などの原因発生地点の特定や，生産時点と消費者被害発生時点との時間差が拡大していることから，原因発生時点の特定が困難であり，そのことが原因究明の難しさをもたらしている。

　例えば，2007年末〜2008年初めに発生した中国産冷凍ギョウザに有機リン系農薬メタミドホスが高濃度に残留していた事件の場合，製造を行った中国の食品加工企業，輸入業者，輸入業者から製造段階の品質管理を委託された食品商社，消費者に販売した小売業者が関係しており，これらの事業者間の情報の共有に不十分さがあったことや，被害発生の情報を受けた行政の対応の不十分さによって被害が拡大したとともに，国境の壁もあり原因発生地点や原因の究明に時間を要することになった[8]。

さらに,「機関投資家資本主義」とも呼ばれるような今日の新自由主義経済のもとで,企業は短期的な市場成果の追求に主眼をおくようになり,コストのかかる安全確保や安全性検証をともすれば軽視するようになっている。また,代替性のある商品間の価格競争が強まるなかで,商品の製造コストの削減が,いわば至上命題化しているという状況もある。前述の冷凍ギョウザ事件に関しても,価格競争に打ち勝つために海外産原料を用いた海外生産を進めてきた結果の現れでもある。

　消費者のなかにも,多忙化や貧困化が進むなかで,簡便で安価な調理食品の購入の増加など,より簡便で安価な商品を購入する傾向が見られる。また,健康ブーム,美容ブームなどの社会的流行現象のもとで,健康食品やエステティックサロンの利用増加なども,安全問題の発生につながる可能性があることは,前述した危害発生情報にも現れている。

　第3の企業の非倫理的行動に起因する安全問題の典型は,食品の原産地偽装表示,原料偽装表示,消費期限・賞味期限偽装表示,食品添加物等の偽装表示や,工業製品の機能・性能の過大表示などである。これらは,過失や過誤によるものではなく,企業経営者や幹部等による意図的・確信犯的な行為であり,企業倫理の崩壊ともいうべき現象である。その結果,企業ブランドや商品に対する消費者の信頼が損なわれたり,さらには企業の存続そのものに関わる問題となったケースもある。また,企業や行政の不作為によって消費者被害が発生する場合や,被害が拡大する場合もある。この領域の安全問題は,企業倫理がもっとも鋭く問われる問題である。

　第4に,消費者の特性に起因して発生する安全問題がある。消費者は消費の主体であるとはいえ,その消費は企業等が生産・販売する商品に依存せざるをえない受動的な存在である。また,企業等と消費者との間には,圧倒的な情報格差(情報の非対称性)が存在している。このような消費者の依存性・受動性や情報の非対称性が,消費者被害を生む要因となっている。さらに,新製品の増加や機能の高度化・複雑化によって,使用方法の不慣れや誤使用による消費者被害も発生している。

3−2　商品の安全問題による消費者被害の特徴

　以上のような要因によって発生する消費者被害，特に商品の安全問題による消費者被害は，次の二つの点で他の消費者被害とは区別されるべき特徴を持っている。

　第1には，多くの場合において，消費者には商品の購入前や購入時点では安全問題の存在が認知できず，具体的な消費者被害，特に生命・健康への被害が発生してから，事後的にしか問題の存在が認知できないことである。また，偽装表示など生命・健康への直接的な被害が発生しなくとも消費者の信頼を揺るがす問題も，その事実が摘発されなければ，問題の存在そのものが認識されない。

　一般に消費者は，その商品の使用が，通常の使用方法のもとでは生命・健康に被害を及ぼさないことが確保されているという前提のうえで，つまり市場で提供されている商品の安全への信頼のうえに立って，商品を選択し，購入し，消費している。したがって，商品の安全は，消費者が購入に当たって機能・性能の優劣を評価して商品を選択する機能的品質や，外観・デザイン，流行やファッション性，ブランドのような嗜好への適合性を評価して商品を選択する官能的・嗜好的品質とは異なった次元のものであり，商品の品質にとって基底となるものである。

　第2には，消費者の生命・健康への被害は，完全な回復が困難なことである。生命・健康や精神面での被害に対して金銭的な補償が行われたとしても，時には死に至るような被害は，被害を受けた消費者にとってはもちろんのこと，その家族にとっても回復不可能なものである。たとえ死は免れたとしても生命・健康への被害の回復（この場合も，必ずしも被害を受ける前の状態に戻ることを意味しているわけではない）には長期間を要することもある。また，被害に対する補償を加害企業等に求めたとしても，個々の消費者にとっては原因の究明や，補償交渉に多くの困難をともなううえに，法的に救済を求めたとしても補償までに長い時間を有することも多い。

　このように，商品の安全問題による消費者被害には，被害を受ける可能性についての事前認知困難性と被害回復の困難性という二つの面で，消費者の自己防衛には限界が存在している。その意味でも，商品の安全問題は，市場

経済社会における消費者の選択や自己責任の問題だけに帰すことができないのであり，商品の安全確保は第一義的にはその商品の製造や販売に関わった企業の社会的責任なのである[9]。

4. 商品の安全と「消費者の権利」,「食の人権」

4－1　商品の安全と「消費者の権利」

そこで，次に商品の安全に関して，「消費者の権利」や「食の人権」の視点から考察する。

いうまでもなく「消費者の権利」は，1962年に当時のアメリカ大統領であったケネディが「消費者の利益の保護に関する連邦会議の特別教書」において提示した4項目（安全への権利，情報を与えられる権利，選択をする権利，意見を聴かれる権利）を基に，拡充されてきた国際的な権利規定である。現在では，国際消費者機構（Consumers International）が1982年に提唱した8つの権利（生活のニーズが保障される権利，安全への権利，情報を与えられる権利，選択をする権利，意見を聴かれる権利，補償を受ける権利，消費者教育を受ける権利，健全な環境の中で働き生活する権利）が広く用いられている[10]。わが国でも，「消費者基本法」第2条に，消費者政策を推進する理念としての「消費者の権利」が，消費生活における基本的な需要が満たされ，健全な生活環境が確保される中で，消費者の安全の確保，商品及び役務の自主的かつ合理的な選択の機会の確保，必要な情報の提供，教育の機会の提供，消費者の意見の消費者政策への反映，消費者被害の適切かつ迅速な救済，と位置づけられている。

この「消費者の権利」のなかに，「消費者の安全の確保」が含まれており，商品の安全はこの権利によって「消費者の権利」の一つとして直接的には現されているが，商品の安全問題との関係はそれにとどまるものではない。安全問題による消費者被害の適切かつ迅速な補償をはじめとして，選択の機会の確保や必要な情報の提供は商品に関する正確な表示と，また教育の機会の提供は消費者の商品情報や安全情報の把握や商品の適切な使用と，そして消費者の意見の反映は消費者による商品の安全や表示に関するモニタリング結

果の政策への反映と，それぞれ関わっている。もちろん，安全の確保以外の5つの権利は安全問題にのみ関連するものではないが，「消費者の安全の確保」が他の5つの権利の基底にある中核的な権利であると言えよう。

4-2　食品の安全性と「食の人権」

ここでは，食品の安全性と消費者の権利に関して，日本ではあまり知られていないが国際的には広く用いられている「食の人権」概念を，伊藤（2010）に基づいて考えてみたい。

伊藤は，「食の人権」を生存権の中核をなすものとし，「すべての人は適切な食への権利および飢餓から免れる権利とともに，安全で栄養のある食糧を手に入れることができること」[11]を確認した「世界食糧安全保障に関するローマ宣言」[12]や，ジョージ・ケントの「貧困国のみならず富裕国の人々をも享受主体とする，健康な生活に欠かすことのできない安全な食料を入手できる権利」という「適切な食の権利」（the human right of adequate food）概念[13]を踏まえて，「食の人権」の中核的規範内容を，「健康な生活をおくるのに必要な量の上で十分な，質の上で栄養があり安全な食料を入手できる権利」[14]と規定している。

「ローマ宣言」の「食への権利」は，しばしば貧困国における飢餓からの解放という食料の量的側面を重視して捉えられる傾向があるが，同時に質的側面である「安全で栄養のある食料」へのアクセスも「食への権利」に含まれるものと捉えられていることは見逃せない。この点で，飢餓からの解放を達成した先進国においても（今日の日本でも，貧困化や格差の拡大のもとで，すべての国民が量的側面でのアクセスが保障されているとは言えないが），「食の人権」が問われているのである。

さらに，伊藤は，食の安全に関して，「食の人権という観点でフードシステムを規制していくことが求められる」[15]と指摘し，個々人がもつ食の権利に対して，責任（義務）を第一義的に負うのは消費者ではなく食品事業者であり，そして食品事業者がこの責任（義務）を履行するのを補完，補助するのが政府，とりわけ食品事業者を監督する主管庁の役割であると述べている[16]。

5 商品の安全確保の法と制度

5−1 「消費者基本法」と商品安全問題

　商品の表示も含めた広い意味での安全確保のために定められている法律や実施されている制度には多くのものがある。ここでは，その基本理念を定めた法律である「消費者基本法」と，食の安全・安心の確保との関係で「食品安全基本法」について，簡単に検討しておこう。

　「消費者基本法」は1968年制定の「消費者保護基本法」を2004年に改正して，「消費者の利益の擁護及び増進に関し，消費者の権利の尊重及びその自立の支援その他の基本理念」と国・地方公共団体と事業者の責務，施策の基本となる事項を定めたものである[17]。

　ところで，この「消費者基本法」とそのもとでの消費者政策の理念を，安田憲司は，「消費者利益の保護と向上のためには，市場メカニズム自体に備わっている自立（autonomy）的な機能を最大限に発揮させ，市場を形成する当事者（消費者と事業者）の自由な活動とその結果への責任を明確にし，市場の機能不全によるデメリット部分を抑制する目的に限ってだけ，政府の市場の外部からの最小限度の関与を容認しようとする」[18]ものと述べている。そして，消費者政策が対象とする消費者像が「保護されるべき弱者」から「自立した主体」へと転換したことに，消費者基本法制定の大きな目的の一つがあり，政策手法も，①事業者への事前規制体制から事後チェック体制へ，②市場の当事者の行動の自由と責任を強化する一般的な市場ルールを整備し，政府などが逐一監督指導することを避けるような手法へ，③画一的手法から多様な手法の総合的な展開へ，と大きく転換したと言う[19]。

　やや長い引用になったが，「消費者基本法」とそのもとでの消費者政策の理念や消費者像，政策手法をこのように捉えれば，制定当時の小泉内閣が進めた市場メカニズムの徹底と「小さな政府」への転換を主眼とする新自由主義構造改革の文脈のなかに位置づけて理解できるものであり，市場メカニズムと消費者の自己責任（結果責任）が原則となるのも当然と言えよう[20]。

　しかし，消費者と事業者（企業等）との間には情報力，組織力，資金力，

交渉力，市場支配力などに超えがたい大きな格差が歴然として存在しており，しかもそれが拡大しているもとで[21]，両者を市場を形成する当事者として同列におき，消費者に自己責任（結果責任）を問うことには大きな疑問が残される。なぜなら，前述したように，商品の安全問題に由来する重大な消費者事故には，事前認知困難性と被害回復困難性という二つの面で，消費者の自己防衛には限界が存在するからである。

5－2 「食品安全基本法」と食品の安全確保対策

　食品の安全確保にも多くの法と政策・制度が関連しているが[22]，ここでは「食品安全基本法」による食品の安全・安心の確保の枠組みについて検討する。

　「食品安全基本法」は，2001年に日本国内で初めて牛海綿状脳症（BSE）の発症牛が確認されたことをきっかけに，従来の食品安全行政への反省の上にたって2003年に制定された。その要点は，食品の安全確保対策として1993年にCodex委員会[23]が策定した「リスク分析（risk analysis）」手法を導入したことにある。「リスク分析」とは，リスク低減のための政策・規制の立案と実行を行う「リスク管理（risk management）」，リスクの科学的評価を行う「リスク評価（risk assessment）」，その過程において関係者の間でリスクとそれに関する情報を共有し意見交換を行う「リスクコミュニケーション（risk communication）」の３つの要素からなる構造化された枠組みのことである[24]。そして，リスク評価のための政府機関として食品安全委員会が設置された。「食品安全基本法」制定以降の食品の安全確保対策は，このリスク分析の手法を基本に行われてきている。

　しかし，現状では福島原発事故による放射性物質の食品への影響に関するケースにもみられるように，食品安全委員会の組織体制やリスク評価機能の脆弱性，各省庁等によるリスク管理体制の弱体性，リスクコミュニケーションの不十分さなど，多くの課題を抱えている。

　また，リスク管理においては，フードチェーン（農水産物の生産，加工食品の製造，流通，消費の各段階）全体を通じた衛生規範の導入がEU等では進んでいる。そこでは，フードチェーンを構成する各段階における一般衛生

管理を行うためのGHP（Good Hygienic Practice）と，重要な危害要因に対して重要な管理点で集中的に管理を行うためのより高次の取り組みであるHACCP（Hazard Analysis Critical Control Point）を組み合わせた取り組みが行われている[25]。

わが国でも同様の取り組みが進められつつあるが，農業生産面でのGHPであるGAP（Good Agricultural Practice）に民間規格や量販店の独自規格，自治体規格，農協規格など内容が異なる多数の規格が乱立し，一般規範化されていないことや，EUでは生産段階以降の食品事業者に導入が義務づけられているHACCPが食品衛生法による奨励にとどまっているなど，まだ多くの課題が残されていることが指摘されている[26]。

5－3　「消費者の権利」と「食の人権」と消費者の役割

「消費者基本法」は消費者政策の理念・基本方針を示したものであり，具体的な政策・制度は実体法や手続法に基づいて進められることになる。したがって，消費者政策が真に「消費者の権利」を実現し，消費者利益を擁護・増進することにつながるのかは，政策・制度の設計と運用による実効性の確保と，消費者・消費者団体等によるその実効性の不断の監視とその結果が政策に反映されているかのチェックが必要になる。それは「食品安全基本法」に関しても同様である。

ところで，「消費者基本法」は第7条第1項で，「消費者は，自ら進んで，その消費生活に関して，必要な知識を習得し，及び必要な情報を収集する等自主的かつ合理的に行動するよう努めなければならない」と定めている。これが，「消費者基本法」が「自立した主体」と位置づけた消費者に求める役割である[27]。しかし，消費者の役割が，必要な知識の習得や情報の収集で良いのであろうか。

「消費者の権利」と「食の人権」の実現のために求められる消費者や消費者団体の役割は，企業等や行政が商品の安全を確保する取り組みを行っているかを監視するとともに，商品の品質，表示，安全性などをチェックし，問題点や不十分な点があれば，その解決や改善を要求していくことにあるのであって，知識の習得や情報の収集による自主的かつ合理的な行動をもって消

費者の役割とするのは,「自立した権利の主体」としての消費者の役割を矮小化するものと言える[28]。

6 おわりに

　今日の消費生活は商品の使用のうえに立脚しており,しかも商品の安全問題に起因する消費者被害は生命・健康への被害に及ぶことから,安全の確保は商品の基底的な品質である。また,消費者の生命・健康への被害は,被害を受ける可能性の事前認知困難性と被害からの回復困難性という特徴を持つことから,市場における消費者の選択や自己責任に帰すことができない問題であり,商品の安全確保は第一義的にはその商品の製造や販売に関わる企業の社会的責任である。したがって,商品の安全確保のためには,まずもって企業が社会的責任を果たすこと,そのためにコンプライアンスの徹底をはじめとした企業倫理の確立が求められる。また,政府をはじめとする関係機関・団体には,安全確保のための規格・基準の厳密化とその実効性確保のための監督・監視機能の強化が求められる。

　また,商品の安全問題は「消費者の権利」の重大な侵害であることから,消費者にも人権としての「消費者の権利」(なかでも安全である権利)を実現する「自立した権利の主体」としての役割が求められる。同時に,企業との間の大きな情報格差や交渉力格差のもとで,行政による消費者の権利実現の支援措置と消費者被害の防止措置や救済措置のいっそうの拡充,および消費者・消費者団体がそれを要求していく運動の広がりが求められる。

(小野雅之)

注
(1) 商品の安全と消費者の安心は本来区別して捉えられるべきものであり,商品の欠陥等によって発生する生命・健康等への被害と,偽装表示等による消費者の信頼の阻害を両者を同一に論じることはできない。ただ,「消費者安全法」第2条では,「消費安全性」を商品又は役務が「消費者による使用等が行われる時において通常有すべき安全性」と定義したうえで,「消費者事故等」に,①消費安全性を欠く商品や役務の使用等にともなって生じた事故であって,消費者の生命・身体に政令で定め

る程度の被害が発生したもの，②消費安全性を欠く商品や役務の使用等にともなって消費者の生命・身体への被害が発生するおそれがあるものとして政令で定める要件に該当するもの，に加え，③「虚偽の又は誇大な広告その他の消費者の利益を不当に害し，又は消費者の自主的かつ合理的な選択を阻害するおそれがある行為であって政令で定めるものが事業者により行われた事態」も含めていることから，ここではあえて両者を区別しないで論じる。
（2）西村（2010b）9-12頁。
（3）西村（2010a）170-171頁。
（4）正田（2010）42頁。
（5）ここで言う危害情報は，「商品や役務，設備等により生命や身体に危害を受けた事例」，危険情報とは，「「危害」には至っていないがそのおそれがある事例」である。
（6）独立行政法人国民生活センター（2012）157頁の表3による。
（7）内閣府（2008）「平成20年度国民生活モニター調査結果」（2008年10月30日～11月12日実施）。対象は全国の国民生活モニター2000人，有効回答数は1810人。
（8）厚生労働省（2008）「中国産冷凍餃子を原因とする薬物中毒事案について―行政及び事業者の対応の検証と改善策―」2008年7月。
（9）伊藤恭彦は，少なくとも食料品の購入については選択と自己責任の捉え方は限定的に考えるべきであり，食料品の選択と購入においては，消費一般以上に厳格な消費者保護，すなわち消費者の権利保障がなされなければならない，と主張しているが（伊藤 2010，87-88頁），商品全般に関しても同様であろう。
（10）以上の消費者の権利に関する引用は，消費者庁（2010）10頁。また，諸外国における消費者の権利規定については，田辺・横内（2004）参照のこと。
（11）伊藤（2010），81頁。
（12）1996年に開催された世界食糧サミットで採択された。また，世界食糧サミットでは，食糧安全保障を「すべての人々がいつも活動的で健康な生活を維持するために必要な食事のニーズと食品の好みを充足できる，十分で安全で栄養のある食料に物理的にも，社会的にも，経済的にもアクセスできることである」と規定している（引用は伊藤 2010，83頁）。
（13）伊藤（2010）81-82頁。
（14）伊藤（2010）85頁。
（15）伊藤（2010）87頁。
（16）伊藤（2010）88頁。
（17）「消費者基本法」に関しては，前述した消費者の権利をわが国で初めて法律で明確にしたものと評価されているが，他方でその不十分さも指摘されている。たとえば，西村多嘉子は，「消費者の権利の尊重」であって「実現」ではないこと，「自立の支援」であって「権利行使の支援」ではないことを問題として指摘している（「現代消費者問題に関する制度設計の基礎視角」呉・西村 2005，5-6頁）。
（18）安田（2005）54-55頁に基づいた。

(19) 安田（2005）57頁。
(20) 潮見（2003） 4 頁。
(21) 安田（2005）53頁。
(22) 食品安全確保に関する法律と制度に関しては，梶川（2010）が詳しい。なお，本書にはきわめて詳細な注が付けられており，その点でも非常に参考になる。
(23) FAO と WHO により設置された国際食品規格の策定等を行う国際機関。
(24) 新山（2012）65-66頁。
(25) 新山（2012）71頁。
(26) 新山（2012）71-72頁，および新山（2010）。なお，EU の食品行政については，高橋・池戸（2006），中嶋（2004）に詳しい。
(27) 正田は，この消費者の役割規定が，「消費者保護基本法」第 5 条の規定から「消費者の責務」に相当する規定に後退しており，「消費者保護基本法」の「改悪」と指摘している（正田 2010, 158頁）。
(28) むしろ，国際消費者機構が「消費者の権利」とともに提唱した 5 つの「消費者の責任」（批判的意識を持つ責任，主張し行動する責任，社会的弱者への配慮責任，環境への配慮責任，連帯する責任）が，消費生活における環境への配慮や他者・次世代への配慮が重視され，倫理的消費や消費者市民社会の形成が求められる今日の社会における消費者の役割であろう。なお，種皮者市民社会の形成と消費者の役割については，岩本（2013a, 2013b）を参照のこと。

参考文献

伊藤恭彦（2010）「食とくらしの人権」伊藤恭彦編著『食の人権』リベルタ出版。
岩本諭（2013a）「日本の消費者市民社会」岩元諭・谷村賢治編著『消費者市民社会の構築と消費者教育』晃洋書房。
岩本諭（2013b）「消費者の権利と責任」岩元諭・谷村賢治編著『消費者市民社会の構築と消費者教育』晃洋書房。
梶川千賀子（2012）『食品安全問題と法律・制度』農林統計出版。
見目洋子・神原理編著（2010）『現代商品論〔第 2 版〕』白桃書房。
潮見佳男（2003）「消費者保護基本法の改正の動向」『司法書士』2003年 4 月号。
潮見佳男（2004）「消費者基本法について」『司法書士』2004年11月号。
正田彬（2010）『消費者の権利（新版）』岩波書店。
消費者庁（2010）『ハンドブック消費者2010』。
消費者庁（2013）『消費者白書（平成24年度）』。
高橋梯二・池戸重信（2006）『食品の安全と品質確保』農山漁村文化協会。
田辺智子・横内律子（2004）「諸外国における「消費者の権利」規定」国立国会図書館『調査と情報』第448号。
柘植尚則・田中朋広・浅見克彦・柳沢哲哉・深貝保則・福間聡（2007）『経済倫理のフロンティア』ナカニシヤ出版。

独立行政法人国民生活センター編(2011)『消費生活年報2011』
独立行政法人国民生活センター編(2012)『消費生活年報2012』。
内閣府(2008)『平成20年版国民生活白書』。
中嶋康博(2004)『食品安全問題の経済分析』日本経済評論社。
新山陽子(2010)「食品安全のためのGAPとは何か」『農業と経済』第76巻第7号。
新山陽子(2012)「食品安全のためのリスクの概念とリスク低減の枠組み」『農業経済研究』第84巻第2号。
西村多嘉子(2005)「現代消費者問題に関する制度設計の基礎視角」呉世煌・西村多嘉子編著『消費経済学大系3　消費者問題』慶應義塾大学出版会。
西村多嘉子(2010a)『市場と消費の政治経済学』法律文化社。
西村多嘉子(2010b)「現代社会と消費者」西村多嘉子・藤井千賀・森宮勝子編著『入門消費経済学4　法と消費者』慶應義塾大学出版会。
細川佳男(2008)「人権としての消費者の権利」江橋嵩編著『グローバル・コンパクトの新展開』法政大学出版局。
安田憲司(2005)「消費者政策推進体制の課題」呉世煌・西村多嘉子編著『消費経済学大系3　消費者問題』慶應義塾大学出版会。
山口英昌編著(2006)『食環境科学入門』ミネルヴァ書房。

第1章

安全問題と
ソーシャル・マーケティング

1 はじめに

　経営学などの学問分野で企業の社会的責任（Corporate Social Responsibility, 以下CSRと略す）が言われて久しい。しかし現実には企業の不祥事が後を絶たず，特に日本では近年消費生活の安全・安心を脅かす事件が頻発しており，対象領域を広げながら，より深刻化しているように思われる。

　本章では消費生活の安全・安心に関わる問題を取り上げ，その特質と当該問題が近年急増する原因を解明するとともに，マーケティングの理論としてこれらの問題をどのように把握すべきか，理論的位置づけを示す。ここでいう安全問題とは商品の安全に限定せず，広く消費生活一般の安全問題を扱う。なお後に見るように，当該問題は企業活動全般に深く関わっており，問題が消費者に認識された場合に企業側にCSRが問われるため，以下では被害を受ける消費者の立場に立って，広い視野から現代企業のCSRとして関連する問題を考察していく。

2 企業活動が生む安全侵害の諸問題

2−1　安全侵害問題とは何か

　本章で扱う安全問題とは，企業が行う様々な活動が人間の健康や生活の安全を侵害する問題である。近年急増する消費生活の安全侵害に関わる企業の不祥事をいくつかのタイプに類別しながら，問題の全貌をつかむことから始

めよう。

まず企業活動がもたらす消費者や市民の安全侵害問題として，生産・流通などの活動を通じた安全侵害がある。(1)製造企業の工場の爆発・火災，(2)公害や地球環境破壊につながる物質の排出，(3)市民生活の安寧を壊す騒音などである。これらはいわば企業がもたらす迷惑行為として認識される。

次に，商品自体の欠陥による消費者の安全侵害が挙げられる。質と量の両面から，当該問題の中心をなすであろうから詳しくみていこう。近年，自動車，家庭用電気器具，ガスファンヒーター，玩具など多様な産業分野での不

図表1－1　日本企業による主な工業製品の不具合・不祥事

年	企業名	内容
2000	三菱自動車	大規模なリコール隠しが発覚
2002	三菱ふそうトラック・バス	ハブの欠陥によるタイヤ脱輪事故で死傷者。後に会長逮捕
2005	パナソニック	石油温風機による一酸化炭素中毒で死亡事故
2006	ソニー	リチウムイオン電池パックのリコールを発表。全世界で960万個
2006	パロマ工業	ガス湯沸かし器による一酸化炭素中毒で死亡事故
2007	パナソニック	電子レンジや冷凍冷蔵庫など約300万台を発火の恐れで自主回収・部品交換
2009	日立アプライアンス	「エコ冷蔵庫」の不当表示。リサイクル原料は一部のみ
2009	トヨタ	米国でフロアマット周辺の不具合で380万台に事故可能性を発表
2009	田辺三菱製薬	子会社バイファによる数年間の試験データ改竄が発覚
2010	トヨタ	米国のアクセルペダルの不具合で8車種230万台の生産・販売を一時停止。ブレーキの不具合で4車種22万台をリコール
2012	シンドラー	過去数年間エレベータの死傷事故が相次ぎ，国交省が緊急点検
2012	トヨタ	ハンドル操作不能の恐れなどでプリウス，ウィッシュなど13車種をリコール

（出所）『日本経済新聞』をはじめ，各種新聞・雑誌記事から作成。

具合が頻繁に起きている（図表1－1参照）。

家電業界では，オーブン・電子レンジや温水洗浄便座の発煙・発火，ノートパソコンの異臭・発煙，冷蔵庫のドア脱落などの事故がみられる。自動車業界でも，毎年多くの製品の不具合が届け出られ，その規模も拡大している。これを受けて毎年大量のリコール（企業側責任による欠陥商品の無料回収・修理）が届け出られている（図表1－2参照）。

自動車産業を例に少し詳しくみると，トヨタ自動車は2010年1月にカローラの，2月にプリウスの大規模なリコールを発表したが，2012年11月には業界で過去最多となる約152万台もの乗用車のリコールを届け出た。しかし翌月には三菱自動車が10車種計176万台のリコールを届け出てあっさりと記録を更新した。2011年度の自動車のリコール届出件数は263件で，対象台数は

図表1－2　リコール件数の推移

（2010年3月31日現在）

	2005年度	2006年度	2007年度	2008年度	2009年度
家庭用電気製品	31	87	92	99	69
台所・食卓用品	3	7	7	10	2
燃焼器具	7	23	25	8	7
家具・住宅用品	13	17	17	15	14
乗物・乗物用品	13	6	10	14	4
身の回り品	18	26	22	25	19
保健衛生用品	0	1	7	2	2
レジャー用品	13	15	10	4	7
乳幼児用品	2	3	6	10	12
繊維製品	4	6	4	13	6
その他	0	0	0	3	1
合　　計	104	191	200	203	143

（出所）総務省行政評価局『製品の安全対策に関する行政評価・監視結果報告書』2011年2月より作成。
（原典）産業構造審議会消費経済部会第15回製品安全小委員会（2010年5月25日）の資料をもとに総務省が作成。

259万4237台であった⁽¹⁾。2010年度に自動車メーカーが届け出た国内リコールの内訳は，設計段階での不具合が56％，製造段階でのそれが44％であった。後者では作業工程に関わるものが増加している。国産車の不具合の初報からリコール届出までの期間は平均15.4か月で，前年の20.4か月より短くなっている⁽²⁾。

　食品産業でも食品の安全侵害が増え，最悪のケースでは死者が出る深刻な被害が出ている。2000年以降でみても，大腸菌 O157などによる食中毒，BSE（牛海綿状脳症）感染牛の発見・出回り，遺伝子組み換え食品の危険など問題が山積している。特に2007年には食品メーカーや高級料亭などで不正表示や偽装などが相次ぎ，また中国からの冷凍餃子事件が起きるなど食品への残留農薬問題が相次いで発覚した。翌2008年には汚染米の不当転売事件が生じるなど，食の安全への信頼を掘り崩す事件が相次いで起きた（図表１－３参照）。

　経済産業省所管の独立行政法人である製品評価技術基盤機構の調べによると，2012年の製品の事故件数は2041件であった⁽³⁾。同事故件数は1999年には1000件に満たなかったので，この10年余りの間に倍以上に増えている。また製品の重大事故は，法律により製造・輸入事業者等に主務大臣への報告を義務づけた2007年５月14日から10年３月31日までの間に合計3774件報告されており，09年３月31日までに製造・輸入事業者等により103製品の回収等が行われている⁽⁴⁾。一旦販売した製品の回収は，消費段階で事故が起きる前になされたとしても，事故の可能性のある製品を販売したということで，企業側の不祥事とみなされる。

　以上は工業製品における安全侵害の事例であるが，産業構成の変化を反映して，いわゆるサービス産業においても様々な分野で消費生活の安全・安心を侵害する事件が増えている（図表１－４参照）。

　まず輸送業においては，列車の脱線事故，高速バスの追突事故，トンネルの落盤事故などが相次いでいる。一方，金融業においては，保険会社の保険金未払いや貸金業の違法取り立てなどが目立っている。それ以外にもマンション販売での耐震偽装，大相撲での大規模賭博，テレビ局の虚偽番組放送など，サービス業全般で様々な企業が多様な不祥事を引き起こし，消費者の安

図表1－3　日本で起きた食品の安全侵害

年	企業名	内容
1996	山崎パンなど大手3社	菓子パンや食パンなどに偽りの製造年月日を記入して販売
1998	コープさが	米国産輸入牛肉を十勝牛と偽って販売していたことが発覚
2000	雪印乳業	毒素で汚染された脱脂粉乳を出荷。器具の洗浄を割愛。倒産
2002	丸紅，ローソン	中国産冷凍ホウレンソウから基準値を超える殺虫剤を検出
2002	伊藤忠商事	子会社が台湾産ウナギを鹿児島産と偽装表示して販売
2003	プリマハム	アレルギー原因物質の卵を使いながら製品に表示せず販売
2003	ニチレイ	中国から輸入した養殖エビから不許可の抗生物質を検出
2003	日本ハム	養豚関連子会社で未承認ワクチンの投与が発覚
2007	不二家	期限切れの牛乳などを使用してシュークリームを製造・出荷
2007	ミートホープ	豚肉やくず肉を混ぜた挽肉を牛肉100％と偽装して販売
2007	石屋製菓	菓子の賞味期限を延長・改竄して販売。大腸菌などの検出を秘匿
2007	赤福餅，御福餅	売れ残り品の再利用，日付偽装
2007	JTフーズ，日生協	中国産冷凍餃子に猛毒殺虫剤が含まれており，中毒が発生
2008	魚秀，神港魚類（マルハ系列）	中国産ウナギを四万十川産，中国産ウナギの蒲焼を三河産と偽装
2008	兼松，三井物産，丸大食品	中国産乳製品を使った食品からプラスチック原料メラミンを検出
2008	三笠フーズ	事故米穀を食用に販売。有機リン酸系殺虫剤や発癌物質を検出
2009	ファミリーマート	おにぎりの原料の外国産鶏肉を国産と偽装して販売
2009	花王	特保食品「エコナ」に発癌関連物質混入で自主回収
2010	ヤマザキナビスコ	スナック菓子を別名の袋に詰めて販売したため，回収
2011	酒肉酒場えびす	和牛ユッケを食べた客が大腸菌による食中毒で死亡
2011	大塚製薬	ポカリスエットへのカビ混入が発覚し，約23万本を自主回収
2012	カルビー	スナック菓子にガラス片混入の可能性が判明し約534万袋回収へ
2012	伊藤園	烏龍茶のティーバッグから残留農薬を検出し約40万個を自主回収
2012	ニチロ	さば缶詰などに金属片が混入。約583万個を回収へ

（出所）各種新聞・雑誌記事などより作成。

図表1－4　日本のサービス産業における事故・不祥事

時期	企業名	内容
1985	日本航空	ジャンボ機が御巣鷹山で墜落し520人が死亡
2001	USJ	アトラクション施設の水飲み器に工業用水が混入
2002	東京電力など	原発のひび割れ，記録改竄，修理隠蔽など事故の隠蔽が相次いで発覚
2004	全国の温泉地	入浴剤や水道水の使用，無許可利用など温泉の不当表示事件が続発
2005	JR西日本	JR宝塚線の脱線事故で107人が死亡
2005	NHK	番組「プロジェクトX」の放送内容に事実誤認の指摘。同年で番組終了
2005	ヒューザー	マンションの耐震強度を偽装した販売が発覚。倒産
2006	アイフル	複数の店で強引な取り立てを繰り返したとして一部業務を営業停止
2006	生命保険38社	2001～05年度の保険金等未払いで記者会見。約25万件，総額284億円
2007	関西テレビ	番組「あるある大事典Ⅱ」で捏造報道
2007	エキスポランド	ジェットコースター脱線で1人死亡・19人負傷。15年間車軸交換せず
2007	NOVA	事務所で違法対応を指示するマニュアルが見つかり，業務停止，倒産
2011	日本相撲協会	大相撲で大規模賭博行為が発覚。春場所開催を中止
2011	東京電力	福島第一原発の事故（レベル7）で大量の放射能を漏出
2012	陸援隊	関越自動車道の高速ツアーバス居眠り運転事故で死者7人・負傷39人
2012	中日本高速道路	中央自動車道の笹子トンネルで天井板が崩落し死者9人・負傷2人

（出所）各種新聞・雑誌記事などより作成。

全・安心を損ねている。

　安全侵害の3番目としては，商品の偽装表示がある。自社が提供する商品に関して，(1)使用原材料の偽装，(2)生産地の偽装，(3)消費期限を長く見せか

ける偽装，(4)性能・機能の過大表示などの外，消費者の認知度が高い他社商品であるかのように見せかける(5)ブランド偽装などもある。(1)〜(3)は食品などに多くみられ，(4)はマンションの耐震強度の偽装などが典型である。大半の消費者は自身が購入する商品に関しても仔細な情報を得る術を持たず，商品が偽装されていても気づかず騙されてしまうケースが多い。今日では，インターネットや携帯型情報端末など情報技術が相当程度発展・普及しており，消費者・一般市民が以前よりはるかに情報を獲得しやすくなっているとはいえ，商品の素材原料に関わる情報など，企業側の秘匿により消費者が把握できない情報があるからである。

　第4に，事故や製品の不具合など企業側に不利な情報の隠蔽や情報操作が挙げられる。電力会社による原子力発電所の事故の隠蔽や記録の改竄，自動車メーカーのリコール隠しなどである[5]。

2−2　安全侵害問題の特質

　次に，前項でみた企業による安全侵害問題を念頭に置きながら，それらをいくつかの視点から考察することによって，問題の特質をさらに詳しくみてみよう。

　まず第1に発生地点に注目すると，企業による安全侵害問題は企業が関わるあらゆる領域で生じている。大別すると，安全侵害の発生地点に応じて，生産，流通，消費の各部面で見られる。生産段階での安全侵害とは，工場での爆発や機材の落下，廃出物などを通じて，労働者や周辺住民，自然を害する問題である。被害対象は流通段階でも同様である。消費段階の問題とは，主に販売された商品の安全性の問題である。消費者が商品を消費する段階で，それが本来求められる安全水準を満たさず，あるいは安全の視点自体を欠落させることによって，人間やその他動物の生命・健康などに害悪を及ぼす問題である。

　第2に，被害の与え方に注目すると，それが人体に直接影響を及ぼすかどうかで二つに分類される。人体に直接害悪を及ぼす問題としては，食品摂取による中毒，薬害，アスベスト（石綿）による健康侵害や，自動車タイヤの脱輪やガス湯沸かし器の火災，列車の脱線，トンネルの落盤といった事故な

ど枚挙に暇なく発生しており，死亡や傷害につながっている。一方，人類に直接影響を及ぼさずとも間接的に影響を及ぼす問題もある。地球環境の破壊が典型である。それは人類が地球環境に対してかけた負荷が自然循環の結果，人類に否定的影響を及ぼすに至った問題である[6]。なお，2011年に起きた東京電力福島第一原子力発電所での放射線漏出事故のように，人体と自然の両方に甚大な害悪を与えるものもある。

第3に，問題が現れるまでの時間に注目すると，問題発生と同時に被害発生が分かるものと，問題の発現までに一定の時間を要するものとに分類される。生産や消費の際に起きる事故は，直ちに人体や自然に害悪をもたらすため，私たち消費者もすぐにその否定的影響を認識できるものが多い。しかし中には，問題の蓄積が徐々に進行することによって一定期間を経た後に問題が顕在化するものがある。例えば，企業活動に伴う地球温暖化や，食品添加物・放射線など有害物質の蓄積による病気の罹患などがそうである[7]。

第4に，問題を生んだ原因に注目すると，原因となる企業活動によって，商品設計，生産方法，物流（輸送や保管），サービス，その他（流通業者による有害な加工や消費者による想定外の使用など）に分類される。消費時点で発生した安全侵害問題でも，その発生源は多様にありうる。

第5に，企業側が問題発生の可能性を認識していたか否かによる分類もできる。企業側の認識という場合，少なくとも関連部署の担当者や重役が問題であることを自覚しながら当該行為を行う確信犯的なものから，企業の活動と害悪発生との因果関係が不明確であるため確信犯とは言えないが，結果として過失責任が問われるものまで存在する。

上記の要因に被害の大きさなどを加えた多次元の要因によって安全問題は類別される。

2-3 近年不祥事が増加する原因

企業による不祥事が近年とりわけ増えているのはなぜだろうか。

まず第1に，企業間競争の激化によるコスト削減圧力の強まりが指摘できる。日本では1990年代初頭の「バブル経済」崩壊以降，長期不況下で，多数の商品市場において価値実現の困難，すなわちコストと利益を回収する商品

販売の困難が強まっている。多くの市場でこれまで見られなかったような低価格競争が起き，利益を捻出するためコスト削減が強要される結果，企業がその限界を突破するため，本来必要なものまで切り捨てたことが安全侵害につながるケースである。例えば，(1)製造企業が従来使っていた原材料の質を落とした結果，商品の粗悪化が進展し安全を侵害するケース，(2)賃金削減を目的とした労働者の首切り（指名解雇や早期退職など）が，製品設計や安全監査など商品の安全実現にとって必要な労働力の削減や能力低下を生み，それが生産現場での事故や消費者の安全侵害につながるケース，(3)納期短縮を急ぐあまり，商品の安全にとって必要不可欠な作業工程を省くなどによって問題が生じるケースなどが見受けられる[8]。企業が安全・安心にかけるコストは10年前に比べ増えているという調査結果もある[9]。このため企業の中には，消費者から苦情の形で商品に関する事故や不具合の情報が寄せられ，リコールや対策の必要が生じていても，そうした情報を隠し改善を放置する企業が少なからず出てくるのである。

　近年企業不祥事が増大する二つ目の原因として，企業活動の国際化の進展が指摘できる。1980年代半ば以降，急速に進展した円高を受けて海外生産に転じた多国籍企業の製品の日本への逆輸入や，円高差益を狙った外国製商品の輸入が急増している。そうした中で安全を侵害する商品が市場に出回る割合が増えている[10]。商品が外国で生産される場合，生産時点での安全基準が日本と異なることも多く日本基準に満たない商品が作られる可能性があるが，国境を超える外国での生産を管理・検査することは国内でのそれに比べてはるかに困難である。そうした商品が税関検査など流通段階での検査をすり抜けると国内市場に出回ることになる。2002年に頻発した中国からの輸入食品の健康侵害事件などはその典型である。

　3つ目の原因として，技術面の要因がある。近年自動車市場でリコールが増えているが，その原因の一つは電子化やハイブリッド化による製品構造の複雑化にあると言われている。部品点数でみた場合，2～3万点ある自動車部品の過半が電子部品からなる。現在日本の主要メーカーが力を入れているハイブリッド車は，コンピュータ制御によってエンジンと電気モーターを併用して走行するので，車1台当たりに数十個の電子制御装置（ECU）が組

み込まれている。電子制御プログラムのバグをはじめ，電子技術の複雑化やブラックボックス化を原因とする不具合も多い。

　第4の原因として，とりわけ1990年代以降に急速に進展した規制緩和政策がある。この時期，先進資本主義各国は新自由主義思想に基づき様々な分野で規制緩和を進めた。日本政府も食品の安全規制をはじめ，消費生活の安全に関わる規制を数多く緩和・撤廃した[11]。また日本政府が「小さな政府」を目的に安全確保に関わる省庁の部署までも人員や作業を減らしたことが，多様な分野で安全侵害の増加を招いた。アメリカから輸入されたBSE感染牛や中国から輸入された汚染米が市場に出回ったのは，税関検査を素通りしたからであり，それはつまり検査工程や検査官の不足を意味している。

　以上は，企業やそれを監督する政府の問題であるが，原因の5つ目として消費者側の要因も指摘できる。一方では，長時間労働・通勤などからくる日常生活の多忙化を受けて，消費の簡便化が進展している。食事では昔ながらの手のかかる料理を食する比率が減り，電子レンジで温めるだけで済むような加工冷凍食品を食べる割合が高まっている。こうして食品保存のための添加物の使用が増える。また他方では，企業側の宣伝やマスコミなどの影響もあり，個人消費者の商品に対するこだわりが強まっており，例えば，食品における着色料などの添加物の使用が増えることになる。

　なお付言すれば，近年，企業による不祥事が相次いで発覚する背景には，内部通報制度の整備など消費者保護に寄与する法律の整備が以前より進んだこともある[12]。不祥事の続発と消費者団体などの批判を受けて，2002年10月に日本経済団体連合会が企業行動憲章を改訂し，内部通報制度の導入を推奨した。さらにその後，04年6月に公益通報者保護法が制定された（06年4月施行）。不祥事や事件を起こした企業がそれを隠し社会に公表しない場合に，事情を知る企業の内部者が告発することを推奨するとともに，告発によって情報提供者が不利益を被らないよう，その身分や権利を守る制度である。また，消費生活用製品安全法が06年12月に改正・公布され（07年5月施行），製品事故情報の報告・公表制度が新設された。さらに，09年9月には消費者庁が発足し，事故情報の収集・公表，関係事項の調査などにあたっている。この結果日本でも内部通報制度を導入する企業が増えた[13]。告発者

保護の不完全など課題もあるものの，従来に比べて企業不祥事などを告発しやすくなり，不祥事発覚が増える一因になった。

3 消費生活の安全・安心とマーケティング

3-1 ソーシャル・マーケティングの概念

マーケティングとは商品の価値実現に関わる体系的な対市場活動である。それはマーケティング技法と思想体系からなる[14]。前者はマーケティング主体がとる政策手法であるが，それは単なる販売にとどまらず製品開発など生産の一部をも含み，市場調査，標的顧客の選定，価格設定，チャネル管理，販売促進などを包含している。個々の技法は互いに関連するから，技法はその内部で統合性を有している。技法は，関係性マーケティング，ワントゥワン・マーケティング，ブランド管理など，今日多様に発展してきている。

他方，マーケティング思想とはマーケティングに関する考え方の体系である。代表的論者のコトラー（Kotler, P.）は，マーケティング・コンセプトとして(1)生産志向，(2)製品志向，(3)販売志向，(4)消費者志向，(5)社会志向の5つを挙げている[15]。消費者志向はマーケティング志向とも呼ばれ，顧客要求への適合を主内容とする。販売志向では視点がマーケターの側にあり，結果としての売上高に目が向きがちだが，消費者志向では視点は顧客側にあり，どのような商品を提供すれば顧客に喜ばれるかを重視する。したがって消費者志向は市場調査に基づく製品開発を前提とし，生産活動の一部も含む。さらに社会志向では，消費者志向に加えて社会生活の向上や地球環境の保護などが加わる。直接の顧客だけでなく非顧客も含む社会全体の満足を重視する。ソーシャル・マーケティングとは，この社会志向を軸に据えたマーケティングである[16]。

コトラーとリー（Lee, N.）は，企業の社会的取り組みを次の6つの戦略で捉えている。①コーズ・プロモーション（コーズとは社会的主張），②コーズ・リレーティッド・マーケティング，③ソーシャル・マーケティング（ここでは社会福祉の改善などの意味で使用），④コーポレート・フィランソ

ロピー（寄付などの慈善活動），⑤地域ボランティア，⑥社会的責任に基づく事業の実践である。彼らは，前三者（①〜③）をマーケティング関連活動と呼び，後三者を非関連活動と位置づけている[17]。

しかし，営利企業が後三者の活動を行う場合も，それらを通じて自社の知名度を高め，非顧客を含む市民に好感を持ってもらい，ひいては自社商品の購買に繋げることを意図しているととらえるべきである。マーケターの主観的意図はともかく，企業名を伏せない限り，客観的にはそういう意味を持つ。逆に社会的不祥事を引き起こせば，当該企業のブランドイメージを失墜させ，場合によっては巨額の損害賠償を求められることもある。こうした企業ブランドの管理も現代の企業経営では重視されている。このため私は，後三者の活動も広い意味でのマーケティング活動に位置づけられるべきであり，CSR活動全体がソーシャル・マーケティングの概念に含まれると考える。

企業などの社会的責任に関して，2010年にISO（国際標準化機構）が策定したガイドラインであるISO26000は，基本原則として，(1)説明責任，(2)透明性，(3)倫理的行動，(4)利害関係者の尊重，(5)法令順守，(6)国際行動規範の尊重，(7)人権尊重の7つを，また主要課題として，(1)組織統治，(2)人権擁護，(3)労働慣行，(4)環境保全，(5)公正な事業慣行，(6)消費者問題，(7)地域社会への参画の7つを挙げている。

生活の安全・安心問題に関して今日の企業には，人権尊重を前提とし，法令順守だけでなく倫理的行動として社会的規範も求められるほか，透明性として必要情報の公開や説明責任が求められている。それらの活動を大別すると，(a) 本業を通じた社会貢献，(b) 外部不経済（環境負荷など）の防止・最小化，(c) 慈善行為（社会的事業への寄付など）などに分かれる。まず企業は本業を通じて様々な社会貢献をしている。例えばメーカーが不具合のない製品を提供することが，顧客満足と同時に，消費生活の安全・安心に繋がる[18]。また製品の中には，例えば照明器具や防犯・防災用具など，その使用が生活の安全に寄与するものもある。このほか，本業を通じて雇用を生み，納税することでも社会に貢献している。次に，企業は操業中の事故や有害物質の排出などを通じて，地球環境や市民に害を及ぼすこともある。そ

れらは他の主体が産する商品の安全侵害に繋がることも多い。こうした害悪を防ぎ，最小化することも市民生活の安全に結びつく。3つ目に，企業が行う様々な慈善行為がある。社会発展に繋がる事業への寄付は安全・安心な生活の実現に寄与する。

このような企業活動をマーケティング思想との関連でみると，（a）本業を通じた社会貢献は消費者志向と，（b）外部不経済の防止・最小化と（c）慈善行為は社会志向との関連が強い。

3－2　ソーシャル・マーケティングの具体例

ソーシャル・マーケティングは企業活動に対する社会的批判の高まりに対応するために生まれてきた。今日，メーカーの製品開発においては，画期的な技術開発の困難により製品の本来的機能での差別化よりブランドが重視される傾向にあり，企業イメージを向上させるためにもソーシャル・マーケティングに力を入れる企業が増えている。以下では，ソーシャル・マーケティングの特徴的な例をいくつか見ておこう。

ネスレ・フィリピンは水資源の保護に関して，工場などでの水消費の最適化，汚水の利用，水への配慮の宣伝などにより，2000年から2010年までの10年間に製品生産量を55.01％増やしながら，水の排水量を35.59％削減したほか，水源の保護などにも取り組んでいる[19]。

NTT東日本は事業活動を通じて社会の持続的発展に貢献することを経営の基本姿勢にし，CSRのテーマとして，①安心・安全コミュニケーション，②人と社会のコミュニケーション，③人と地球のコミュニケーション，④チームNTTのコミュニケーションの4つを掲げている。特に東日本大震災以降は「つなぐ」ことを防災対策の社会的責務として強く意識している（NTT東日本グループ『CSR報告書　2012』）。

「企業は社会の公器」との理念を掲げるオムロンは，「CO_2削減ソリューション」事業や生産活動での環境負荷の低減とともに，ボランティア，環境保全活動などグローバルな社会貢献活動に取り組んでいる。また子会社のオムロン京都太陽では，自治体の支援も得ながら身体障害者に働く場を提供する「社会福祉法人太陽の家」を運営している[20]。

未来工業（岐阜県）は従業員に対する厚遇で知られている。日本一多いと言われる年間休業日は138日（有給休暇を除く）あり，残業がないので社員は皆夕方帰宅し，食事の準備と家族揃っての夕食ができる。また数年に一度は会社持ちで全社員を海外旅行に連れていく。それでいて給与水準は本社所在の岐阜県下で有数の高水準を維持している。社員には常に考えることを要求するが，従業員の意欲と満足度は非常に高く，経営面でも創業以来黒字という[21]。

3－3　営利企業の利潤志向と社会志向

　コトラーの言うマーケティング・コンセプトは，マーケティング思想に関して資本主義的企業（営利企業）にも非営利組織（以下，NPOと略す）にも共通するものである。だが営利企業のマーケティング思想については，それらに利潤志向を加えて理解する必要がある。ここで言う利潤志向とは，自己の利潤の最大化を目指す考え方で，営利企業にのみ見られる。それゆえ営利企業を特徴づける要素は利潤志向と言える。

　利潤志向を有する営利企業が，社会志向のコンセプトに基づきソーシャル・マーケティングを行っている。では営利企業のソーシャル・マーケティングにおいて，社会志向と利潤志向とはどのような関係にあるのか。結論を先に言えば，営利企業の利潤志向は上記の消費者志向や社会志向に対しても優先される上位の概念である[22]。

　企業が商品開発や製造，流通において消費者ニーズへの適合や地球環境に対する特別な配慮を行えば，ほとんどの場合追加コストを要する。コストと利潤は反比例するので，営利企業がそれ自身の内的衝動としてそうした対応や配慮を行うわけではない。それらがなされるのは，売上げ伸長による利益がコスト増の損失を上回る場合であり，消費者ニーズへの適合や環境配慮などを重視することが他社に対する当該企業の差別的優位の形成に繋がることが条件となる。つまり企業がニーズ適合や環境配慮を行うかどうかは，顧客側がそれらを重視して購買を行うかどうかにかかっている[23]。企業不祥事が後を絶たないこと，公害を含む地球環境問題への対策がいつも社会問題化してから後追いでなされること，公害問題で過去に苦い経験をしたはずの企

業の中に，途上国での現地生産の際，同じ轍を踏み「公害輸出」と非難されたものが少なからずあった理由もここにある。これに対してNPOでは，利潤志向のバイアスによって消費者志向や社会志向が歪められることはない。それゆえソーシャル・マーケティングを真に体現するのは，営利企業でなくNPOであると言える[24]。

3－4　CSRに関する既存理論

　マーケティング学者や経営学者の中には，ソーシャル・マーケティングの技法やCSRに関する経営技法を挙げた上で，経営者の善意に期待しそれを肯定的に評価する者も多い。サベティ（Sabeti, H.）は，営利か非営利かという二者択一を超えた存在として，社会目的と経済価値を同時追求する「共益企業」（For-Benefit Enterprise）という概念を提唱している[25]。たしかに今日，顧客や社会の評価を意識して，本業を超えた社会貢献活動に取り組む企業も増えており，その活動を報告書やウェブサイトなどを使って宣伝する活動にも力を入れている。また公益性を有する社会的活動を通じて私的利潤を得るのが営利企業であるから，その二つの面を二律背反のごとく扱うのは誤りである。しかし企業の利潤増大と社会貢献が相反する局面では，企業は利潤の獲得を優先するから，両者を調和的にのみ捉える理論は不十分である。持株会社のように所有により一方的に利潤を得るようなものを除くと，大半の企業が二面性のある活動を遂行することは当然であり，サベティなどの試みは「公益企業」という名称の付け替えだけに終わりかねない。大事なことは二側面の関係の分析であり，とりわけ両者が対立する場合の解決の仕方である[26]。

　一方，キャロル（Carroll, A. B.）はCSRを，①経済的責任，②法的責任，③倫理的責任，④慈善的責任の4要素に区分して階層的に捉え，番号の若い要素ほどより基層に位置づけている[27]。つまり企業の利益責任を最重要視するのである。現実の企業は利潤原理を最優先して行動しているので，企業の行動を説明する際には一定の有効力を持つが，CSRを経営者が従うべき規範（経営者の責任）と理解するならば，②法的責任や③倫理的責任が①経済的責任より重視されねばならない。

さらにポーター（Porter, M. E.）とクラマー（Kramer, M. R.）は，CSR経営に関して経済的利益を重視する立場から「競争優位のフィランソロピー」や「競争優位のCSR戦略」という概念を提唱している。彼らは，近年CSR経営に取り組み始めた企業も多いが，単なる慈善活動に終わり企業収益に結びついていないとし，企業が社会貢献活動をする際，不特定多数に展開するのではなく，自社の事業目標に結びつけ競争力の向上に繋げる必要を説いている[28]。

4 営利企業に責任を果たさせるために

4-1 政府の果たすべき役割

　企業が社会的影響力を増した現代社会では，企業側の満足だけではなく，顧客の満足や社会の利益との調和が図られねばならない。しかし先に見たように，営利企業の場合には自動的にそれが実現するわけではない。それらの実現を保障するためには，まず政府の役割が重要となる。

　安全問題で政府が果たす役割の一つとしては，関連法規の整備がある。政府は独占禁止政策や公害・環境規制，消費者の権利保護などの政策によって，企業を規制しなければならない。日本の法規は，大気汚染や水質汚濁の防止などある程度評価できる規制もあるが，概して規制と罰則が緩い。政府には足りない法令の新設や，緩い法令と罰則の強化が求められる。次に，リコール届出商品の回収を徹底させる課題もある。消費者庁によると，2012年1月〜13年1月にリコール中の製品で重大事故が109件発生し，死者3名，重傷・重症者9名が出ている。経済産業省はメーカーに回収を命じることができるが，過去には3回しか命じていない[29]。この外，内部告発者の保護強化も重要である。民間調査会社の共同ピーアール（東京都中央区）が2012年10月に行ったアンケートでは，不祥事を知った場合に告発する人が53.3％（うち「匿名でなら」が40.0％）おり，03年より7.3ポイント増えたが，通報者保護法については「機能していない」が44.5％で，「機能している」の3.7％を大きく上回っている[30]。

　第2に，安全や安心を保障するため国家の監視体制を強化する必要があ

る。人間や自然に害悪が及ばないよう，工場や娯楽施設などの施設や機具，車両などの安全な操業，生産される製品の安全性の確保，国外から入って来る商品の安全検査，消費者が安心して購入できるような流通の確保などを監督によって保障することが求められる。

　第3に，国公立の研究機関などで，消費生活の安全確保のための調査・研究を強めることである。研究対象としては，化学，物理学，医学をはじめ様々な分野が含まれる。水俣病の発症が確認され始めてから公害認定まで10数年かかったことや，1970年代頃から欧州諸国でアスベスト被害が報告されていたにもかかわらず特別な規制措置をとらなかったことが被害の劇的な拡大を招いた。その構図は2011年の福島原発事故でも同様である。企業利益とは距離を置いた公共の利益の視点からの研究が真に求められている。

　第4に，必要な情報の収集と開示がある。消費生活の安全確保のために企業側と消費者側の双方から必要な情報を収集・集約するとともに，それを開示することが必要である。例えば，企業側の業務や商品に関する調査，消費者側の使用実態や製品事故・不具合などの調査をして，情報を集約すると同時に，安全侵害を未然に防止するため，あるいは被害をそれ以上大きくしないため，必要な情報を電子媒体（ホームページなど）や紙媒体（白書，広報など）などを使って公表し，消費者・市民への伝達に努めなければならない。

4-2　日本政府の既存政策の問題点

　前記のように，1980年代頃より日本政府は新自由主義政策を採用し，「小さな政府」を目指して政府業務の縮小と規制緩和を実施してきた。それはとりわけ1990年代後半以降加速したが，そのことが安全の侵害を拡大している。食品分野を取り上げて具体的にみていこう。

　食品では食品添加物の認可が急増している。2012年末時点で長期に慣習的に使われてきた既存添加物は365品目，商品衛生法10条に基づき厚生労働大臣が指定する指定食品添加物は，425品目となっている。後者の数が急増した結果，全体の食品添加物の数も増えている。それは1960年代半ば以降，約40年間350品目程度で推移してきたが，2002年に大幅な規制緩和を行って以

降，日本政府は米国やEU諸国の要望に沿う形で指定食品添加物を増やしてきた。

食の安全に関しては残留農薬やカビなども心配だが，「小さな政府」で検査体制が追いついていない。日本の輸入食品の検査率は12.7%（2009年度）にしか過ぎない。トウモロコシの輸入は，約366万トンのうち約365万トンがアメリカから来る。アメリカ産トウモロコシは2005年12月に国産モニタリング検査で基準値を超える猛毒のアフラトキシンB1が検出されたため，それ以降は国が検査を命令する「検査命令」が実施されている。しかし検査命令による検査は業者任せであり，過去に輸入ウナギの検査で杜撰な検査が問題となったことがある。09年度には，アフラトキシンの基準値（10ppb）の10倍超の105ppbという違反事例もあった。カビ毒に汚染された米や小麦が飼料用などに不正に転用される事件も起きている。なお米国産の柑橘類には発癌性添加物のイマザリルが含まれている問題もある。

日本の食品行政には簡略表示の問題もある。食品衛生法では食品添加物を，「全面表示」とし，原則として物質名で表示することになっているにもかかわらず，実際の運用では物質名表示ではなく「一括表示」や「簡略表示」が厚生労働省の通知によって認められている。このため，例えば「酸味料」や「調味料」というような一括表示が多用され，そのカテゴリー内でどのような物質が使われているのか，その詳細を消費者が知ることができない状態にある[31]。

無自覚の摂取という点では，遺伝子組み換え食品（以下GMと略す）も同様であり，それによる健康被害が懸念される。GMの安全性は実証されておらず，動物実験で有害とする実験結果を得た研究も存在する。にもかかわらず，日本政府が認可したGMは2012年12月末時点で191品種ある[32]。この数は2008年の88品種から急増している。また遺伝子組み換えの食品添加物は16品目あるが，遺伝子組み換え技術を使った添加物でありながら，日本政府がそれに該当しないとする食品添加物が50品目ある。例えば，世界の大豆の7割が遺伝子組み換えと言われているが，日本でGMの表示があまり見られないのはそのためである。大豆を原料とする豆腐や納豆などには表示が必要だが，組み換えDNAや生成蛋白を検出できない場合は表示義務がなく，

表示されていない。日本の消費者は非常に有害な可能性がある GM を，知らぬ間に摂取させられているのである[33]。

EU では GM はほとんど認められていない。またアメリカから輸入した BSE 感染牛肉が市場に出回った事件については，検査の仕方をアメリカ方式に変えずに，日本が従来行っていた全頭検査をしていれば防げたはずである。これらの事例をみると，日本の食品行政は国内消費者の安全や利益を必ずしも第一に考えておらず，むしろ大手企業や財界の利益を優先しており，またアメリカ政府や財界の要求を無批判に受け入れ過ぎているように思われる。紙幅の都合から，ここでは食品を取り上げたが，他の分野でも同様の事態が見られる[34]。

5 おわりに

今日の日本社会では，近年の競争環境の激化を受けて企業が国内外での競争力強化と，そのためのコスト削減を至上命題とした結果，人間軽視が進行し市民生活の安全侵害が横行している。放射線の脅威にさらされ，食品をはじめとする商品の安全侵害が進行する結果，消費者の命や健康までが侵害されている。大手企業の間でさえ不祥事が後を絶たず，減少の兆しが見えない。

しかしながら，現代の企業に求められるマーケティングは，当然社会志向のソーシャル・マーケティングであろう。市民生活の安全侵害を起こした企業のように，自己の利潤の増加のみを追い求め，必要な対策コストを出し渋るような人間軽視の姿勢を改められない企業は，今後市場から退出を求められるであろうし，もし仮に営利企業にはそれが無理と言うなら，NPO を軸とするような資本主義に代わる社会に移すことも考える必要がある。

日本政府は，1990年代以降アメリカなど外国政府・企業と日本の財界の要望を取り入れて，様々な分野で規制緩和政策を実施してきた。確かにそれは一部の企業に利益をもたらしたが，他方では圧倒的多数を占める市民の生活の安全や地球環境の破壊を進めるものであった。いま必要な政策は消費者・市民の視点に立ち，人権尊重を主軸に据えることである。

競争偏重思想に基づき規制緩和に固執する政府に正反対の政策をとらせるためには，消費者が自ら必要な情報を求め，現実に進行する事態について認識し，自らの権利侵害に対して反対の声を上げることが大事である。消費者主権の確立が求められるが，これまでの国家の政策をみても，それは自動的に与えられるものではない。人権に敏感な「賢い消費者」の運動こそが，不自由の壁を突き破って社会を前進させるのである[35]。

（佐久間英俊）

注
（1） 国土交通省速報値，2012年4月13日発表。
（2） 国土交通省「平成22年度自動車のリコール届出内容の分析結果について」2011年3月。
（3） 製品評価技術基盤機構「最新事故情報」の件数より算定。
（4） 総務省行政評価局『製品の安全対策に関する行政評価・監視結果報告書』2011年2月。
（5） 本章の主要テーマである安全・安心問題から見た場合には範囲外になるが，企業不祥事としては上記以外にも，不正会計（所得隠しなど），不公正取引（カルテルなど），内部情報（顧客情報など）の漏出，社員の過労死，社員の個別的犯罪（役員の痴漢，横領など）などがあり，こうした問題も近年増加している。
（6） その責任のすべてが企業にあるというわけではないが，今日企業が果たしている社会的役割から見て，また消費者と比べた保有情報の格差などから見て，主要な責任は企業にあると言える。
（7） 2011年3月に起きた東京電力福島第一原子力発電所の事故では，陸海空に大量の放射能が漏出し，作業員の直接被曝や入院患者の病院移送に伴う死亡，市民生活の強制的変更など，すでに多くの甚大な被害を生んでいる。同原発は2013年3月末時点でもいまだに多量の放射線を漏出しており，被災者補償区域をはるかに上回る地域で今後被害の拡大が懸念される。低線量被曝の蓄積が人命や健康にどう影響するのか，さらに放射線許容量の議論で主に問題にされているのは外部被曝であるが，食品摂取などを通じた内部被曝の影響が懸念される。1986年のソ連チェルノブイリ原発事故の被害に関して，当局の圧殺に抗する独立系研究者の報告が近年多数出てきているが，それらは小児甲状腺癌，白血病，リンパ腫，その他疾患の増加を伝えている（ヤブロコフほか 2013）。
（8） トヨタ自動車は2000年以降CCC21（21世紀に向けたコスト競争力の構築）と称する大規模な単価削減を進めた。このため下請け企業は，トヨタの新製品向け資材の開発において，実物の試験をコンピュータでの試験で代替することで試作数の削減

を行った。こうしたことが最終製品である自動車市場において大量のリコールを生み出す一つの原因になっていると思われる。

(9) 三菱総合研究所・大阪商工会議所が食品メーカー500社を対象に行った2008年の調査によると，10年前と比べて企業の安全・安心にかけるコストが増大したと回答した企業が76％あり，30％はコストが1.5倍以上になったと回答している。食品メーカーの場合，頻発する商品を自主回収する費用は数千万円から時には数億円に上るという（NHK 総合テレビ「安全でも，高いのはイヤ？～ふくらみ続ける商品の安全コスト」『クローズアップ現代』2012年12月10日初回放送）。

(10) 経済産業省所管の財団法人の製品安全協会が手がける任意マークである SG マーク（Safety Goods：安全な製品）について，リコールは2003年度以降，湯たんぽやヘルメット，乳母車などで31件起きた。このうち26件（84％）が外国製であった。10件が中国製で，以下，台湾製8件，韓国製5件，タイ製2件，アメリカ製1件であった（『朝日新聞』2009年7月30日夕刊）。

(11) サンドイッチやハム・ソーセージ類，タラコなどの食品に発色剤として使われることの多い亜硝酸ナトリウムは，それ自体にも遺伝子損傷性などの毒性があるが，魚などに多く含まれている天然の二級アミンと反応して強い発癌物質であるニトロソアミンを作る。また酸化防止剤の BHA は1982年のラットによる実験で発癌性が指摘された。そのため一時はパーム油やパーム核油のみの使用に限定されていたが，1999年の規制緩和で使用対象食品は発癌性の指摘以前に逆戻りした（日本消費者連盟 2004.7）。

(12) 国土交通省のリコール検討会（代表・鎌田実）が実施した製造企業へのアンケート調査によると，2000年度の国土交通省指示「市場品質情報の総点検」などをきっかけに「市場での重要品質不具合の対応の仕組み」を強化しているという（「リコール検討会リコール等調査・分析 WG とりまとめ」2009年3月）。

(13) 内閣府が2007年1月～2月に実施した調査によると，民間企業の69.4％が公益通報者保護法を知っており，41.7％の企業が何らかの制度を導入し，導入を検討中の企業が20.2％あったという（内閣府国民生活局「民間事業者における通報処理制度の実態調査報告書」）。

(14) 保田（1999）11頁および佐久間（2009）34頁。

(15) Kotler（2001）邦訳，25-32頁。

(16) ソーシャル・マーケティングには，営利企業のマーケティングに社会的要素（社会福祉・厚生への貢献など）を採り入れるという意味とともに，マーケティングの主体を非営利組織（NPO）にまで広げ，NPO が行うマーケティングという意味がある。前者をソサイエタル・マーケティングと言い，後者を狭義の意味でソーシャル・マーケティングと呼んで区別することがあるが，本章では両者を含む広義の意味でソーシャル・マーケティングという用語を使っている。なお近年，営利企業が商品価格に環境保護や途上国支援など慈善目的の寄付を組み込んで社会貢献をアピールする行為などを，コーズ・リレーティッド・マーケティング（Cause Related

Marketing）と呼ぶことがあるが，これも広義のソーシャル・マーケティング（細分類ではソサイエタル・マーケティング）の一種に位置づけられる。
（17）　Kotler and Lee（2005）pp.2-3.
（18）　商品が安全なことは，本来企業が負う当然の義務である。だが自動車や住宅などの耐久財は長く使う間に安全性が落ちてくる。そのため耐久財では，商品販売後のアフターサービスが顧客満足を高める軸芯になりうるし，それに成功すれば，企業に対する好感や次回の購入，知人への推奨などに結びつく利点も期待される。
（19）　Nestle（2011）および同社へのインタビュー（2012年9月10日）による。
（20）　オムロン（2009）およびオムロン京都・太陽の家でのインタビュー（2010年3月9日）による。
（21）　未来工業創業者（現相談役）・山田昭男氏へのインタビュー（2011年3月11日）による。
（22）　佐久間（2001）（2009）を参照。
（23）　佐久間（2007）を参照。
（24）　NPO法人の中には，非営利とは名ばかりで巨額の利潤をあげているものもある。非営利の規定は，名称ではなく実際の活動で行わなければならない。
（25）　Sabeti（2011）。
（26）　資本は，一方では顧客に役立つ商品の提供や「資本の文明化作用」（Marx, K.）などを通じて社会貢献を行うが，他方では自己増殖する価値として自己の利潤追求のためには他者を顧みないという私的性格を有する。しかも資本の本性（資本が資本である固有の特性）は後者にある。ソーシャル・マーケティングは企業の利益と社会の利益との調和を目指すものであるが，その調和のとり方は両者均等ではなく，あくまで企業利益を主軸に置いたものである。企業が社会貢献する側面のみに目を奪われて，営利企業の私的性格（利潤志向）をみない議論は，使用価値・生産力発展の側面のみを重視し，価値・剰余価値的側面を看過するものであり，社会科学の理論としてはまったく不十分なものである。
（27）　Carroll（2006），39頁。
（28）　Porter（2002），Porter（2006）。
（29）　『朝日新聞』2013年3月9日朝刊。
（30）　『日本経済新聞』2013年2月17日朝刊。
（31）　中村幹雄氏によれば，食品添加物の名称が表示される割合は，指定添加物で21％，既存添加物で19％であるという（2009年6月の調査結果，中村 2011, 74-77頁）。つまり認可されている添加物の80％以上は固有の名称が表示されていない。
（32）　食品191品種の内訳は，とうもろこし119品種，わた27品種，なたね18品種，大豆12品種，じゃがいも8品種，アルファルファ3品種，てんさい3品種，パパイヤ1品種であるが，申請者欄には，シンジェンタシード，ダウ・ケミカル日本，デュポン，日本モンサントなど米国企業の名前が多数並んでいる（厚生労働省医薬品局食品安全部「安全性審査の手続きを経た旨の公表がなされた遺伝子組換え食品及び添

加物一覧」2012年12月4日発表）。
(33) 日本ではGMの表示に関して，(1) 表示義務のある「遺伝子組み換え使用」と（2）「不分別」，(3) 業者が任意で表示できる「不使用」の3種類がある。ただし表示義務は8作物（大豆，トウモロコシ，ジャガイモなど）33食品群（豆腐，みそ，スナック菓子など）に限られ，主な原材料でなければ，GMが含まれていても表示は不要である。「不使用」とするには原材料の分別が不可欠で，輸入業者などには，種の撒き方，収穫時の混入防止対策，出荷車両や貯蔵施設のクリーニングなどが徹底されているかをチェックし証明書を残す義務が課せられている。仮に流通している「不使用」商品から組み換えた遺伝子や由来する蛋白質が検出されれば，国が証明書をチェックするが，故意でなければ5％までGMの混入が許されている。また油や醬油は，精製や加熱の過程でDNAや蛋白質が変成するため科学的に調べようがないとして国は表示義務から外している（『朝日新聞』2012年9月29日朝刊）。
(34) 2012年4月末に起きた関越自動車道の高速ツアーバス事故では，乗客45人が死傷した。年間約600万人が利用する高速ツアーバスは国土交通省が把握する限りで約350社が事業を手がけていたが，事故後同省が5月から重点監査を実施した結果，予定も含め100社以上が当該事業から撤退した。高速バスの市場拡大は2000年の規制緩和でバス事業が免許制から許可制に変わったことが重要な画期になった。2000年度末に約2800社だった貸し切りバス事業者は2010年度末には約4500社に増加した。監査にあたる各運輸局の担当者は計約300人（12年5月時点）で，タクシーやトラック事業者も含め対象とする自動車運送事業は約12万社ある。07年に大阪市吹田市で1人が死亡し26人が重軽傷を負う事故が起きた際に実施した監査では約81％の事業者で法令違反が見つかったが改善は進まず，2012年5，6月に行った重点監査の結果でも，298社のうち250社（84％）に乗務時間の超過や日雇い運転手の乗務などの法令違反が指摘された。国の基準では400km以上の路線で2人乗務が義務づけられていたが，逆に言うとそれまでは400km未満の路線では1人体制でまかなってきたということである（『日本経済新聞』2012年7月19日朝刊，および29日朝刊）。
(35) 東日本大震災を契機に市民の社会貢献意識が高まっている。電通の調査によれば，広い視野から地球や他者のために活動する「ソーシャル高感度層」が20～60歳代の1割強を，負担感のない範囲で行動する「身の丈ソーシャル層」が3割弱を占めるという（『日経MJ』2012年8月8日）。

参考文献
足立浩（2012）『社会的責任の経営・会計論―CSRの矛盾構造とソシオマネジメントの可能性―』創成社．
梅田徹（2006）『企業倫理をどう問うか―グローバル化時代のCSR―』NHKブックス1051．
オムロン株式会社（2009）『企業の公器性報告書2009』．

海道ノブチカ・風間信隆編著（2009）『コーポレート・ガバナンスと経営学―グローバリゼーション下の変化と多様性―』ミネルヴァ書房。
國島弘行・重本直利・山崎敏夫編著（2009）『「社会と企業」の経営学―新自由主義的経営から社会共生的経営へ―』ミネルヴァ書房。
コトラー, P.・ケラー, K. L.（2008）『コトラー＆ケラーのマーケティング・マネジメント』ピアソン桐原（Kotler, P. and K. L. Keller（2006）*A Framework for Marketheting Management,* 3rd ed., Prentice-Hall）。
佐久間信夫・田中信弘編（2011）『現代 CSR 経営要論』創成社。
佐久間英俊（2001）「新製品開発と市場創造」近藤文男・陶山計介・青木俊昭編著『21世紀のマーケティング戦略』ミネルヴァ書房。
佐久間英俊（2007）「地球環境問題とマーケティング」中央大学企業研究所『企業研究』第11号，中央大学出版会。
佐久間英俊（2009）「マーケティングの概念」加藤義忠監修『現代流通事典』（第2版）白桃書房。
鈴木幸毅・百田義治編著（2009）『企業社会責任の研究』中央経済社。
谷本寛治（2006）『CSR―企業と社会を考える―』NTT 出版。
谷本寛治編著（2006）『ソーシャル・エンタプライズ―社会的企業の台頭―』中央経済社。
中村幹雄（2011）『食の安全と安心―見える表示・見えない表示―』オブアワーズ。
日本消費者連盟（2004）『消費者リポート』1266号。
日本比較経営学会編（2006）『会社と社会―比較経営学のすすめ―』文理閣。
馬頭忠治・藤原隆信編著（2009）『NPO と社会的企業の経営学―新たな公共デザインと社会創造―』ミネルヴァ書房。
原田勝広・塚本一郎編著（2006）『ボーダレス化する CSR―企業と NPO の境界を超えて―』同文舘出版。
ボルザガ, C.・J. ドゥフルニ編著，内山哲朗・石塚秀雄・柳沢敏勝訳（2004）『社会的企業―雇用・福祉の EU サードセクター―』日本経済評論社。
森本三男（1994）『企業社会責任の経営学的研究』白桃書房。
保田芳昭編著（1999）『マーケティング論』第2版，大月書店。
ヤブロコフ, A. V. ほか（2013）『調査報告チェルノブイリ被害の全貌』岩波書店。
Carroll, A. B. and Buchholtz, A. K.（2006）*Business and Society,* South-Western.
Kotler, P. and G. Armstrong（2001）*Principle of Marketing,* 9th ed., Prentice-Hall（和田充夫監訳（2003）『マーケティング原理（第9版）』ダイヤモンド社）。
Kotler, P. and N. Lee（2005）*Corporate Social Responsibility : Doing the Most Good for Your Company and Your Cause,* Wiley.
Nestle Philippines, Inc.（2011）*Creating Shared Value Report 2011ed*.
Porter, M. E. and C. Linde（1995）"Green and Competitive : Ending the Stalemate," *Harvard Business Review,* September.
Porter, M. E. and M. R. Kramer（2002）"The Competitive Advantage of Corporate Philan-

thropy," *Harvard Business Review*, December.
Porter, M. E. and M. R. Kramer（2006）"The Link Between Competitive Advantage and Corporate Social Responsibility," *Harvard Business Review*, December.
Sabeti, H.（2011）"The For-Benefit Enterprise," *Harvard Business Review*, November.
Unruh, G. and R. Ettenson（2010）"Growing Green : Three Smart Paths to Developing Sustainable Products," *Harvard Business Review*, June.
『朝日新聞』2009年7月30日夕刊，2012年9月29日朝刊，2013年3月9日朝刊。
『日経 MJ』2012年8月8日。
『日本経済新聞』2012年7月19および29日朝刊，2013年2月17日朝刊。

第2章

CSR論の系譜と課題

1 はじめに

　近年，企業の違法行為としての「企業犯罪」や，企業の反倫理的行為（倫理や道徳が示す規範的基準に対して明確に違反する行為）や非倫理的行為（倫理や道徳が示す規範的基準に対して明確には違反しないものの，倫理的行為と認めるには疑問がある行為）としての「企業不祥事」といった，企業側が抱える問題が次々と露見し，それに対して社会や市民の側から厳しい非難と批判とが向けられている。しかし，このような社会的な動向は決して新しいものではない。

　CSR（Corporate Social Responsibility：企業の社会的責任）論が本格的に唱えられ始めたのは，第2次世界大戦後のアメリカ社会においてであり，その後，現在に至るまでアメリカはこの議論の中心となっている。

　20世紀以降特に顕著となった企業の社会的影響力の強大化に伴い，多くの問題が企業と社会との間で頻発してきた。企業に対して社会的責任を問う議論はアメリカを中心に，大きく発展・展開していったにもかかわらず，現在に至っても依然として企業側の抱える問題が解消されることがない。そこで本章では，アメリカにおけるCSR論の発展・展開の歴史を理論的に概観し，その意義をまとめ，さらに今後の課題を確認する。

2　CSR論の系譜

2－1　1950年代・1960年代のCSR論

　CSR論の本格的な登場は，1950年代から1960年代にかけてのアメリカの社会情勢の劇的な変化の潮流を背景とした，一連の理論的・学術的研究成果によるものである。

　1950年代から1960年代は，第2次世界大戦後のアメリカ社会の大きな転換期となった。この時期においては，社会を構成する各種各層の人々が市民として自らの権利を高々と主張することが公共の場において積極的に展開された。すなわち，消費者の権利，少数派の公民権，男女平等，自然環境の保護といったさまざまなテーマを掲げて，社会全体に影響を与えるような大規模運動が盛んに展開されたのである[1]。とりわけ，商品の安全性の問題など市民の日常生活に大きく関わる消費者の権利運動は，1962年に当時のケネディ大統領（Kennedy, J. F.）が4つの消費者の権利（安全の権利，選択の権利，知らされる権利，意見が反映される権利）を，国民に向けて約束したことに象徴されるように，非常に大きな社会的関心事であった。また，自然環境の破壊と人体に悪影響を及ぼす可能性がある農薬としての化学物質の乱用を警告し，その後全世界に自然環境問題を提起するきっかけとなったカーソン（Carson, R. L.）の『沈黙の春』（*Silent Spring*）[2]が発表されたのも，この時代であった。

　当時，問題提起されたテーマのいずれにも関係するのは，私的営利組織体としての企業である。企業が社会において果たす役割や機能は，社会の根幹に作用するものであり，企業側の態度如何により，政治，行政，経済，文化，市民生活など社会を支えるあらゆる重要な側面が変化する。したがって，企業が果たすべき社会的責任を問う議論が注目されていくこととなった。

　当初の，企業に社会的責任を問う経営学的議論は，株主と専門経営者との関係性の問題や，企業と社会との関係性の問題などを通じて，企業権力の行使に関する正当性の問題に注目が集まっていた。あるいは，キリスト教の倫

理観に内在する価値観が示すものを通じて，企業に対して社会的責任のあり方を問う議論などに注目が集まっていた。これらの議論を代表するものとしては，前者についてはマクガイア（McGuire, J. W.）の『現代産業社会論―ビジネスの行動原理―』(*Business and Society*)(3)が挙げられる。この著作においては，後に1970年代に入り本格化する「企業と社会」論に先んじて，明確に「企業と社会」（Business and Society）という概念が登場してくる。マクガイアの議論は，強大な企業権力の行使に関して，その正当性の根拠を議論するものであり，企業に対して社会的責任を課す具体的主体，その社会的責任を果たすべき具体的対象，また社会的責任にはいかなる内実があるのかといった本質的問題を議論したものである。続いて，後者についてはボーエン（Bowen, H. R.）の『ビジネスマンの社会的責任』(*Social Responsibilities of The Businessman*)(4)が挙げられる。ボーエンの著作は，戦後のアメリカのキリスト教系の大学で盛んに論じられた企業の社会的責任に関する議論を代表する文献として位置づけられる。ボーエンの議論は，社会的責任とは倫理や道徳と関わる概念であるという主張をもとに構成される。大企業において特に問題となるのが社会的責任であり，この問題は所有と経営とが分離したなかでも如何にして強大な企業権力を行使する正当性を担保していくかという課題と密接に関わった議論であるとされる。

　1950年代から1960年代にかけてのアメリカにおける CSR に関する議論の本格化は，1970年代以降の，当該議論の理論的・学術的により高度な発展・展開を準備したものとして重要な意義を有している。

2-2　「企業と社会」論

　1971年，アメリカ経営学会（Academy of Management）に「企業と社会」（B&S：Business and Society）あるいは「経営における社会的課題事項」（SIM：Social Issues in Management）と呼称される学問分野を研究対象とする部会が発足した(5)。初期の「企業と社会」あるいは「経営における社会的課題事項」の議論は，株式の高度な分散化が進み，非所有者である専門経営者による企業支配が確立してきたなかで，専門経営者はいかなる正当な根拠をもって，企業財産の処分など重要な経営意思決定を適切に行うべき

であるかを問うものであり，また，資本主義経済の拡大と発展のなかで企業権力の強大化が進む事態の進行を踏まえて，企業にはいかなる正当性と責任が伴わなければならないのかという視点を主に有していた。これらは，1950年代から1960年代にかけてのCSRに関する議論の継承とその発展を展望するものとして位置づけられる。

　1970年代，アメリカ社会は，社会を構成する各主体というものの存在を強く意識する事態に至っていた。「企業と社会」あるいは「経営における社会的課題事項」の議論においては，この各主体の把握と分析が重要視されていくこととなった。つまり，企業権力の行使の正当性の獲得は企業が社会的責任を果たせるかどうかによって決まるのであるが，そのためには，企業が配慮すべき対象となる主体（社会構成主体）について正確に把握することが必要となる。企業は，社会を構成する各主体との利害関係において問題となる「課題事項」（issue）について，具体的に把握し対応しなければならない。「企業と社会」あるいは「経営における社会的課題事項」から始まる一連の議論は，その初期において，企業と各社会構成主体との間の利害関係を中心とした課題事項の具体的解決という極めて実践的な思考を有していたのである。

　企業と直接あるいは間接に，そして一時的あるいは永続的に，利害関係を有する各社会構成主体（具体的には，従業員，顧客・消費者，取引先業者，債権者，出資者，地域社会，中央・地方政府などといった存在を指す）は「利害関係者」（Stakeholder）と呼ばれ，対象別に各種に分類されて理解された。かつては，企業の正当性の獲得は株主に対する配慮によってもたらされるという認識が一般的であったのだが，利害関係者という概念の登場は，株主だけを特別扱いすることなく，すべての社会構成主体を配慮の対象とすることで初めて，社会から企業がその存在の正当性を獲得できると考えられ始めたことの，一つの契機であったといえる。

　企業と社会との間に生じる，主に利害関係を中心とした問題や課題は，利害関係者という概念を通じて極めて具体的なものとして把握される。そして，このような問題や課題を実際に解決することは企業にとっての社会的責任であると認識される。この認識は，企業が果たすべき責任の具体的対象が

利害関係者あるいは社会であることから，これらの主体が求めることに応じることこそ企業がその責任を果たす方途であるという考えに由来する。ここでは本質的に倫理的・道徳的正当性は問題とされない。つまり，このような企業の社会的責任のあり方は，倫理的・道徳的関心から利害関係者の要求に応えるものではない。あくまでも，利害的関心から利害関係者の要求に応えるものであり，企業が社会からの反発・抵抗を受けることなく，自らの事業活動を円滑に遂行するための取り組みとして専ら位置づけられるものである。したがって，各利害関係者ごとに存在する企業との間の問題や課題をできる限り具体的に把握し，その一つひとつを確実に克服することが重要なのであるが，このような社会的責任の議論を具体的に展開したのが，1970年代のアメリカにおけるCSR論である。

2－3　1970年代初頭のCSR論

　アメリカにおいて本格的に議論が始まった1970年代初頭のCSR論は，企業が社会的責任を果たすためには，自己の経済的な利益や株主価値の向上を図ることのみでは不十分であり，社会構成主体全体に対する配慮，すなわち利害関係者全体に対する配慮が必要であるという基本的な認識を有していた。企業と社会との関係性から，果たすべき利害関係者への社会的責任を見出そうとしたこのCSR論は，まず各種の利害関係者の把握に努め，その上で企業と社会との間に生じる多様な課題事項の解決を目指したのであるが，しかし，その実践の具体的内実はコンプライアンス（現行法令遵守：Compliance）と慈善的活動に代表されるような社会貢献活動に重点が置かれたものであった。この事実は，当時のアメリカの経済開発委員会（CED：The Committee for Economic Development）が公表した政策見解（statement）の内実に象徴されている。

　アメリカの経済開発委員会は，1971年に『企業の社会的責任』（*Social Responsibilities of Business Corporations*）[6]という主題のもと，企業が配慮すべき58項目の具体的課題事項を提示した。この政策見解は，自然環境や消費者の権利の保護，あるいは雇用の平等などといった課題事項が，アメリカ社会から企業側に向けて要求されているということを深く認識するという視点

に立脚したものとなった。また，このなかに提示されている具体的な各課題事項に対する各企業の取り組み如何により，今後の企業活動全体への賛否を世論から判断されるという，経済界の認識が反映されたものでもあった。この政策見解において主張された各企業が負うべき社会的責任としての具体的な課題事項の内容は，経済成長に関する分野，教育・雇用・平等といった市民的分野，都市再開発や自然保護や芸術・文化支援などの社会貢献的分野，といった多様な各分野にわたったものとなっている[7]。しかしながら，この政策見解に提示された各課題事項の実践は各企業の任意とされていたために，企業の社会的責任として中心的に実践されたことは専ら社会貢献活動が主体であった。このような実践のあり方は，企業側からみて外的な社会問題に取り組んだものであり，企業と社会との間における多様な課題事項に対してはすでに起きた事件（犯罪・不祥事）の再発防止が専ら重要視されたものであった。つまり，このような実践のあり方においては，社会的な結果責任（社会的問題や課題に対して受動的で結果対応的な責任のあり方）に多くの注意が払われていたといえるだろう。したがって，このようなCSR論の実践では，未知の課題事項の予測や事前予防には大きな限界があることから，1970年代中葉より「企業の社会的即応性」（Corporate Social Responsiveness）論が展開され始めた。

2－4　「企業の社会的即応性」論としてのCSR論

　アッカーマンとバウアー（Ackerman, R. W. and Bauer, R. A.）は，それまでの「企業と社会」の理論の中核であった従来のCSR論では，社会的に明示されているような重要な課題事項には対応可能でも，社会的に明示されていないが同じように重要な社会的結果を生ずる，企業の日常的な本来の業務活動上における課題事項にまで対応するには十分でないことを指摘し，1976年，新たに「企業の社会的即応性」の概念を提示した[8]。

　「企業の社会的即応性」[9]の概念は，企業の日常的な本質的活動（本来的業務）と直接に結びついた対外的・対内的な課題事項への対処を，外的な社会問題への対処に優先させることを指摘した点が卓見であった（ただし，このことは社会貢献活動を軽視するものではない）。つまり，この概念は，優先

的に憂慮すべき課題事項は社会問題のように企業の外にあるものではなく，企業自身の内にあるものであるという点を指摘することで，企業のもつ強大な社会的影響力と本来的業務との関係性に注意を向けたものである。企業側にとって外的な問題とは社会問題（貧困問題や経済格差の問題など）である。一方，企業側にとって内的な問題とは，対外的・対内的な課題事項に関する問題である。対外的な問題とは日常的な本来業務において企業外部との関係で起こる問題（工場などが引き起こす環境汚染問題や製品の安全性の問題など）であり，対内的な問題とは日常的な本来業務において企業内部との関係で起こる問題（職場の環境問題，労働者の人権問題など）である。

「企業の社会的即応性」の議論においては，最優先に行うべきことは企業にとって対内的・対外的な課題事項に誠実に対応すること，つまり，各利害関係者に対して「即応的」に対応することであるとされる。企業が果たすべき社会的責任としての課題事項の具体的な内実は，現行法令の遵守である法的責任や慈善的な社会貢献活動に関する責任といったものだけにとどまるものではない。各利害関係者との利害関係に対する誠実な対応を基礎とする利害関係者志向という性格を有するということも，非常に重要な責任として企業側は認識しなければならないのである。つまり，企業と社会との間に生じる多様な問題や課題に対しては，過去に発生した事件の再発防止のための具体的課題事項の累積によってもたらされる情報や経験などを参考としたり，あるいは各利害関係者のそれぞれに該当する価値理念を個別的に適用するなどして，未知の問題や課題の予測にもとづく事前予防と問題発生後の即時適切処置が必要であるとするのが「企業の社会的即応性」の議論の要点である。

つまり，このような即応的な対応という実践のあり方においては，社会的な結果責任よりも社会的な過程責任（社会的問題や課題に対する能動的な態度としての，結果に至るまでの過程における事前対応的な責任のあり方）により注意が払われるということである。

しかしながら，各利害関係者に対して課題事項ごとに個別的に対応するという意味においては，「企業の社会的即応性」の議論も従来のCSR論と変わらない。また，従来のCSR論と同様に，社会的責任の主な範疇として捉え

られるものは，本質的に倫理的・道徳的正当性を反映したものではなく，利害関係者と企業側との間の利害関係を専ら反映したものなのであった。各利害関係者ごとに課題事項別に個別的に対応するという実践のあり方は，求められる社会的責任の遂行に対して十分に有効な手法とはいえない。そして，利害関係者との利害関係が社会的責任の内実の中心にある以上，倫理的・道徳的価値にもとづくものは社会的責任の内実になりがたいといえる。したがって，より有効な実践のあり方は，まず，企業自身を道徳的主体と捉えることである。そして，各利害関係ごとの個別的価値理念ではなく，普遍的倫理規範にもとづいて企業が意思決定を行い，既存の課題事項や未知の課題事項などに個別的に対応するのではなく，あらゆる局面においても普遍的に適切な対応を可能とする組織を構築することこそ重要であるといえるだろう。このような主張を展開することで，従来のCSR論や「企業の社会的即応性」の概念を超えるものと期待されているのが「企業倫理」論および「企業倫理学」である。

2−5 「企業倫理」論の展開

　「企業倫理」（Business Ethics）論は経営学における一つの研究分野であり，やはりアメリカにおいて生成・発展してきた議論である。
　1987年，アメリカ合衆国下院の司法制度改革において制定されたのが「連邦量刑ガイドライン」（Federal Sentencing Commission's Guideline）であり，この「連邦量刑ガイドライン」の存在が「企業倫理」論の実践の中心である企業倫理の内部制度化の進展を促してきた。
　「連邦量刑ガイドライン」とは，各裁判官の裁量による判決においてその具体的内容が一致しない傾向が強く，その裁量の客観性に欠けるという司法制度上の問題点を，量刑の具体的なガイドラインを制定することで解決することを図ったものである。1984年設立の「連邦量刑委員会」（Federal Sentencing Commission）によって制定される「連邦量刑ガイドライン」が企業倫理の問題に関係していくのは，1991年施行の規定からである。この規定では組織的不正行為に関して7項目の指標が示された。各項目に対応した不正防止のための組織的制度を当該企業が事前から十分に用意し，実践していた

かどうかで，引き起こしてしまった企業犯罪に対する罰金額が大幅に変わるというのが「連邦量刑ガイドライン」の要点である。この司法的な取り組みは結果的に，各企業に組織的な不正行為防止のための企業内部制度の構築を促すことになった。

「連邦量刑ガイドライン」の1991年施行の規定の7項目とは以下のものである[10]。

① 法令遵守のための一連の基準と手続き
② 基準の遵守を監督する上級管理職の任命
③ 法令を守らぬ懸念のある人物には広い裁量権限を与えない保証
④ 基準と手続きを周知徹底するシステムの構築
⑤ 犯罪行為を監視し，監督し，通報するシステムの採用
⑥ 訓練を通じての基準の徹底的な強制実施
⑦ 必要な防止策を講じたか否かを含む，違法行為に関する適切な対応の記録

企業倫理とは，企業におけるあらゆる意思決定に対して企業内部で統一された倫理的基準を確実に適用することであり，個別企業が内部に自ら設定した倫理的基準の遵守を，企業の活動全体，すなわち企業の構成員全員に徹底するものであり，倫理的基準の遵守のための企業内部における具体的制度化に議論の焦点がある。企業構成員が個人的に有する倫理的価値観に頼るのではなく，企業が組織全体として各構成員に，当該企業の掲げる倫理的価値観にもとづく行為の徹底を求めることが重要である。したがって，企業倫理を実現するための企業組織内部における具体的な制度・システムの設置・設定（企業倫理の内部制度化）に関する議論が，「企業倫理」論の中心にあるのである。

企業倫理の内部制度化の方法である「企業倫理プログラム」[11]の実践の要点は以下の通りである[12]。

① 経営者の倫理的態度の表明（「価値観」の設定）
② 企業倫理綱領または企業行動憲章の制定とその遵守（親会社および子会社から成る企業集団全体に適用。親会社は子会社に対して企業倫理を実現するための体制の整備について責任をもつ）

③倫理教育・法令遵守教育およびそれらの訓練体系の設定・実施
④倫理関係相談・内部通報への即時対応と解決保証のための制度制定
⑤企業倫理担当常設機関（企業倫理委員会および業務執行部門から独立した企業倫理担当部署）の配置とそれによる調査・研究，立案，実施，点検・評価の遂行
⑥企業倫理担当専任役員の社外取締役・社内取締役からの選任，および企業倫理担当部署への責任者の配置と，それらによる関連業務の統括ならびに対外協力の推進
⑦社会的責任報告書などによる企業倫理関連情報（倫理遵守状況や社会貢献実績，問題発覚時の内部調査結果など）の定期的・適時的な開示と，その情報内容の正確さの保証
⑧発覚した問題への速やかな対処とその責任の所在の明確化に必要な，情報・記録の適切な保存
⑨利害関係者の当事者（あるいはその代表）と経営者とが，社会的課題事項について協議する機会の定期的・適時的な確保
⑩自社の「価値観」にもとづく商習慣や企業文化の構築・醸成
⑪その他，各種有効手段の活用（倫理監査，外部規格機関による認証の取得など）
⑫本要件の各項目の内実と経営管理上の全施策との完全な調和の実現

　企業構成員が倫理的基準を遵守するときに，あるいはそれを支援するための具体的な内部制度を構築するときに，その指針となるのが企業倫理綱領（Code of Ethics）である。企業倫理綱領は，「当該企業の全般的な価値体系を明示し，その目的を明確に規定し，それらの原則に従って意思決定に一定のガイドラインを提供するもの」[13]であり，企業構成員全員に肯定されている倫理的価値を具体的に表明したものである。

　個別企業ごとの自主的な取り組みとして，企業倫理綱領を中心に具体的に実践される「企業倫理プログラム」は，基本的に二つの代替的なアプローチに大別される。それらは，「コンプライアンス」（Compliance）型アプローチと「バリュー・シェアリング」（Value Sharing）型アプローチと呼ばれる。それぞれ特徴的な両アプローチは，次の図表2－1のように要約されて

図表2－1

	コンプライアンス型	バリュー・シェアリング型
精神的基盤	外部から強制された基準に適合	自ら選定した基準に従った自己規制
Codeの特徴	詳細で具体的な禁止条項	抽象度の高い原則，価値観
目的	非合法行為の防止	責任ある行為の実行
リーダーシップ	弁護士が主導	経営者が主導
管理手法	監査と内部統制	責任を伴った権限委譲
相談窓口	内部通報制度（ホットライン）	社内相談窓口（ヘルプライン）
教育方法	座学による受動的研修	ケース・メソッドを含む能動的研修
裁量範囲	個人裁量範囲の縮小	個人裁量範囲内の自由
人間観	物質的な自己利益に導かれる自律的存在	物質的な自己利益だけでなく，価値観，理想，同僚にも導かれる社会的存在

（出所）梅津（2003）22頁。

いる。

「コンプライアンス」型アプローチとは，企業構成員たる各個人に対して強力な外的強制力をもって確実に現行法令遵守を実現させることを目指す制度であると特徴づけられるだろう。一方，「バリュー・シェアリング」型アプローチとは，企業構成員たる各個人間において共有されている倫理的価値観をもって各構成員の自己規制的な倫理的行動の実現を目指す制度であると特徴づけられるだろう。

この二つの対照的な「企業倫理プログラム」の具体的な制度化の実践方法においては，両者を複合的に捉えたアプローチが必要であるといえる。つまり，企業の日常的業務活動上において，現行法令遵守に関わる部分については企業構成員各個人に対する外的強制の実践手法を用いる一方で，現行法令の規定する範囲を超えるような倫理的な意思決定や行動に関わる部分については企業構成員各個人間の倫理的価値観の共有にもとづく各人の自己規制を志向するという実践手法を用いることが必要である。両アプローチにはそれ

ぞれ優れた点と補完されるべき点とが存在するのであり，両アプローチを相互補完的に実践する方法論の確立こそが，最も理想的な企業倫理の実践のあり方であるだろう。

2－6　企業の倫理学としての「企業倫理学」

　近年，哲学的学問としての倫理学は，複雑な様相を呈する現代社会の諸問題を倫理学的見地から考究するために，「応用倫理学」（Applied Ethics）という分野を発展させてきている。「応用倫理学」は，倫理学的議論の成果を現実の社会に応用するための学問であり，そこで主に取り組まれる研究分野には，「環境倫理」（Environmental Ethics），「生命倫理」（Bio Ethics），「医療倫理」（Medical Ethics），そして，「企業倫理」などといった現代的課題が挙げられている。「応用倫理学」の諸分野のなかの1分野として成立する学問が，企業の倫理学としての「企業倫理学」（Business Ethics）である[14]。

　倫理学的議論の成果をもって企業倫理に関する様々な問題の解決を目指す「企業倫理学」は，その学問的性格の故に，社会科学の1分野たる経営学における「企業倫理」論（企業倫理の内部制度化による実践のあり方を主な問題とする経営学的議論）と相互補完的関係にある。

　客観的（社会科学的）見地から企業とその経営の考究に努める経営学における1分野としての「企業倫理」論は，倫理という人間個人の内的な価値判断や志向に関係する分野であるが，しかし，この「企業倫理」論においては，倫理というものに対する確固たる定義はもち得ていない。つまり，倫理とは，ある個人にとっては現行法令を遵守することや制度的な強制権力に従うことであると（すなわち，コンプライアンスであると）理解され，また別の個人にとっては現行法令の規定する範囲を超えた規範的価値理念に関わる問題として，自律的に各個人が主体性をもって対応するべきものと理解される。つまり，倫理の本質に関する考究は哲学的なアプローチを採る倫理学でなければ成しえないものであり，したがって，「企業倫理学」には次の3つの重要な側面があると考えられる。

　①企業倫理の実践上において問題となる倫理の確たる定義（規範的基準）

を経営学における「企業倫理」論に提供すること。これにより，内部制度化の実践の中心たる企業倫理綱領の内実が完成する。ただし，この定義には多様な見解が存在する。

②倫理学的知見をもって，企業活動上において生じる個別の課題事項に対して，哲学的な分析と解決に向けた指針を示すこと。例えば，ある行為が倫理に適う行為であるかどうかは，当該行為に対する個別的な分析による根拠付けが必要である。違法行為に関しては，司法当局が現行法令にもとづいて違反を認定するが，現行法令の規程外の倫理的な問題に関しては，倫理学が違反を認定する。

③企業組織における倫理的実践の理論化を図ること。

①と②における主題は，道徳的判定において，行為の結果を重視する「帰結主義」(Consequentialism) と，行為の動機や過程を重視する「非帰結主義」(Non-Consequentialism) とに大別される，「規範倫理学」(Normative Ethics) における諸理論である「規範倫理学理論」(Normative Ethical Theory) をもとにして，主として自然人としての人間個人の倫理を議論することである。

③における主題は，企業という組織体を，自然人である人間個々人の集合と結合による一つの共同体として捉えた上で，この組織体が倫理の実践において，自然人個人の仕方と同じように倫理を実践できるのか，ということに関する議論を展開することである[15]。

企業倫理研究の本場であるアメリカにおいては，1979年にアメリカ企業倫理学会 (Society for Business Ethics) が設立されている。「企業倫理学」と「企業の社会的即応性」論やそれ以前の従来のCSR論との相違は，企業と各利害関係者との間の個別具体的な利害関係を中心とした社会的責任の内実・課題事項を予定するよりも，企業自身を道徳的主体として位置づけることで，企業内部における倫理的価値観やそれにもとづく規範的基準の重要性を指摘する点にある。これは，物事の本質的な善悪の問題から判断して倫理的であろうとする態度を企業に求めているということを意味している。「企業倫理学」は，社会的な結果責任や社会的な過程責任ではなく，倫理学的知見にもとづく倫理的価値の実現を志向すべきことを企業に求めているのであ

る。したがって，個別の課題事項の把握や予測や事前予防に努めることよりも，本来的に企業自身が道徳的主体であろうと努めることの方が重要視される。特定の利害関係者との利害関係にとらわれず，究極的な意味における善悪の判定を企業活動上の判断の基準に置くことは，企業に求められている倫理的行動の実践により有効なのである。

3 CSRを巡る各種の多様な議論

CSR 論には多様な先行研究が存在しており，本節では代表的な論者とその議論の一部を紹介する。

エプスタイン (Epstein, E. M.) は，「経営社会政策過程」(Corporate Social Policy Process) 論を提示している[16]。エプスタインは企業と社会との関係を直接・間接に媒介する多様な概念としての各種の手法・手段を「経営社会政策過程」として把握している。これは従来のCSR論，「企業の社会的即応性」論，「企業倫理」論および「企業倫理学」の各議論を総合化したものとして理解される。エプスタインは，企業が各社会構成主体との多様な利害関係を調整し，社会の多様な価値を反映した社会的責任を果たすためには，即応的態度とそれを実現するための内部制度化が必要であるとし，価値思考という倫理的態度を企業に求めている。

エプスタインは，「企業倫理」(Business Ethics) を「企業の意思決定者による個人的・組織的行為の道徳的意義に関する価値観に基づく内省および選択」であり「この内省と選択は企業組織とその指導者たちの直面する重要な課題事項ならびに諸問題によって生じ，それらに関わるものである」とし，「経営社会責任」(Corporate Social Responsibility) を「企業組織の政策ならびに行動が内部および外部の利害関係者に対しておよぼす各種の結果に関連する，特定課題事項および諸問題，さらに企業組織とその指導者に対する期待と要求などについての明確な認識」であり「焦点は企業活動の成果に置かれる」ものであるとし，「経営社会即応性」(Corporate Social Responsiveness) を「内部および外部の利害関係者の多様な要求および期待から生ずる各種の課題事項ならびに諸問題を予知し，それに即応し，それを管理するこ

とに関する企業の能力を決定し・具体化し・評価する個人的ならびに組織的な諸過程の展開」であるとする。そして，この三者を統合した概念として「経営社会政策過程」という概念を提示する。「経営社会政策過程」とは，「個人および企業の行為の道徳的意義に関する，価値観に基づく個人的および組織的な内省ならびに選択を促進する諸過程を企業内部において制度化すること」であり，「それらの行為の予想される全般的な結果に関する個人的および集団的な検討は，それによって，企業組織の政策ならびに行動の成果（特定の課題事項または問題に関連する諸結果）に関する内部および外部の利害関係者の要求ならびに期待の急激な高まりに対して，企業の指導者たちが組織的枠組の内部で個人的にも組織的にも，それを予知し，それに対応し，それを管理することを可能ならしめる」ものであるとする[17]。

従来のCSR論から「企業の社会的即応性」論，「企業倫理」論および「企業倫理学」へと至る一連の議論の経緯は，フレデリック（Frederick, W. C.）の研究においても把握されている[18]。フレデリックは，従来のCSR論の段階を「CSR1」，「企業の社会的即応性」論の段階を「CSR2」，「企業倫理」論および「企業倫理学」の段階を「CSR3」（Corporate Social Rectitude：企業の社会的道義）として概念上まとめ，この一連の議論の展開を理論的高度化の過程（CSR1→CSR2→CSR3）として把握している。

フレデリックはさらに「CSR3」を超える新たなる段階として「CSR4」（Cosmos：宇宙，Science：科学，Religion：宗教）を構想している[19]。これは，経営学的なCSR論は「企業と社会」という二項対立的な関係性にもとづく議論であることを指摘した上で，これでは社会の中にある企業という視点を見失いかねないという問題点を提示するものである。これは，本来は社会の側から企業を制御する発想であるべきCSR論が現実には企業・経営者の視点からの社会の制御という形（企業中心主義）に陥る危険性があることを示すものであり，さらに文化的多様性の擁護論を背景にした相対主義的思考が浸透している現代においては，企業を指導する原理である規範的基準としての倫理がその根拠に重大な問題を抱えているということも示すものである。

「CSR4」における「宇宙」は「企業と社会」という二項対立的発想の転

換をもたらす基本的な視点を供給するものであり，「科学」は自然主義的世界観にもとづいて企業と社会との相互関係における諸現象を自然科学的議論によって理解し，その知見に学ぶものであり，「宗教」は超自然的な対象・超越的な対象としての宇宙や神という概念に対する人間の信仰を人間の意義や目的などを見いだすことに資するものであると積極的に解釈し，信じるという意識の重要性を経営者と利害関係者との関係性の理解において強調するものである。このような「CSR 4」の議論は，経営学的な CSR 論がもつ問題点に対して重要な意義が含まれているとされる。

CSR 論に関して，ブルマー（Brummer, J. J.）は社会的責任論を4つに分類することで，その発展を区分した。ブルマーは企業の問題に関しての社会的責任論を発展段階に応じて次の4つに分類した[20]。

① 「古典的理論」（Classical Theory）
② 「利害関係者論」（Stakeholder Theory）
③ 「社会的緊要性論」（Social Demandingness Theory）
④ 「社会的運動家理論」（Social Activist Theory）

角野によれば①は，「主として伝統的な経済学・法学で採用されている見解で自由企業体制・私有財産制度の下では，経営者は利潤最大化をめざし所有者である株主に対し責任を負うべきである」とするもので「その責任の内容を財とサービスの効率的な生産という経済機能の遂行に限定する最も狭い範囲の社会的責任論である」。②は，「株主だけでなくその他の従業員・消費者・信用供与者・原材料提供者・政府・地域住民等にも会社は責任を負うと考える」もので「会社と明確な契約関係をもつか会社の意思決定によって直接的な影響を受ける人々をステイクホルダーと考える」ものである。③は，「経営者の意思決定に直接的に影響を受ける人々だけでなく，間接的に影響を受ける公衆あるいは社会といった一層広範なステイクホルダーにも経営者は社会的責任を負うと考える」ものである。④は，「広範で多様なステイクホルダーへの社会的責任を予定するよりも，道徳・倫理といった規範的価値観をベースにした考え方」で「経営意思決定過程に具体的な倫理基準を設け社会的責任の実現をめざすべきとする」ものである[21]。

①のような古典的な社会的責任論の段階ではみられなかった，社会的責任

への具体的な取り組みの手法が②の段階では登場する。すなわち,企業に課せられた課題を明確化し,この課題を積み上げていくことで過去に存在した社会的問題の再発防止に努めるという取り組みである。この手法は,結果にもとづいた事後対応的なものであり,企業に課せられるべき既存の課題を累積していくものである。次の発展段階である③の段階においては,「企業の社会的即応性」の概念が登場する。③の段階において社会的責任は結果責任だけではなく,過程責任も要求されることになる。すなわち,既存の課題の累積だけではなく,未知の将来の課題に対しても予測的に対応することが求められるのである。そして,④の発展段階に至ると,社会的責任に関する議論は「企業の社会的即応性」の概念を内実にしつつより現実的・具体的な効用が求められて,結果的に企業倫理に関する議論へと発展するのである。

4 おわりに—今後の課題「企業倫理の社会的制度化」—

　第2次世界大戦後から次第に本格的に発展してきた企業の社会的責任を巡る各種の議論であるが,その当初においては,企業とその経営者に倫理性を求めることが困難であるという基本的認識が主流であり,具体的には「課題事項管理」(Issue Management)といった現実的な手法を中心として,企業経営を社会的責任の実現に向けて矯正する制度が求められていた。しかし,現在では,そのような個別の課題解決の手法にだけ頼るのではなく,経営者や企業自身が倫理的価値観をもって自発的・自主的に倫理的取り組みを行っていくことが求められている。これは,企業の社会的責任を実現するための,企業と社会との,相互補完的な取り組みのあり方にもとづく認識である。つまり,企業とその経営者の恣意的な価値観の内実に左右されない客観的な社会的制度(公的規制や組合の強化など)のより一層の整備と,企業とその経営者自身の倫理性が問われる自発的な取り組みとしての(個別企業による自己規制としての)企業倫理の実践とが,相互補完的にその機能を発揮することが,企業の社会的責任を実現する最善の方途であるということである。中村は「企業倫理の社会的制度化」論としてその具体的あり方を示している[22]。「企業倫理の社会的制度化」論においては,立法的処置としての公

的規制(あるいは公的助成),経済団体などによる自主規制,各種利害関係者による支持(あるいは批判),個別企業(経営者)による自己規制としての企業倫理(経営倫理)がそれぞれ相互補完的に機能し,さらには,それらの個別の取り組みが社会的評価を継続的に反映していくことでそれらの個別の取り組みに内在する規範的基準と具体的制度・内実とがさらに向上・発展していくことが主張される。

「企業倫理の社会的制度化」の進展如何により,CSRの実現と倫理的な社会の実現とが可能となるのであり,今後は,企業と社会とが二項対立的関係性を超えて,両者がCSRの実現に関する議論と実践とをどれだけ深めていくことができるかが重要な課題である。

(山下裕介)

注
(1) Buchholz(1990)pp.2-3.
(2) Carson(1962)邦訳。なお,本文中ではこの邦訳書とは異なり,書名をより原題に近い『沈黙の春』とした。しかし,この邦訳書名が示す「生と死の妙薬」という表現は化学物質問題の抱える論点を実に端的に示したものである。例えば,化学物質が農薬として使われ続けると,一方では害虫対策が進み,作物の大量確保を可能にして飢える人々に対する食料の十分な供給を可能ならしめるものの,他方では生態系を破壊するなどの自然環境破壊をもたらし,人体にも重大な悪影響を及ぼしかねない。このような意味において,化学物質とはまさに「生と死の妙薬」なのである。
(3) McGuire(1964)邦訳。
(4) Bowen(1953)邦訳。
(5) 中村(2003)3-20頁参照。
(6) Committee for Economic Development(1971)邦訳。なお,経済開発委員会とは,1942年に設立された,約200名の経営者や有識者からなるアメリカの民間の経済団体である。
(7) Committee for Economic Development(1971)pp.37-40(邦訳,53-59頁)参照。
(8) Ackerman and Bauer(1976).
(9) この用語は,アメリカ合衆国商務省の報告書『企業と社会:1980年代への戦略—企業の社会的業績に関する特別委員会報告書』(United States Department of Commerce 1974)においても使用されていることが,中村により指摘されている(中村 2003, 10頁)。

(10) 梅津（2003）19-20頁。
(11) 梅津（2002）136頁。
(12) 次の文献を参考に著者が作成した（森本 1992，81-86頁参照。鈴木 2000，96頁参照。中村 2001，97頁参照。後藤 2006，65-73頁参照）。
(13) 宮坂（2003）32頁。
(14) 日本における「応用倫理学」の普及は，生命倫理学に対する関心からもたらされたのであるが，今日では自然環境問題や不祥事などの企業問題に対する関心から，他の分野（環境倫理学や「企業倫理学」など）も注目されている。「応用倫理学」に関する文献には次のようなものがある（加藤 2001）。なお，「企業倫理学」に関する文献には次のようなものがある（田中・柘植 2004；梅津 2002）。
(15) 詳しくは次の文献を参照（山下 2009，213-241頁）。
(16) Epstein（1987）pp.99-114（エプスタイン 1996，1-21頁）。
(17) Epstein（1987）p.107（エプスタイン 1996，13頁）。
(18) Frederick（1986）pp.126-141. Frederick（1987）pp.142-161.
(19) Frederick（1997）pp.40-59. なお，フレデリックの議論の詳細な解説には次の文献がある（高岡 2005，3-16頁）。
(20) Brummer（1991）pp.101-210. 角野（2000）7-9頁参照。
(21) 角野（2000）7-8頁。
(22) 中村（2003）15-20頁参照。

参考文献

梅津光弘（2002）『ビジネスの倫理学』丸善。
梅津光弘（2003）「アメリカにおける企業倫理論」中村瑞穂編著『企業倫理と企業統治―国際比較―』文眞堂。
エプスタイン, E. M. 著, 中村瑞穂・風間信隆・角野信夫・出見世信之・梅津光弘訳（1996）『企業倫理と経営社会政策過程』文眞堂。
加藤尚武（2001）『応用倫理学入門―正しい合意形成の仕方―』晃洋書房。
後藤啓二（2006）「会社法が求める内部統制に関する取締役会決議」『ビジネス法務』，5月号，65-73頁。
鈴木辰治（2000）「日本における企業倫理研究」鈴木辰治・角野信夫編著『企業倫理の経営学』［叢書・現代経営学第16巻］ミネルヴァ書房。
高岡伸行（2005）「CSRパースペクティブの転換」日本経営学会『日本経営学会誌』第13号，3-16頁。
田中朋弘・柘植尚則編（2004）『叢書　倫理学のフロンティアⅩⅢ　ビジネス倫理学―哲学的アプローチ―』ナカニシヤ出版。
角野信夫（2000）「経営学と企業倫理―その背景を考える―」鈴木辰治・角野信夫編著『企業倫理の経営学』［叢書・現代経営学第16巻］ミネルヴァ書房。
中村瑞穂（2001）「企業倫理実現の条件」『明治大学社会科学研究所紀要』第39巻第2号，87

-99頁。
中村瑞穂（2003）「企業と社会―関係様式の変遷―」作新学院大学経営学研究グループ（代表：中村瑞穂）著『経営学―企業と経営の理論―』白桃書房。
宮坂純一（2003）『企業は倫理的になれるのか』晃洋書房。
森本三男（1992）「企業倫理とその実践体制」『青山国際政経論集』第25号，69-90頁。
山下裕介（2009）「批判哲学的企業倫理研究」駒沢大学経済学会『経済学論集』第41巻第1・2合併号，213-241頁。
Ackerman, R. W. and R. A. Bauer (1976) *Corporate Social Responsiveness : The Modern Dilemma,* Reston Publishing Company.
Bowen, H. R. (1953) *Social Responsibilities of The Businessman,* Harper & Brothers（日本経済新聞社訳（1959）『ビジネスマンの社会的責任』日本経済新聞社）.
Brummer, J. J. (1991) *Corporate Responsibility and Legitimacy : An Interdisciplinary Analysis,* Greenwood Press.
Buchholz, R. A. (1990) *The Essentials of Public Policy for Management,* 2nd ed., Prentice-Hall.
Carson, R. L. (1962) *Silent Spring,* Houghton Mifflin（青樹簗一訳（1964）『生と死の妙薬―自然均衡の破壊者科学薬品―』新潮社）.
Committee for Economic Development (1971) *Social Responsibilities of Business Corporations : A Statement on National Policy by The Research and Policy Committee for Economic Development,* June（経済同友会編訳（1972）『企業の社会的責任』鹿島研究所出版会）.
Epstein, E. M. (1987) "The Corporate Social Policy Process : Beyond Business Ethics, Corporate Social Responsibility, and Corporate Social Responsiveness," *California Management Review,* Vol.29, No.3, pp.99-114.
Frederick, W. C. (1986) "Toward CSR3 : Why Ethical Analysis is Indispensable and Unavoidable in Corporate Affairs", *California Management Review,* Vol.28, No.2, pp.126-141.
Frederick, W. C. (1987) "Theories of Corporate Social Performance," Sethi, S. P. and Falbe, C. M. eds., *Business and Society : Dimensions of Conflict and Cooperation,* Lexington.
Frederick, W. C. (1997) "Moving to CSR4 : What to Pack for the Trip," *Business and Society,* Vol.37, No.1, pp.40-59.
McGuire, J. W. (1964) *Business and Society,* McGraw-Hill（中里皓年・井上温通訳（1969）『現代産業社会論―ビジネスの行動原理―』東京好学社）.
United States Department of Commerce (1974) *Business and Society : Strategies for the 1980s-Report of the Task Force on Corporate Social Performance.*

第Ⅱ部

安全侵害の現状分析

第3章

グローバリゼーションと
食品の安全問題

1 はじめに―新自由主義とグローバリゼーション―

　ネッスル（Nestle, M.）は、「食の安全は政治的である」[1]と述べており、食の安全・安心の問題は、社会的関係として分析しなければならないことを指摘している。

　グローバル化の進展のなかで、現代の食生活は大きく変化しており、とりわけ、1980年以降における新自由主義の激流のなかで、規制緩和の推進、市場化の優先によって、農産物貿易ルールは自由貿易体制に向かって進んできた。

　そこで大きな問題は、人間の基本的課題である、食は生きることであり、食の人権[2]の確保の問題である。本章では、こうした考え方を根底において、食品の安全問題について考察することにしたい。

2 世界的な食糧需給の動向

2-1 農産物貿易の特質

　図表3-1は、1955年以降の日本における農林水産物自由化の推移を示している。

　1961年には、日本政府は「貿易為替自由化の基本方針」を決定し、開放経済体制を進めることとなり、輸入数量制限品目数は、1961年の103品目から1971年には28品目へと激減させた。その後、日米農産物交渉を経て、農産物

図表3－1　日本における農林水産物自由化の推移

年次	輸入数量制限品目	主な出来事	主な輸入数量制限撤廃品目
1955年	－	ガット加入	
1960年	－	121品目自由化	ライ麦, コーヒー豆, ココア豆
1961年	－	貿易為替自由化の基本方針決定	大豆, しょうが
1962年	103＊ 81		羊毛, たまねぎ, 鶏卵, 鶏肉, にんにく
1963年	76	ガット11条国へ移行	落花生, バナナ, 粗糖
1966年	73		ココア粉
1967年	73	ガット・ケネディ・ラウンド決着（1964年～）	
1970年	58		豚の脂身, マーガリン, レモン果汁
1971年	28		ぶどう, りんご, グレープフルーツ, 植物性油脂, チョコレート, ビスケット類, 生きている牛, 豚肉, 紅茶, なたね
1972年	24		配合飼料, ハム・ベーコン, 精製糖
1974年	22		麦芽
1978年	22	日米農産物交渉決着（牛肉・かんきつ）	ハム・ベーコン缶詰
1979年	22	ガット・東京ラウンド決着（1973年～）	
1984年	22	日米農産物交渉決着（牛肉・かんきつ）	
1985年	22		豚肉調製品（一部）
1986年	22		グレープフルーツ果汁
1988年	22 [39]	日米農産物交渉決着（牛肉・かんきつ, 12品目）	ひよこ豆
1989年	20 [37]		プロセスチーズ, トマトジュース, トマトケチャップ・ソース, 豚肉調製品
1990年	17 [31]		フルーツピューレ・ペースト, パイナップル缶詰, 非かんきつ果汁, 牛肉調製品
1991年	14 [26]		牛肉・オレンジ
1992年	12 [22]		オレンジ果汁
1993年	12 [22]	ウルグアイ・ラウンド決着（1986年～）	

1995年	5 [8]		小麦,大麦,乳製品(バター,脱脂粉乳等),でん粉,雑豆,落花生,こんにゃく芋,生糸・繭
1999年	5 [8]		米
2000年	5 [8]	WTO農業交渉開始	

(注) 1. 輸入数量制限品目数は,各年末現在の数である(CCCN(関税協力理事会品目表)4桁分類。[ ]内はHS(国際統一商品分類)の4桁分類)。
2. 1962年4月,輸入管理方式がネガティブリスト方式となった。＊印は1962年4月の輸入数量制限品目数。
3. 品目名については,商品の分類に関する国際条約で定められた名称によらず,一般的な名称により表記したものを含む。
4. 日米農産物交渉における12品目とは,①プロセスチーズ,②フルーツピューレ・ペースト,③フルーツパルプ・パインナップル缶詰,④非かんきつ果汁,⑤トマト加工品(トマトジュース及びトマトケチャップ・ソース),⑥ぶどう糖・乳糖等,⑦砂糖を主成分とする調製食料品,⑧粉乳・れん乳等乳製品,⑨でん粉,⑩雑豆,⑪落花生,⑫牛肉及び豚肉調製品。
5. 現在の輸入数量制限品目は,水産物輸入割当対象品目(HS4桁分類の0301, 0302, 0303, 0304, 0305, 0307, 1212, 2106の一部)。
6. 農林水産省(2011a)401頁より引用。

(資料) 農林水産省作成。

輸入自由化は進展し,1992年には輸入数量制限品目数は12品目までに低減し,1993年のガット・ウルグアイ・ラウンド農業合意(UR農業合意)を迎えることとなり,その後も農産物輸入自由化は進められる。このように,日本は1960年以降において,農産物輸入自由化を一貫して推進してきており,その結果,後述するとおり,食料自給率は大幅な低下傾向を示し,日本の食料供給は輸入食料に大きく依存する構造となっている。そこに,大きな問題を抱えることとなるのであった。

その大きな問題の基底には,農産物貿易の特質がある。

農産物貿易の特質とは,工業製品等に比較して貿易率[3]が低いことである。2007年における主要農産物の貿易率は小麦19.1%,トウモロコシ12.4%,米6.8%,大豆35.0%,牛肉13.0%,豚肉5.5%であるのに対して,石油61.7%,乗用車41.0%となっており,農産物の貿易率の低いことが分かるであろう[4]。貿易率が低いと,少しの収量変化で価格変動は激しく乱高下し,貿易市場構造の安定性に欠けることを意味している。

日本の食料供給構造のように輸入農産物に大きく頼っていると,国際価格の価格変動に直接的に影響され,安定的な国民食料の確保が困難となり,食

料の量的確保が危機に陥る危険性がある。

それと同時に，国民的課題である，輸入食料の安全性確保の問題があり，食料の質的確保が危険にさらされる問題を含んでいる。

2－2　穀物需給の動向

図表3－2は，1970年以降の世界における穀物全体の期末在庫率の推移を示している。

1970年代初頭の穀物危機を受けて，世界における穀物全体[5]の期末在庫率は，1972／1973年度には15.4％に低下し，その後，各国における食料自給政策の推進によって，世界全体の穀物生産は増加傾向となり，1980年代には期末在庫率は20％台を超え，1986／1987年度35.7％となるが，その後は，アジア経済の成長による需要増加に伴って，期末在庫率は低下傾向を示すこと と

図表3－2　世界の穀物全体の期末在庫率の推移

(注)　1．穀物全体とは，小麦，粗粒穀物（トウモロコシ，大麦，ソルガム等），米（精米）の計。
　　　2．農林水産省（2011c）9頁より作成。
(資料)　米国農務省「Production, Supply and Distribution Daterbase」（PS&D）を基に農林水産省で作成。

なる。しかしながら，2000年代に入り，期末在庫率は複雑な動きを示すこととなる。基本的傾向としては，穀物全体の供給増加はみられるが，それ以上に需要増加があり，国際市況は逼迫基調となり，期末在庫率は低下傾向となっていることである。期末在庫率は，2000／2001年度30.4％であったが，若干の上下変動を伴いながらも，2010／2011年度19.5％と，適正在庫水準である20％台を割る水準までに低下してしまっている。

　こうした傾向について，穀物全体の期末在庫量でみれば，1970／1971年度1.9億ｔであったが，その後は増加基調となり，1974／1975年度2.0億ｔを超え，1978／1979年度3.0億ｔを超え，1985／1986年度には5.0億ｔを超えるまでになったが，1999／2000年度5.9億ｔからは減少傾向に転じており，2010／2011年度には4.4億ｔまでに減少してきている。

　それでは，穀物全体の需給の推移について，みておこう。

　穀物全体の生産量は，1970／1971年度10.8億ｔであった。その後，着実な増加基調となっており，1982／1983年度15.3億ｔとなり，15億ｔを超え，その後も増加傾向を保って，2004／2005年度20.4億ｔとなり，20億ｔを超え，2010／2011年度には21.8億ｔとなった。これに対して，消費量も増加基調となっており，1970／1971年度11.1億ｔであったが，着実な増加傾向となり，1983／1984年度で15.0億ｔとなり，2005／2006年度に20.2億ｔで20億ｔを超え，2010／2011年度には22.4億ｔとなった。この穀物全体の需給状況の特徴は，2000年以降，消費量が生産量を上回るようになったことであり，この結果として，期末在庫量ならびに期末在庫率の低下は生じてきたことである。

２−３　穀物国際価格の変動

　図表３−３は，2005年以降における穀物等の国際価格の推移を示している。

　2005年以降の穀物等の国際価格の全体的傾向としては，2007年秋からの価格高騰傾向があり，2008年中頃にピークを迎え，その後は低下傾向を示し，2009年初頭まで低下を続けるが，その後は，2010年夏頃まで停滞的傾向となり，その後，上昇傾向となっている。全体的にみれば，穀物価格水準は

図表 3 − 3　穀物国際価格の推移

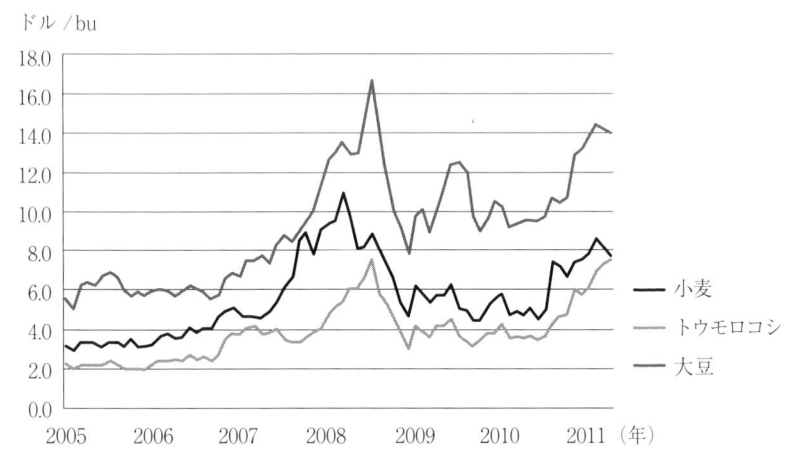

ドル／bu

(注)　1．小麦，トウモロコシ，大豆は，シカゴ商品取引所（CBOT）の各月第1金曜日の期近価格。米はタイ国貿易取引委員会公表による各月第1水曜日のタイうるち精米100％2等のFOB価格。
　　　2．1bu（ブッシェル）は，大豆，小麦は27.2155kg，トウモロコシは25.4012kg。
　　　3．農林水産省（2011c）16頁より作成。
(資料) ロイター・ES＝時事，タイ国貿易取引委員会資料を基に農林水産省で作成。

2005年から2010年の間に約2倍に上昇している。このように，2000年以降の穀物全体の期末在庫量ならびに期末在庫率の低下に伴って，穀物価格の上昇基調は基本的に持続しているといえる。

　こうした傾向を，作目別にみておこう。

　小麦の国際価格においては，2005年1月3.1＄／bu[6]であった。その後，2006年2月3.6＄／bu頃から上昇傾向となり，2006年6月4.0＄／buとなり，4＄台を超えて上昇傾向を続け，2008年3月10.9＄／buまで急騰し，その後は高止まりで推移し，2008年秋以降は低下傾向となり，2009年初頭に5＄／bu台にまで低下し，その後は停滞的に推移を続けるが，2010年8月7.3＄／bu以降，ふたたび上昇傾向となっており，8＄前後の高水準となっている。

　トウモロコシの国際価格においては，2005年1月2.1＄／buであった。その後，2006年2月3.6＄／bu頃から上昇傾向となり，2006年10月2.7＄／buとなり，その後は3＄台を超えて上昇傾向を続け，2008年7月7.5＄／buま

で急騰し，その後は若干低下を示すが4＄／bu前後で推移し，2008年11月以降は低下傾向となり，2009年夏には3＄／bu台にまで低下し，その後は停滞的に推移を続けるが，2010年8月4.1＄／bu以降，ふたたび上昇傾向となっており，2011年4月には7.4＄／buの高水準となっている。

　大豆の国際価格においては，2005年1月5.4＄／buであった。その後，2006年2月6.0＄／bu頃から上昇傾向となり，その後はほぼ6＄台を超えて上昇傾向を続け，2008年7月16.6＄／buまで急騰し，その後は急速に低下を示すが10＄／bu前後で推移したが，2009年4月10.0＄／bu以降はふたたび上昇傾向となっており，2011年2月に14.3＄／buを記録し，2011年4月には13.9＄／buの高水準となっている。

　米の国際価格においては，2005年1月290.0＄／tであった。その後，2006年2月309.0＄／t頃から上昇傾向となり，2008年2月457.0＄／tとなり，その後も急上昇を続け，2008年5月に941.0＄／tを記録し，その後は若干低下となるが，2009年2～4月には600＄／t台で推移し，その後低下して，2009年11月までは500＄／t台での推移となり，2009年12月以降は乱高下を繰り返し，2011年4月には515.0＄／tの高水準となっている。

　以上にみられるように，穀物国際価格の激しい変動は，基本的には農産物貿易市場構造の特質（農産物の貿易率の低さ）に規定されているといえよう。

2－4　食料需給要因の複雑化

　2000年以降における穀物全体の適正在庫水準を下回る，期末在庫率の低下は，農産物貿易市場の構造的変化を示すものと考えられ，日本の食料供給構造にとって重大な変化要因である。

　世界の食料危機の構造変化として，1973年食料危機と2008年食料危機の相違について，次の点が指摘されている[7]。
　第1には食料需給要因が複雑化していることである。
　第2には2000年以降における期末在庫率は，低下基調にあることである。
　第3には世界人口の増加と食料需要の増加はともに予測されており，食料需給の逼迫基調を形成する主要な要因の一つとなっていることである。

第4にはバイオ燃料生産量の拡大によって穀物需要の増加が見込まれており，アメリカ等の需要創造政策が需要拡大の要因となっていることである。
　第5には世界の穀物単収は鈍化傾向にあり，今後の飛躍的な供給増加は期待できないことである。
　第6には世界の水不足は深刻であり，農業生産への影響が懸念されていることである。
　第7には，投機資金の流入によって穀物価格は高騰しており，これが国際穀物価格変動の大きな要因の一つとなっていることである。
　図表3－4は，1990年以降における日本の食料品等の輸入額の推移を示している。
　加工食品類以外の輸入額においては，1990年3兆4683億円であり，その後は若干の変動を示しながらも停滞的に推移するが，1996年4兆709億円と急

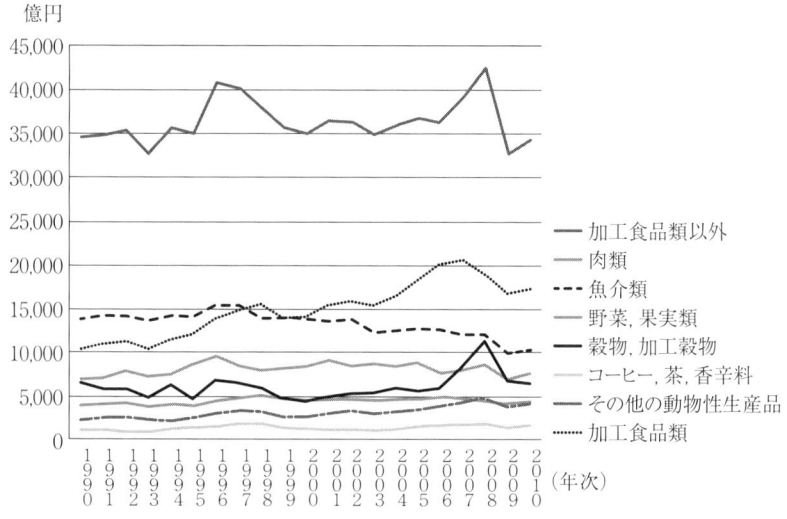

図表3－4　日本の食料品等の輸入額の推移

(注)　1．加工食品類とは，肉，魚，野菜等の加工食品をはじめとした各種調整品及びアルコール飲料，たばこを含む。
　　　2．農林水産省（2011c）39頁より作成。
(資料)　独立行政法人日本貿易振興機構（JETRO）「貿易統計データベース」を基に農林水産省で作成。

上昇し，その後は低下傾向となり，2000年には3兆4915億円と1990年水準に戻り，その後は3兆5000億円台で推移し，2006年3兆6307億円から急上昇となり，2008年には4兆2527億円を記録し，その後は低下するが，2010年には3兆4154億円となっており，1990年と同水準となっている。

これに対して，加工食品類の輸入額においては，1990年1兆419億円であり，その後は若干の変動を示しながらも上昇傾向となっており，1998年1兆5480億円で1兆5000億円台を超え，その後は，ほぼ1兆5000億円台を推移し，2003年以降急上昇して，2007年には2兆587億円を記録し，その後は低下するが，2010年には1兆7258億円となっており，1990年の1.66倍に増大している。

食料品等に占める加工食品類の割合をみれば，1990年23.1％から上昇傾向を持続し，2002年30.3％で30％台を超え，その後は若干の変動を伴うが，上昇傾向を維持して，2010年には33.6％となっている。

こうした日本における食料品等の輸入動向を考えれば，加工食品類の安定的輸入は重要な課題となってきているといえる。

3 農産物貿易交渉の動向

3－1　GATT体制からWTO体制へ

1960年に入り，日本は開放経済体制への移行が模索され，自由貿易は推進されてきた。

日本は1955年にガット（関税及び貿易に関する一般協定：General Agreement on Tariffs and Trade；GATT）に加盟し，自由貿易体制にその一歩を踏み出した。1961年には日本政府は，「貿易為替自由化計画大綱」を公表し，貿易自由化のタイムスケジュールを国際公約した。1963年にはガット11条国（国際収支を理由とする貿易制限を行わない国）に移行し，1964年にはIMF（国際通貨基金：International Monetary Fund）8条国（国際収支の悪化を理由とする経常取引の制限を行わない国）に移行した。

ガット・ケネディ・ラウンド（1964～1967年）が行われた。1960年代初頭までは国際貿易の自由貿易体制においても農産物は別枠であるという考え方

が支配的であったが，ケネディ・ラウンドにおいて農産物もその例外でないことが原則的に確認された。1960年代における農産物自由化の進展にはこのような背景があり，日本政府の国際公約である貿易自由化への取り組みは，こうした時代の流れに対応する象徴的出来事であった。

1964年には日本は経済協力開発機構（Organisation for Economic Co-operation and Development；OECD）に加盟し，国際舞台での活躍が期待される立場となった。

1970年代には，ガット・東京・ラウンド（1973～1978年）が行われた。ここでは，農産物交渉をめぐるアメリカとECとの対立が激化した時期である。その結果として，二国間交渉が農産物貿易自由化の交渉ルールの一つとなり，日本は二国間交渉によるアメリカの標的とされた。1978年の日米二国間協議においては，牛肉・オレンジ・果汁の3品目がアメリカの当面の自由化対象品目であり，日本は輸入枠拡大という譲歩をすることによって，一応の決着がみられた。しかしながら，日米二国間協議によって農産物市場を開放する路線が敷かれることとなった。

1980年代には，新自由主義の席巻によって，グローバル化は一段と進められることとなる。1986年には，ガット・ウルグアイ・ラウンドが開始した。農業分野においては，①非関税障壁の撤廃（包括的関税化），②国内支持の削減（農業保護の削減），③輸出補助金の削減，が重要課題であった。交渉は難航の連続であったが，1993年にガット・ウルグアイ・ラウンド農業合意（UR農業合意）が成立し，1994年にラウンドは終結した。

WTO（世界貿易機関：World Trade Organization）とは，ウルグアイ・ラウンド農業合意を受けてGATTの枠組みを発展させるものであり，1995年1月に発足した，スイスのジュネーブに本部を置く国際機関である。貿易障壁の除去による自由貿易の推進を目的として，多角的貿易交渉の場を提供し，国際貿易紛争を処理している。

3-2　WTO農業交渉の流れ

　UR農業合意を受けて，自由貿易体制を推進するために恒常的な国際機関として，1995年1月にWTOが発足し，2000年から次期交渉を開始しているが，決着のめどはついていない。

　2000年3月から，WTO農業交渉は開始しており，2000年12月には，日本政府提案[8]として，「多様な農業の共存」を主張している。

　2001年11月にカタールのドーハにおいて，第4回WTO定期閣僚会議で，ドーハ閣僚宣言[9]が合意され，ドーハ・ラウンド交渉[10]が開始された。

　2004年7月には，交渉の大枠（モダリティ：Modality）である「枠組み合意」がなされているが，2011年12月の第8回WTO定期閣僚会議においてもモダリティ交渉は合意に至っていない。

3-3　日本のEPA／FTA[11]の取り組み

　EPA／FTAはWTOを補完するものである。

　FTAでは，物品の関税やサービス貿易の障壁等の削減・撤廃を目的として，特定の国・地域の間で締結される協定である。

　これに対して，EPAにおいては，FTAの内容に加えて，投資ルールや知的財産の保護等も盛り込んで，より幅広い経済関係の強化をめざす協定である。

　EPA／FTAにおいては，GATT第24条に基づいて，貿易自由化が進められている。

　EPA／FTA交渉における日本の取り組み状況は，次のとおりである。

　2012年3月現在で，13の国・地域[12]と，EPA協定は発効しており，3の国・地域[13]と交渉中であり，2ヵ国[14]と交渉開始を合意しており，それ以外には共同研究等[15]が実施されている。

　日本においては，アジア地域を中心にEPA／FTAを推進しており，農林水産省の基本方針としては，全体としての経済上・外交上の利益を考慮しつつ，①食の安全・安定供給，②食料自給率の向上，③国内農業・農村の振興を重点課題として，取り組んでいる[16]。

　TPP（環太平洋連携協定：Trans-Pacific Partnership）は特段に新しい協

定ではなく，FTAの一種である。ただし，貿易自由度が高いことに，その特徴を有している。

2006年5月に，シンガポール，ブルネイ，チリ，ニュージーランドの4ヵ国で締結された自由貿易協定であり，小国の協定であった。

それが，アメリカが関与したことによって，環太平洋地域全体に適用し，2015年までに完全な貿易自由化をめざす協定へと変質してきた。

2010年から9ヵ国(17)で交渉をしており，9ヵ国とは次のとおりである。

　　旧4ヵ国：シンガポール，ブルネイ，チリ，ニュージーランド
　　新5ヵ国：オーストラリア，アメリカ，ペルー，マレーシア，ベトナム

アメリカがTPPに参加する狙いは，次のとおりである。

第1にはアジア地域への輸出を拡大することである。オバマ大統領は，一般教書演説（2010年1月）において，輸出倍増5ヵ年計画「国家輸出計画」を発表している。リーマンショック以降のアメリカ経済の回復をアジアへの輸出で果たそうとしている。

第2にはTPP交渉においては市場アクセス交渉のみで，農業国内支持の削減交渉がないことは，アメリカにとって魅力的であり，積極的関与の余地を大きくしている。

第3には対中国の戦略的側面を有していることである。TPPにおいて，アジアに拠点をおくことによって，対中国戦略における一つのカードとする狙いがある。

4 日本における食の安全行政

4−1　食の安全をめぐる状況
4−1−1　食の商品化による問題点―食品をめぐる事件の頻発

食の商品化の進行に伴って，食品事件は発生しており，とりわけ，近年は頻発という状況である。

2000年以降の食をめぐる主要な事件について記すと，次のとおりである。

まず，2000年には「雪印乳業」大阪工場による低脂肪乳食中毒事件が発生し，1万人以上の大量の被害者を生み出した。この背景には，大量生産・大

量消費の危険性が隠されており，食品製造業における根本的問題をはらんでいる。そして，事件発生の具体的要因としては，企業における営利追求重視のずさんな衛生管理と事件隠蔽の体質が存在する。また，食品関連産業に対する行政指導の不十分性が指摘できる。これを教訓として，地方自治体における食品衛生管理は，条例制定等を含めて，強化される方向に向かうこととなった。

　2001年には国産1頭目のBSE（牛海綿状脳症：Bovine Spongiform Encephalopathy）罹病牛が発見され，それに加えて食品安全行政の対応のまずさ・失敗があったため，国民の食に対する安全・安心は揺らぎ，国民を不安に陥れ，衝撃的な社会・政治問題となった。食の安全行政を見直す出発点となった，重大な事件であった。

　2002年には，輸入牛肉の国産偽装による補助金不正受給事件，輸入農産物からの基準値を超えた残留農薬の検出事件等が発生している。輸入食品に関する監視体制のあり方が問題となった。

　2003年にはアメリカでのBSE罹病牛の発生によって，アメリカからの牛肉輸入が停止された。このことによって，外食チェーン店（吉野家）は牛丼の販売を中止し，外国産食材を使用している外食チェーン店の実態が国民の目に明らかとなり，原産国表示の国民要求が強まることとなる。

　2004年には高病原性鳥インフルエンザの発生があった。農産物の自由貿易の推進による，農林水産物の移動の国際化は，その物資に付随する病原菌等の移動も自由となり，衛生管理体制の国際化対応が求められることとなった。それ以外にも，渡り鳥等による新型インフルエンザの伝染という新しい課題も発生した。

　2006年には，食品メーカーによる食品表示の不正事件は頻発した。そして，2007年には，ミートホープ，不二家，船場吉兆，赤福，マクドナルド，白い恋人（石屋製菓），比内地鶏等々食品関連産業の食品関連不正事件は毎日のように報道され，国民の食品関連産業に対する信頼は完全に失墜することとなり，食品関連産業経営者の企業人としてのモラルが厳しく問われることとなった。

　2008年には，中国製冷凍ギョーザ中毒事件が発生し，食の安全・安心を重

視して活動してきたと信じられていた「消費生活協同組合」が関与した事件として，衝撃的な出来事であった。その根底には，市場重視のための国際的な激烈な価格競争があり，協同組合もこれに巻き込まれているという事実である。これ以外にも，重大な事件として事故米穀問題が発生した。国（食糧事務所）が関与して，事故米穀の強制販売をしたことが事件の発端であり，ここにも国民の食の安全・安心よりも，事故米穀販売による財政負担の軽減を優先した行政姿勢に大きな問題があった。その他にも，中国産ウナギ原産国表示偽装事件，中国産加工食品メラミン検出事件等が発生している。

2009年には新型豚インフルエンザの発生があり，2010年には口蹄疫の発生があった。こうした動きを受けて，国際的な獣疫体制の整備が喫緊の課題となってきている。

4−1−2　食の安全・安心を脅かす事件への食品安全行政の対応

2000年以降の食品をめぐる事件の頻発によって，国民の食に対する安全・安心は大きく揺らぎ，国民を不安に陥れ，衝撃的な社会・政治問題となったため，食品安全行政は変更されることとなった。その主要な対策は，次のとおりである。

2002年には食品衛生法の一部緊急改正がなされた。

2003年には，2001年の国産1頭目のBSE罹病牛の発見を受けて，食品安全行政の改善のために，食品安全基本法が制定された。本法に基づいて，食品安全委員会の発足となった。それと同時に，食品衛生法の大改正が実施された。

2009年には消費者庁が設置されて，消費者を重視した行政をめざし，消費者委員会が発足した。しかしながら，政権交代等があり，本格的稼働は実現していない。

4−2　食の安全行政

4−2−1　食の安全行政の法的枠組み

食の安全行政の法的枠組みは，複数の省庁にまたがっており，複雑な構成となっているが，ここでは主要なものを紹介することとしたい。

第1には厚生労働省の所管であり，食品衛生法，と畜場法，食鳥処理の事

業の規制及び食鳥検査に関する法律，健康増進法，薬事法等である。
　第2には内閣府の所管であり，食品安全行政に関する包括的法律である，食品安全基本法等である。
　第3には農林水産省の所管であり，農薬取締法，肥料取締法，家畜伝染病予防法，飼料の安全性の確保及び品質の改善に関する法律（飼料安全法），牛の個体識別のための情報管理及び伝達に関する特別措置法（牛トレーサビリティ法），食料・農業・農村基本法等である。

4－2－2　食の安全行政の柱＝「食品衛生法」

　食の安全行政は，複数の省庁にまたがっており，複雑な法体系を構成しているが，食の安全行政の柱には食品衛生法があるので，その改定の特徴と問題点をみてみることにしたい。
　食品衛生法は1947年に制定された法律である。本法の目的は，「飲食に起因する衛生上の危害の発生を防止し，公衆衛生の向上および増進に寄与すること」と，記されている。これによれば，当時の課題を担って公衆衛生の向上を基本的課題としており，当時は重視されていなかった，国民の食の安全確保の視点は欠如している。
　1995年には食品衛生法は改定される[18]。本改正の背景には1995年実施のWTO協定があり，このWTO協定に合わせて食品衛生法を改定したことに最大の特徴と問題点がある。
　第1には輸入食品検査体制の後退である。法改定までは法に基づけば，全量検査が原則であったが，法改定により全量検査が放棄されたのであり，国民の食の安全性が損なわれることとなった。
　第2には天然添加物の公的な追認である。安全性の評価や審査なしで天然添加物を食品添加物として，一括公認した点に大きな問題を残すこととなった。
　第3には安全管理体制の下請け化を推進したことである。ハサップ（Hazard Analysis-Critical Control Point；HACCP）制度の導入により，民間に依存した食の安全管理体制を進めることとなった。行政の監視体制が脆弱であるにもかかわらず，民間による食の安全管理体制を推進すれば，ハサップ工場においても食品事件を引き起こすことを防止することは不可能である。

同時に，食品衛生推進員制度が導入され，食品衛生管理員体制の弱体化が進められることとなった。

第4には縦割り行政の弊害が明らかになったことである。

第5には残留農薬基準の緩和である。コーデックス委員会（Codex委員会：Codex Alimentarius Commission）の基準を，ほぼ日本の基準として採用し，甘い基準が策定されることとなった。また，ポストハーベスト農薬が公認されたことは大きな問題である。

第6には情報公開が進められた。消費者相談室が設置され，消費者行政を前進させるものとなったが，その職員は非正規職員が大半であり，その充実が大きな課題となっている。

第7には，国，企業の責任が不明確なことである。消費者の権利としての「安全確保」が謳われていない。そして，国民の食生活の安全に対する国の直接的な責任が明記されていない点は大きな問題を残している。

次に，2003年に食品衛生法は改正される[19]。本法の改正の背景には，2000年以降の食の安全に関する国民の大きな不安があり，その解消のために法改正は実施された側面を有している。

第1には法の目的として，国民の健康保護を明確に規定したことである。

第2には，国，地方公共団体，営業者の責務を明示したことである。たとえば，正しい知識の普及，情報収集・提供・研究，国民の意見を聴取・施策への反映（リスク・コミュニケーション），検査能力の向上等は，国および地方公共団体の相互連携を謳っている。そして，国の責務としては，輸入食品等の検査体制の整備，国際的な連携，地方公共団体への技術援助等を明示している。また，営業者の責務として，自主的な安全確保，国や地方公共団体と協力しての危害発生の防止等が明記されている。

第3には規格・基準に関する事項である。残留農薬については，ポジティブ・リスト制を導入して，農薬登録と同時に残留基準を設定することにした。食品添加物については，安全性に問題がある場合や，使用実態のない既存添加物は，名簿から削除することにした。健康食品等については，安全性の確証のない場合には販売禁止にできるようにした。また，虚偽・誇大広告の禁止を規定した。

第4には監視・検査に関する事項である。命令検査の対象を限定しないこととにした。検査機関を指定制から登録制に変更した。モニタリング検査の外部委託を公認することとした。

第5には営業者の安全管理に関する事項である。ハサップ承認制度の不備を見直した。食品衛生管理者の責務を強化した。

第6には食中毒に関する事項である。食中毒事故への対応を強化し，保健所長の権限を強化した。

第7には表示に関する事項である。農林水産省と厚生労働省との二元的管理を改めて，一元的な制度にすることとした。

第8には記録保管に関する事項である。これは努力義務となった。

第9には食品安全基本法への対応に関する事項である。リスクアナリシス手法や関係者の責務，役割等を取り入れた。

第10には罰則に関する事項である。罰則を強化して，法人に対する罰金額を引き上げた。

こうした食品衛生法の改定が実施されたなかで，食の安全確保のために重要な役割を担っている，食品衛生監視員数の推移についてみておこう。

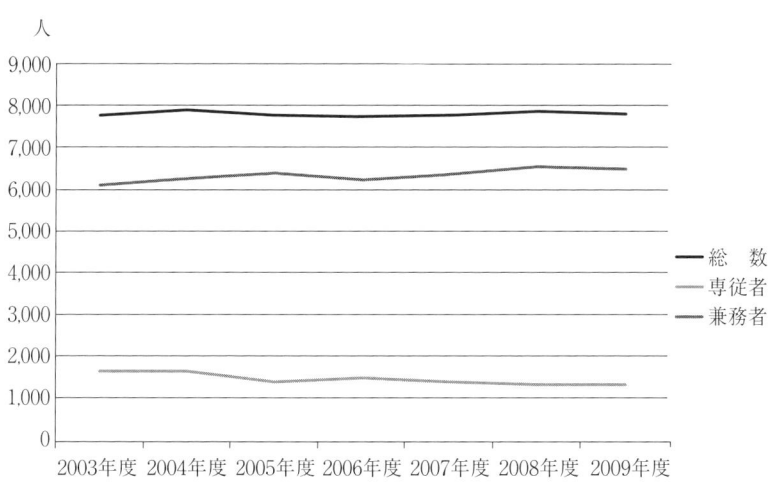

図表3－5　日本の食品衛生監視員数の推移

（資料）厚生労働省統計情報部「2009年度衛生行政報告例」。

図表3－5は，2003年以降における日本の食品衛生監視員数の推移を示している。

食品衛生監視員数は，2003年度7776人であり，2009年度には7825人となり，49人の微増となっている。しかしながら，その職員構成をみれば，専従者は減少傾向（1656人から1343人の313人の減）で，増加は兼務者（6120人から6482人の362人の増）によって担われており，食の安全確保が国民的課題であるにもかかわらず，その職員体制の弱体化が進行しているといえよう。

5 食の安全と国際関係

5－1　WTO協定

WTO協定とは，1995年に発効したWTOを設立するための協定（マラケシュ協定またはWTO設立協定と称している）と4つの附属書（17協定）で構成されている。WTO協定における食の安全性に関する基本的考え方の根底には，次の事項がある。

第1にはハーモニゼーション（Harmonization）の考え方である。自由貿易を推進するために，食の安全に関する国際的な調整を優先するということである。食の安全基準に関する国際的平準化を推し進めることとなり，各国の独自基準は排除される方向となっている。

第2には安全性に関する「科学的判断」を尊重・重視する考え方である。この「科学的判断」については，コーデックス委員会と国際獣疫事務局（OIE；World Organisation for Animal Health）に委任することとなっている。「科学的判断」が，各国の国民にとって望ましいものかどうかは保証されていない点に問題を残すこととなった。

5－2　SPS協定

SPS協定（衛生及び植物検疫措置の適用に関する協定：Agreement on the Application of Sanitary and Phytosanitary Measures）は，WTO協定に含まれる協定（附属書1）の一つであり，動植物に関する国際的な衛生基準を

遵守するために必要な措置を決めた協定である。

　SPS協定の特徴は，次のとおりである。

　第1には，前文ならびに第3条に基づいて，ハーモニゼーションを採用していることであり，国際的基準，指針，勧告に基づく国際措置を規定している。

　第2には，第4条に基づいて，「同等制の原則」（Equivalence）を採用していることである。「科学的判断」に立脚した，他国の検疫・衛生措置の受け入れを規定している。

　第3には，前文ならびに第5条に基づいて，国際機関によるリスク評価と基準の決定を採用していることである。この「国際機関」による基準とは，前述の「コーデックス基準」ならびに「OIE基準」のことである。

　第4には，第11条に基づいて，紛争解決はWTO協定に従うことを採用していることである。独立の小委員会（パネル）を設置して，紛争解決機関に報告を行うこととしている。

　第5には，第5条に基づいて，「主権の制限」を採用していることである。各国の措置は，貿易制限的でないことが求められ，それに反することが認められないため，各国の主権は制限されることとなる。

5-3　コーデックス委員会

　コーデックス委員会は，1961年にFAO（国際連合食糧農業機関：Food and Agriculture Organization of the United Nations）とWHO（世界保健機関：World Health Organization）の合同によってつくられた国際機関である。従来は，それほど重要な役割を担っていなかったが，SPS協定によって，コーデックス委員会の役割は強化され，「コーデックス基準」は植物に関する国際的な衛生基準となっている。

6　日本の食生活と食品安全問題

6-1　食生活の変化

　第2次世界大戦後，日本の食生活は大きく変化してきた。

図表3－6は，1960年以降の日本における食料消費・食生活の推移を示している。

図表3－6　日本の食料消費・食生活の推移

	単位	1960年	1970年	1980年	1990年	2000年	2009年
エンゲル係数	%	42	34	29	25	23	23
国民1人1日当たりの供給熱量	kcal	2,291	2,530	2,562	2,640	2,643	2,436
PFC供給熱量比率							
P（たんぱく質）	%	12.2	12.4	13.0	13.0	13.1	13.0
F（脂質）	%	11.4	20.0	25.5	27.2	28.7	28.4
C（炭水化物）	%	76.4	67.6	61.5	59.8	58.2	58.6
国民1人1年当たりの供給純食料							
米	kg	114.9	95.1	78.9	70.0	64.6	58.5
小麦	kg	25.8	30.8	32.2	31.7	32.6	31.8
野菜	kg	99.7	115.4	113.0	108.4	102.4	91.7
果実	kg	22.4	38.1	38.8	38.8	41.5	39.3
みかん	kg	5.9	13.8	14.3	8.3	6.1	5.0
りんご	kg	7.0	7.4	6.4	7.8	8.1	8.7
肉類	kg	5.2	13.4	22.5	26.0	28.8	28.6
牛肉	kg	1.1	2.1	3.5	5.5	7.6	5.9
豚肉	kg	1.1	5.3	9.6	10.3	10.6	11.5
鶏卵	kg	6.3	14.5	14.3	16.1	17.0	16.5
牛乳及び乳製品	kg	22.2	50.1	65.3	83.2	94.2	84.8
魚介類	kg	27.8	31.6	34.8	37.5	37.2	30.0
油脂類	kg	4.3	9.0	12.6	14.2	15.1	13.1

	単位	1960年	1970年	1980年	1990年	2000年	2005年
飲食料の消費形態別最終消費額							
生鮮食品	兆円	－	－	14	17	15	14
加工食品	兆円	－	－	22	35	41	39
外食	兆円	－	－	12	18	23	21

（注）　1．エンゲル係数は，農林漁家世帯を除く2人以上の世帯の家計支出に占める食料費の割合（暦年の値）。1960年は全都市の値。2009年は，2010年の人口5万人以上の市の値。
　　　2．農林水産省（2011c）118頁より引用。
（資料）総務省「家計調査」，農林水産省「食料需給表」，総務省等「産業連関表」基に農林水産省で試算。

国民1人1日当たりの供給熱量をみれば，2000年以降，減少傾向にあり，2600kcal台から2400kcal台に低下しており，1990年代までは2600kcal台で安定するものと考えられていたが，経済活動の長期停滞の影響もあって，日本人の食生活の衰退を示す一つの指標といえるかもしれない。

　PFC比率をみれば，P（たんぱく質）は微増傾向であり，F（脂質）は増加傾向にあったが2000年に入り若干停滞的となっており，C（炭水化物）は減少傾向にあったが2000年に入り若干停滞的となっている。

図表3－7　日本の食料自給率の推移

(単位：％)

	1960年度	1970年度	1980年度	1990年度	2000年度	2009年度
食料自給率（供給熱量ベース）	79	60	53	48	40	40
食料自給率（生産額ベース）	93	85	77	75	71	70
主食用穀物自給率	89	74	69	67	60	58
飼料自給率	55	38	28	26	26	25
品目別自給率						
米	102	106	100	100	95	95
小麦	39	9	10	15	11	11
大豆	28	4	4	5	5	6
食用	70	18	23	25	27	26
野菜	100	99	97	91	81	83
果実	100	84	81	63	44	41
みかん	111	105	103	102	94	101
りんご	102	102	97	84	59	58
肉類	93	89 (28)	80 (12)	70 (10)	52 (8)	58 (8)
牛肉	96	90 (61)	72 (30)	51 (15)	34 (9)	43 (11)
豚肉	96	98 (16)	87 (9)	74 (7)	57 (6)	55 (6)
鶏卵	101	97 (16)	98 (10)	98 (10)	95 (11)	96 (10)
牛乳及び乳製品	89	89 (56)	82 (46)	78 (38)	68 (30)	71 (30)

(注)　1．食用大豆には，みそ，しょうゆ向けのものは含まれていない。
　　　2．肉類，牛肉，豚肉，鶏卵，牛乳及び乳製品の（　）については，飼料自給率を考慮した値である。なお，1960年度についてはデータがないため，算出していない。
　　　3．飼料自給率の1960年度の値は，1965年度の値である。
　　　4．農林水産省（2011c）120頁より引用。
(資料)　農林水産省「食料需給表」。

国民1人1年当たりの供給純食料においては，米は減少傾向となっており，小麦・果実・肉類・鶏卵・牛乳及び乳製品・魚介類・油脂類は増加傾向にあったが2000年以降は停滞的となっている。
　飲食料の消費形態別最終消費額においては，2005年の総額は74兆円であり，その内訳としては，生鮮食品14兆円（18.9%），加工食品39兆円（52.7%），外食21兆円（28.4%）となっており，加工食品が過半を占めている。
　こうした食生活の変化は，食料供給構造の大きな変化とも関連しており，日本の食料自給率の変化をみてみよう。
　図表3－7は，1960年度以降の日本における食料自給率の推移を示している。
　供給熱量ベース食料自給率においては，1960年度79%から2009年度40%へと，半減している。その大きな要因としては，主食用穀物ならびに飼料の自給率が低いことが関係しており，小麦の自給率の低いことはその証左の一つである。それに加えて，1980年以降の新自由主義の激流のなかで貿易自由化体制は強化され，円高の影響もあり，日本の農産物輸入は激増することとなった。その結果として，食料自給率は低下傾向を辿っている。ここで，注目しておくべきことは，日本の食生活の変化（加工食品への依存）と関わって，食料自給率がどのように変化するかということである。すなわち，日本の食品関連産業の動向を注視しなければならないであろう。

6－2　食の安全確保システム
6－2－1　輸入食品の安全確保
　日本の食料供給の過半は，輸入農産物によって賄われているため，輸入食品の動向と実態について検討することにしたい。
　図表3－8は，1965年以降の日本における輸入食品の届出・検査・違反状況の推移を示している。
　届出件数は，1965年9万件から上昇を続け，1980年代には30万件を超え，1995年からは100万件を超えており，2010年には200万件となっている。輸入重量も同様に増加傾向を辿っているが，2000年以降は3千万t台で推移

図表3－8　日本の輸入食品の届出・検査・違反状況の推移

区分 年	A.届出件数	対前年比	B.輸入重量	C.検査総数	割合(C/A)	検査内訳 D.行政検査	割合(D/A)	E.登録検査機関検査	割合(E/A)	F.輸出国公的検査機関検査	割合(F/A)	G.違反件数	割合(G/A)
(単位)	(件)	(%)	(千トン)	(件)	(%)	(件)	(%)	(件)	(%)	(件)	(%)	(件)	(%)
1965	94,986		12,765			5,574	5.9					679	0.7
1975	246,507		20,775			21,461	8.7					1,634	0.7
1981	346,711	110.4	23,057	39,026	11.3	20,887	6.0	20,528	5.9			964	0.3
1982	319,617	92.2	21,484	34,447	10.8	17,012	5.3	20,215	6.3			569	0.2
1983	334,829	104.8	21,924	32,835	9.8	16,100	4.8	19,623	5.9	413	0.1	469	0.1
1984	364,227	108.8	22,465	36,062	9.9	16,762	4.6	22,263	6.1	853	0.2	444	0.1
1985	384,728	105.6	22,665	39,817	10.3	14,892	3.9	26,054	6.8	1,904	0.5	308	0.1
1986	477,016	124.0	22,284	57,553	12.1	20,451	4.3	37,434	7.8	4,127	0.9	558	0.1
1987	550,568	115.4	22,055	72,115	13.1	26,774	4.9	44,944	8.2	6,332	1.2	572	0.1
1988	655,806	119.1	21,924	99,659	15.2	24,306	3.7	58,663	8.9	23,905	3.6	1,000	0.2
1989	682,182	104.0	21,866	123,294	18.1	23,613	3.5	70,033	10.3	38,974	5.7	956	0.1
1990	678,965	99.5	21,731	119,345	17.6	25,091	3.7	59,063	8.7	47,674	7.0	993	0.1
1991	720,950	106.2	23,704	120,701	16.7	30,102	4.2	67,063	9.3	38,411	5.3	968	0.1
1992	779,460	108.1	25,035	124,572	16.0	45,632	5.9	72,789	9.3	21,377	2.7	1,051	0.1
1993	848,319	108.8	25,462	124,578	14.7	43,960	5.2	72,396	8.5	19,242	2.3	798	0.1
1994	963,359	113.6	30,594	132,659	13.8	48,446	5.0	74,619	7.7	21,252	2.2	1,126	0.1
1995	1,052,030	109.2	28,268	141,128	13.4	60,787	5.8	74,634	7.1	19,760	1.9	948	0.1
1996	1,117,044	106.2	26,068	119,630	10.7	60,142	5.4	62,385	5.6	6,385	0.6	781	0.1
1997	1,182,816	105.9	28,906	98,774	8.4	41,922	3.5	55,675	4.7	6,395	0.5	775	0.1
1998	1,276,994	108.0	29,150	104,918	8.2	48,439	3.8	55,911	4.4	6,553	0.5	881	0.1
1999	1,404,110	110.0	28,928	108,515	7.7	49,289	3.5	62,276	4.4	4,111	0.3	948	0.1
2000	1,550,925	110.5	30,034	112,281	7.2	52,244	3.4	63,789	4.1	3,796	0.2	1,037	0.1
2001	1,607,011	103.6	32,508	109,733	6.8	45,353	2.8	66,620	4.1	4,861	0.3	992	0.1
2002	1,618,880	100.7	33,202	136,087	8.4	63,689	3.9	78,327	4.8	6,379	0.4	972	0.1
2003	1,683,176	104.0	34,162	170,872	10.2	70,233	4.2	107,257	6.4	5,957	0.4	1,430	0.1
2004	1,791,224	106.4	34,270	188,904	10.5	65,119	3.6	127,294	7.1	6,181	0.3	1,143	0.1
2005	1,864,412	104.1	33,782	189,362	10.2	66,147	3.5	125,083	6.7	7,919	0.4	935	0.1
2006	1,859,281	99.7	34,096	198,936	10.7	61,811	3.3	139,991	7.5	6,953	0.4	1,530	0.1
2007	1,797,086	96.7	32,261	198,542	11.0	58,299	3.2	144,846	8.1	5,818	0.3	1,150	0.1
2008	1,759,123	97.9	31,551	193,917	11.0	58,706	3.3	140,878	8.0	6,208	0.4	1,150	0.1
2009	1,821,269	103.5	30,605	231,638	12.7	56,518	3.1	184,726	10.1	5,925	0.3	1,559	0.1
2010	2,001,020	109.9	31,802	247,047	12.3	57,359	2.9	195,954	9.8	6,200	0.3	1,376	0.1

(注)　1.「C.検査総数」は、行政検査、登録検査機関検査、輸出国公的検査機関検査の合計から重複を除いた数値である。
　　　2.「割合」は、届出件数に対する割合である。
　　　3.「E.登録検査機関検査」は、地方衛生研究所検査分を含んでいる。
　　　4.「年」は、1965～2006年までは年次、2007年以降は年度である。
(資料)厚生労働省医薬食品局食品安全部「2010年度　輸入食品監視統計」2010年9月。

している。こうした輸入食品の増加に伴って，検査総数は増加しており，1981年の4万件から，1989年には12万件に3倍に増え，その後も増加傾向であり，2010年には25万件となっている。しかしながら，輸入食品の増加が激しいため，検査割合は約10％台で大きな変化はない。そのなかで，検査機関別にみれば，行政検査は低下傾向にあり，2010年の検査率は2.9％である。これに対して，登録検査機関検査が増加しており，2010年の検査率は9.8％であり，行政検査の3.4倍となっている。輸入食品検査の規制緩和，民間委託の導入の結果である。違反件数は千件前後で大きな変化はなく，違反率も近年は0.1％で大きな変化はない。しかしながら，検査率自体が低いため，違反件数ならびに違反率の低さの正確な評価は困難といえる。

こうした行政検査を支える職員の動向について，みておこう。

図表3－9は，1989年以降の日本における検疫所の食品衛生監視員数の推移を示している。

全国31箇所の検疫所の食品衛生監視員数は，1989年には89人であったが，国民の食に対する不安の増大に対処するために職員数の増員を図り，2006年には314人に増え，2011年で393人（2006年から79人の増加）となっている。

図表3－9　日本の検疫所の食品衛生監視員数の推移

項目 年度	検疫所の食品衛生監視員数 （人）
1989	89
2006	314
2007	334
2008	341
2009	368
2010	383
2011	393

（資料）厚生労働省「2010年度輸入食品監視指導計画に基づく監視指導結果の概要」2011年9月．

しかしながら，輸入食品数の増加に比較して，職員数は圧倒的に少ないことは容易に理解できるであろう。ここに検査体制の不備の大きな原因がある。

6-2-2 食品製造業におけるHACCP制度の導入

HACCP制度においては，食品製造工程で前もって危害を予測して，その危害を防止するために，重要管理点（Critical Control Point；CCP）を設定して，重要管理点を継続的に監視・是正することによって，欠陥製品の出荷を未然に防止することを管理手法としている。

6-2-3 産地におけるGAP制度の導入

GAP（農業生産工程管理手法：Good Agricultural Practice）制度の導入によって，PDCAサイクルを活用することになる。PDCAサイクルとは，①計画（Plan），②実践（Do），③点検・評価（Check），④見直し・改善（Action）のサイクルを循環させることを意味している。このGAP制度導入によるメリットとして，①食品の安全性向上，②環境の保全，③農業経営の改善等が考えられ，消費者・実需者の信頼確保をめざしている。

7 おわりに―食の安全・安心の確保をめざして―

7-1 食品行政の動向

7-1-1 食品安全委員会

2003年に食品安全基本法が制定され，それに基づいて，食品安全委員会は2003年7月1日に，内閣府に設置された。食品安全委員会は7名の委員で構成されており，委員会の下部組織として，12の専門調査会が置かれている。その主な役割としては，①リスク評価，②リスクコミュニケーションの推進，③緊急事態への対応がある。

食品行政における新しい試みであるが，「本来は，安全委員会が独自の発想で，政府に提案や勧告するなど，活動しなければならないはずだが現状は諮問機関に止まり，消極的で受け身の働きしかしていない。食の安全の考え方や理念など，大局的，長期的な議論が望まれるが，その発想と余裕はありそうにない」[20]という批判がある。

7-1-2 消費者庁

消費者庁は，2009年9月1日に，内閣府や公正取引委員会等の消費者行政に関わる業務の一元化のために，内閣府・特命大臣（消費者・食品安全）の下に発足した。消費者行政の司令塔としての役割が期待されており，消費者行政のネットワークの構築，一元的な消費者相談窓口の設置，国・地方一体の消費者行政の強化等が課題となっている。また，消費者行政に関わる関係省庁との調整・共同管理の課題が残されている[21]。

7−2　市民団体の動向
　食品行政には，市民の立場の声が届きにくい制度・構造となっているため[22]，市民の独自活動が必要となっており，次のような市民活動が実践されている。

7−2−1　食の安全・監視市民委員会
　「食の安全・監視市民委員会」は，「市民の立場から，食の安全に関して食品安全委員会や厚生労働省，農林水産省などに提言を行うとともに，これら行政および食品関連事業者を監視し，食の安全性と信頼性を確立させることを目的として，2003年4月に設立された市民団体」[23]である。活動内容としては，意見書・政策提言の提出，講演会・シンポジウムの開催，ニュースレターの発行，ブックレットの発行等がある。食の安全を守るための貴重な市民団体である。

7−2−2　食の安全・市民ホットライン
　「食の安全・市民ホットライン」は，2010年10月6日に「市民による市民のためのデータバンク」として，設置された。その目的は，食の安全に関わる情報を集め公表することによって，行政や食品事業者に働きかけることにある。この目的を達成するために，市民・消費者・専門家が設置したネットワークである。こうした構想の背景には，大阪の消費者・市民団体による「食の安全・安心条例（案）」の大阪府に対する提案のなかで，「食の安全情報センター」構想が浮上し，当初は，大阪府が情報を一元的に管理する構想であったが，それを変更して，すべてを市民の手で実施するということとなった。市民の立場から，食の安全に関わる情報を集約することによって，食の安全・安心をめざすための情報発信をする貴重なネットワークとなってい

る。

(樫原正澄)

注
(1) ネッスル(2009)1頁。
(2) 伊藤(2010)71-105頁参照。
(3) 「貿易率」とは、「貿易率＝輸出量／生産量×100」を指している。
(4) 農林水産省(2009b)46頁参照。
(5) 「穀物全体」とは、小麦、粗粒穀物(トウモロコシ、大麦、ソルガム等)、米(精米)を指している。
(6) 「$／bu」とは、「ドル／ブッシェル」を指している。
(7) 農林水産省(2009b)46-49頁参照。
(8) 日本政府は農業交渉に対する提案として、2000年12月に「日本提案」をWTO事務局に提出した。その前文に、「多様な農業の共存」という哲学を記している。
(9) 開発途上国への配慮を強調しており、農業分野においては、①市場アクセスの実質的改善、②輸出補助金の段階的削減、③貿易歪曲的な国内助成の実質的削減等を内容としている。
(10) ドーハ・ラウンド交渉はDDA(ドーハ開発アジェンダ、Doha Development Agenda)とも略称されており、8つの多岐にわたる分野(農業、NAMA(鉱工業品分野)、ルール、サービス、TRIPS(知的財産権)、開発、貿易円滑化、環境)の意欲的な取り組みとなっている。
(11) EPA協定とは、経済連携協定(Economic Partnership Agreement)の略称であり、FTA協定とは、自由貿易協定(Free Trade Agreement)の略称である。
(12) シンガポール、メキシコ、マレーシア、チリ、タイ、インドネシア、ブルネイ、ASEAN全体、フィリピン、スイス、ベトナム、インド、ペルー。
(13) オーストラリア、韓国、GCC(湾岸協力理事会加盟国、バーレーン、クウェート、オマーン、カタール、サウジアラビア、アラブ首長国連邦)。
(14) モンゴル、カナダ。
(15) EU、日中韓、コロンビア、ASEAN＋3(日、中、韓)、ASEAN＋6(日、中、韓、インド、オーストラリア、ニュージーランド)。
(16) 農林水産省(2011a)『2011年版 食料・農業・農村白書』(農林統計協会)121-123頁参照。
(17) 　　　は、日本が2012年3月現在で、EPA／FTA協定の発効ずみであり、オーストラリアとは交渉中である。
(18) 山口(2006)268-272頁の内容を参考に記述した。
(19) 山口(2009)85-87頁の内容を参考に記述した。
(20) 山口(2006)278-279頁。

(21)　山口（2009）188-189頁の内容を参考に記述した。
(22)　山口（2006）218頁参照。
(23)　「食の安全・監視市民委員会　入会のご案内」より引用。

参考文献
伊藤恭彦編著（2010）『食の人権』リベルタス出版。
ネッスル，マリオン（2009）『食の安全』岩波書店。
農林水産省編（2011a）『2011年版　食料・農業・農村白書』農林統計協会。
農林水産省編（2011b）『2011年版　食料・農業・農村白書』佐伯印刷。
農林水産省編（2011c）『2011年版　食料・農業・農村白書　参考統計表』農林統計協会。
山口英昌編著（2006）『食環境科学入門』ミネルヴァ書房。
山口英昌監修（2009）『食の安全事典』旬報社。

第4章

農畜産物の安全性問題
――半商品経済からのアプローチ――

1 はじめに―食と農のグローバル化と安全性問題―

　いま，食と農をめぐる問題はますますグローバル化している。世界で頻発する異常気象は穀物の生産量を大きく変動させている。そのため，輸入穀物に7割以上を依存する日本は穀物の在庫を積み増すか，多元的な輸入チャネルを模索するしかないのが現状である[1]。また，人獣共通感染症，口蹄疫，鳥インフルエンザなどの病原菌は，国境を越えてたやすく国内に侵入し大きな被害をもたらしている。大きな犠牲を払い国内の感染を一旦は抑止し，清浄国になっても，人の移動と飼料の物流は日常的に国境を越えており，病原菌を完全に防御するのは難しい。

　また，外国で生産された加工食品が日本の食卓に直接届くようになって，外国の工場で混入した病原菌や化学物質による食中毒の事件や事故も頻発している。特に，1985年のプラザ合意以降，円高によって輸入される農畜産物や食品が急増したことが，大きな要因になっていると言える[2]。

　さらに，近年の食品をめぐる事件の背後には技術的な問題を超えて，人間への信頼が深く関わっている。神里達博が指摘するように，食品の事件をめぐって，嘘，詐欺，隠蔽，過失などの語句が新聞記事に頻出し，科学に対する疑念さえ浮かんでくる[3]。

　このような食の危機と資本主義の矛盾は商品それ自体のなかにあり，現代はそれが先鋭化し，リーマン・ショック以降の世界的な経済不況と金融危機に表れているのではないだろうか。

その一方で，経済グローバリゼーションが進展する中で，先進国，途上国を問わず，商品経済を貫徹することなく自給的経済を残している事象も散見できる。具体的には，互助や贈与，相互扶助，提携という人と人との関係を重視した取引である。これらは，必ずしも貨幣を媒介することなく，またすべての価値（労働投入量）を実現しないでもかまわないという，「もう一つ別の生産・流通方式」と言えるものである。
　渡植彦太郎はこれを「半商品」という概念で整理し，世に問うた学者である。渡植は市場で売買されているが生産者も消費者も商品を超えた使用価値を見いだし，そういう商品を指す言葉として「半商品」という言葉を使っている。具体的には職人と依頼人の関係で，職人は依頼人の期待に応えるために職人の論理で仕事をし，商品生産の論理が脇に置かれている。また，依頼人も職人の仕事をよく知っていて"もの"を見る目が肥えていることが条件である。
　マルクス経済学では自分で小規模な生産手段を有する生産者が，自分と家族の労働を基礎にして行う商品生産を単純商品生産と呼んでいる。渡植彦太郎は関係性のあり方から商品を「半商品」と呼び，市場経済との関わりを持ちながら，使用価値を生み出す関係性を作り出すには半商品経済という仕組みが必要だと提唱しているのである。
　現代資本主義がもつ根本的欠陥を商品それ自体の存在のなかに見た渡植の独創的な理論は，今日の暴走する資本主義がもたらした金融危機や世界同時経済不況など社会の矛盾を人間の存在の次元で体系的に把握する道筋と，その矛盾を克服する原理が渡植の「半商品」に内包されていると考える。
　一方，内山節は，在野の哲学者として活動し，現在でも，東京と群馬県上野村との往復生活を続けている。内山は渡植の一番の理解者であり，自著に渡植の「半商品」をたびたび紹介している。そして，「半商品」には有用性の共有と商品価値を超えた追加的な価値がどこかに生まれていなければならないと，渡植の理論をより普遍化し現代への適用条件を述べている。
　そこで本稿では，渡植や内山が唱えている「半商品」の概念を十分に吟味した後，農畜産物の安全性の本質を分析し，近年問題になっている放射能汚染と農畜産物の安全と安心について整理する。そして，最後に農畜産物の安

全性の確保に半商品性が如何なる効果があるのか明らかにしたい。

2 半商品の概念規定と農畜産物の半商品性

2－1　内山節の半商品論

　半商品は渡植彦太郎によって提起され，内山節によって補強された概念である。内山節は渡植の言説を紹介するかたちで，職人，芸人などの商品，サービスを事例に挙げて，半商品を市場経済と非市場経済の中間に存在する「商品にあらざる商品」，「文化的な商品」，「商品的な合理性を確立していない商品」として規定している。そして，半商品としての商品には使用価値の文化が生きていたとして，半商品は具体的な関係の中で作られたり，流通したりする商品だと指摘している。また，半商品の世界が成立しているのは産直であるとも言っている。そして，「半商品とは，商品でありながら使用価値が優先する商品といってもよいのですが，ここで問わなければいけなかったことは，半商品を成立させた関係，交通とは何かという問題でした。」[4]と，述べている。

　さらに，商品を半商品に変えていく関係づくりを通じて，今日の市場経済を内部から空洞化させていくことができたら，市場経済の支配から自由になることができると述べている。

　以上，簡単に渡植・内山の半商品の概念を紹介したが，2人が定義する半商品とは，生産者と消費者の有機的関係の下での使用価値を包摂し，それを作る過程や生産者と消費者との関係では，必ずしも商品の合理性が貫かれていない商品と理解できる。

2－2　農畜産物と半商品経済

　筆者の共同研究者でもある千年篤は新古典派経済学とセンが提唱した潜在能力アプローチの視点から半商品の性格の究明を試みている[5]。特に，農産物は半商品の例示として相応しく，農産物取引が半商品的取引に転換しやすい理由として，①日常性・多様性，②生産物の非均質性，③生産・消費の近接性，④公共財の利用と保全・創出，⑤歴史性，という5つの特性を挙げて

いる。以下，項目ごとに千年の論点を簡潔に紹介しよう。

2−2−1　日常性・多様性

　農産物は人類のほぼ全員が毎日，消費する財であり，世界中のほとんどの国で生産が行われている財でもある。国・地域・社会階層に関わりなく農産物は消費されており，かつその取引は頻繁に行われている。こうした状況では取引形態が多様になるのは極めて必然的なことである。そのなかで，半商品的取引が行われていたり，または開始されたりする機会は，工業製品に比して格段に多くなる。

2−2−2　生産物の非均質性

　農産物は同品目・同品種においても個体間の変動が大きい。たとえ出荷規格が同一であっても個体差は残る。同じ生産工程で同じ生産者によって栽培されても年・季節・日によって品質は異なる。それゆえ，工業製品に比べると，農産物は生産過程で個々の生産者の技能，感性により新たな属性が追加されやすく，最終生産物に生産者の個性・人格性が継承されやすいという性質をもつ。生産物に個性・人格性が包含される点は半商品の性格の一つである。

2−2−3　生産・消費の近接性

　生産と消費との空間的近接性は，腐敗しやすい生鮮農産物においては顕著である。そして，より重要なことは，空間的のみならず心情的にも生産者と消費者は近い距離に位置している点である。生産者と消費者の交流が起こりやすい環境にあり，それが半商品取引にまで発展する可能性が高い。

2−2−4　公共財の利用と保全・創出

　農業生産は大気等の自然環境に制約されている。しかし，自然環境の大半は所有権が確定できないゆえ市場での取引対象にはならない公共財である。農業は生産において公共財に依存している一方で，生産過程を通じて公共財的性質をもつサービスを保全・創出する。大気，生物多様性保全，景観アメニティは，人間の生活において不可欠なものである。農産物生産の基盤をなす農業・農村はそうした役割を担っているのである。この点で，農産物は，本来的に市場取引を超えた交換形態が相応しい半商品と強い親和性を有している。

2-2-5 歴史性

農産物の取引の歴史は長い。古代における物々交換の対象であり，その起源は貨幣の誕生以前に遡る。近代化以前の非商品的生産物の代表であったことは確かであろう。ゆえに，農産物の取引は使用価値を前提にした歴史を有し，現代の取引形態にも社会的・制度的関係の変遷が色濃く反映されている。それゆえ，現代では表面的には消滅している性質が取り巻く社会環境が変化すれば，再び出現する可能性が高い。過去に存在した取引形態の復活に過ぎない。

図表4－1　半商品の概念図

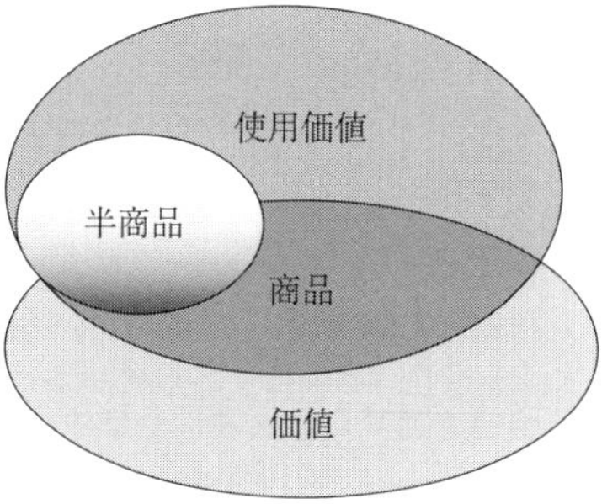

(出所) 筆者作成。

図表4－2　用語の対応表

	マルクス経済学		近代経済学
価値	抽象的人間労働が結晶したもの		相対的希少性を反映したもの
交換価値	商品の交換比率。価値が現象する形態。価格		価格
使用価値	物が持つ人間にとって有用な属性。		消費者余剰，支払い意思額＝限界効用の貨幣評価額
商品	交換を目的として生産される労働生産物で，使用価値と価値という二つの要因を含む。		財，サービス　（私的）

(出所) 筆者作成。

これらの特性に通底することは，農業は本来的に成長を目標とする市場原理主義には馴染まない性格を併せもつという点である。
　以上のことから，半商品は商品の取引において社会的な関係性を重視し，生産者の個性が残っているため，市場取引を超えた交換形態が相応しいものである。特に，農産物は半商品の例示として相応しいといえる。
　また，半商品の概念を図示すれば，使用価値と価値の二つの要因を含む商品の領域にすべてあるのではなく，価値の領域から外れて，使用価値の領域にオーバーラップするものが半商品なのである。

3 農畜産物の安全性問題の本質

3−1　食料消費の動向と農畜産物の安全性

　食と農のグローバリゼーションに伴い，食品の安全性問題もグローバル化していることはすでに述べた。1947年5月食品衛生法の制定以降のおもな食品の事件・事故を示したのが図表4−3である。

図表4−3　食品をめぐる主な事件や事故に関する年表

年	月	事　項
1947	5	食品衛生法の制定
1948	1	食品衛生法の施行
1953	1	ビルマ産の輸入米から黄変米菌が検出
1954	3	ビキニ環礁の水爆実験による放射能汚染マグロ事件発生
1955	6	森永乳業によるヒ素ミルク中毒事件発生
1959		水俣病事件の発生。1953年頃から水俣湾で発生した奇病が有機水銀化合物によるものと判明。
1966	7	人工着色料のタール色素の使用禁止
1966	7	人工甘味料「ズルチン」による食中毒事件の発生
1968	3	1945年頃から，鉱業所廃液処理の不備により，神通川流域がカドミウムに汚染され，そこで採れた農作物，魚，水等を日常摂取していた人から，イタイイタイ病患者および死者が多数出て社会問題となり，患者が告訴した。

1968	10	カネミ油症事件の発生。カネミ倉庫（株）製の「米ぬか油」に熱媒体PCBが混入したことが原因。
1969	10	サイクラミン酸塩（チクロ）の使用禁止。チクロ含有の缶詰食品の大量廃棄処分が行われた。
1973	6	有機水銀の環境汚染問題が発生し，魚介類の残存規制値が制定される。
1978	9	乾燥野菜への放射線照射が摘発される。
1983	10	カンピロバクターによる大規模食中毒事件の発生。札幌市内の大型スーパーにおいて，飲料水およびこれに汚染された食品を原因に患者が7700名を超えた。
1984	6	熊本県産からし蓮根によるボツリヌスA型菌食中毒の発生
1985	7	ジエチレングリコール混入ワイン事件の発生。
1985	9	G5, ドル高修正のため為替市場への協調介入強化で合意（プラザ合意）。これ以降円高が急速に進み，輸入農産物が増大する。
1986	4	4月26日に発生したソ連ウクライナ共和国のチェルノブイリ原子力発電所の事故により厚生省は4月30日より，ソ連等からの輸入食品に対し検査を強化した。
1988	7	食品添加物の表示基準の全面改正を実施した。使用した食品添加物の物質名を原則としてすべて表示。
1988	9	公正取引委員会，百貨店やスーパーマーケットなどの関係4団体に「無農薬」「有機栽培」などの不当表示の是正を指導
1990	10	埼玉県浦和市内の幼稚園で，園児らが井戸水を原因とする感染性下痢症の集団発生。原因菌は「病原性大腸菌O-157型・出血性大腸菌と判明
1991	12	「組換えDNA技術応用食品・食品添加物の製造指針及び組換えDNA技術応用食品・食品添加物の安全性評価指針」が厚生省から示された
1992	4	農水省，「有機農産物等に係わる青果物等特別表示ガイドライン」を施行
1996	9	大阪府堺市の小学校で病原性大腸菌O-157による児童の集団食中毒事件が発生
2000	6	雪印乳業による黄色ブドウ球菌の集団食中毒が近畿地方で発生。患者数約1万5千人。
2001	1	農水省，BSEの防疫措置を強化。EU諸国から牛肉，牛臓器，同加工品の輸入停止
2001	9	国内で初めてBSEに罹患した牛が発見。食肉消費に大きな影響
2002	2	雪印食品による牛肉の原産地の不正表示が発覚。その後，全農チキン，日本ハム，茨城玉川農協などの食肉の不正表示が次々と明らかになる

2004	1	国内で鳥インフルエンザが発生。鶏肉消費が大きく減少
2005	12	牛海綿状脳症（BSE）の発生で止まっていた米国などからの牛肉の輸入が2年ぶりに復活
2006	5	改正食品衛生法が施行。農作物や魚，肉などの食品に残る農薬や動物医薬品などの規制を強化するポジティブリスト制度に
2007	10	船場吉兆が，ラベルを張り替える偽装を繰り返して消費期限切れの菓子と惣菜を販売
2007	1	不二家が消費期限切れの原料などを使用していたことが発覚
2007	10	赤福が商品の「赤福餅」の消費期限を偽って表示，販売。また，売れ残りを冷凍した後で解凍し，解凍の日を新たな製造日と刻印し直して販売したことも発覚
2007	6	ミートホープが主に豚肉を使ったひき肉を「牛ミンチ」として出荷していたことが発覚
2007	12	中国製冷凍ギョーザによる薬物中毒が発生
2008	9	三笠フーズが工業用に限った用途で仕入れた事故米を，食用と偽って転売していたことが発覚
2008	9	中国産の乳・乳製品を使用した食品からメラミンが検出
2009	9	消費者庁が発足
2010	4	宮崎県内の肉牛3頭が口蹄疫に感染した疑いがあると発表
2010	7	口蹄疫による家畜の移動制限が解除。殺処分された牛や豚は約29万頭
2011	3	東日本大震災発生。東京電力福島第一原発の事故の影響で，農作物から放射性物質が検出
2011	3	厚生労働省が食品衛生法の放射性物質の暫定基準を設けた
2011	3	福島県内の牛乳，茨城県内のホウレンソウから，食品衛生法上の暫定基準値を超える放射能濃度を検出
2011	3	ホウレンソウなどについて福島，茨城，栃木，群馬の4県に，原乳について福島県に，政府が出荷制限を指示
2011	4	福島県いわき市で採られたコウナゴから暫定基準の約29倍に相当する1キロあたり1万4400ベクレルの放射性セシウムが検出
2011	7	放射性物質に汚染された稲わらを食べた牛肉から暫定規制値（1キロあたり500ベクレル）を超える649ベクレルの放射性セシウムが検出
2011	7	放射性セシウムに汚染された稲わらが広域に流通していたことが発覚
2011	11	食品安全委員会は，食品からの被曝による影響を生涯の累積でおおよそ100

2011	12	ミリシーベルト以上とする評価を厚生労働相に答申
		明治粉ミルクから1キロあたり22〜31ベクレルの放射性セシウムを検出したと発表。すでに流通していた約36万缶の無償交換に応じる
2012	4	食品に含まれる放射性物質の新基準が1日から施行された

（出所）次の文献と検索エンジンを参考にして，筆者が作成した。①協同組合経営研究所（1997），②国民生活センター（1996），③日本農業年鑑刊行会（2000），④『朝日新聞』「聞蔵Ⅱビジュアル」，⑤関係省庁，ホームページ，2012年4月現在。

　これをみると，時代毎に特徴があるのが分かる。1950〜80年代前半までは，食品公害，食品添加物，食中毒など対処すべき「敵」は国内にあって発見しやすいものであり，その解決は比較的容易だった。1980年代後半になると，食品市場の世界化に伴い「敵」は，国境の外にあって，BSE，鳥インフルエンザ，口蹄疫ウイルスなどその正体がよく分からないか，もしくは何度も国内に侵入して大きな被害をもたらす「敵」が登場する。さらに，中国製冷凍ギョウザ事件や中国産乳製品にメラニンが混入した事件は，フードチェインをさかのぼることが難しく，その原因を追求するには時間を要した。また，2011年3月に発生した東京電力福島第一原子力発電所の事故は日本に大きな災禍をもたらした。放射性物質による低線量被曝や内部被曝などの人体への影響がよく分かっていないため，消費者はただ疑心暗鬼に陥るしかない状況である。

　一方，日本人の飽食の延長線上には，食品の高品質化への欲動がある。現在の日本人は食味が優れ，安全性が高い食品によって食欲を満たすことを希求しており，このことは各種の消費者意識調査により確認できる。そして，食品産業や流通業等の個別企業は，これらの需要に適応した食料や食材の調達のために世界中を奔走するのである。

　さらに，食品の高品質化と同時に食の簡便化が急速に進展している。家事時間の減少，調理技術の低下などの一方で，余暇や外出機会を増やし外食比率を高めていることなどが大きな要因となって，家庭内食は減少し，外食や中食がそれを補うように増加している。家庭内食の内実も素材を丸ごと利用して調理することから，半調整品や加工品を多用し調理時間を縮小させている。

そして，農畜産物の市場環境は食料消費の動向と共振するように激しく変化している。安全，安心，出所確かといわれる農産物や農産加工品が市場に満ち溢れ，成熟化傾向が現れてきた。いまや，スーパーマーケットにも地産地消や有機農産物コーナーがあり，有職女性もそれらを手軽に購入でき，有機農産物流通専門事業体や生協による個別宅配の利用者も増えている。つまり，産直商品へのアクセスを阻害してきた要因が徐々にクリアされ，簡便に購入できるようになったのである。

　従来ややもすれば大型合併農協の多くは，このような産直（農協直販事業も含む）事業には躊躇していたが，流通環境の変化に対応して，いち早く産直に取り組み始めた農協も増えてきた。農協も共同販売の単線型市場対応から，複線化対応への転換を求められているのである。いままでは，政府や卸売市場に全面的に任せていた農産物の販売を，自らのリスク負担のもとで，生産から販売，川上から川下まで責任を持って事業を運営しなければならなくなった。事業規模の拡大だけに血道をあげていた農協にとっては，大きな試練を迎えているといってよいだろう[6]。

　また，インターネットの急激な発達とともに，安価で手軽に双方向の情報交換ができる特性を利用して，インターネットを商取引に利用する試みが広がっている。電子商取引（e-commerce）と呼ばれるもので，物流や代金決済のシステムが進展するなかで，食品分野においてもその取り組みは増えている。

　ただ，物流コストの軽減対策，膨大な電子商取引の売手の中からアクセスしてもらう手立てなど課題は山積しているが，積極的にこの分野に乗り出そうとしている産直生産者組織も多い。サイバーモールに参加するなり，自前のホームページ上で取引を行うにしろ，この分野では先駆者利得は大きく，いち早くそのノウハウを獲得したものが勝者となる傾向がある。

　ここで，一つ指摘しておきたいことは，e-commerce のように売買手段にインターネットを利用することで，産直における関係性の構築と維持に不可欠だったコミュニケーションのコストは大幅に低減し，その効率も向上することである。また，e-commerce は顧客の情報発信が価値を創造することも特徴の一つである。売手からの一方的コミュニケーションから，売手と

買手の双方向のコミュニケーションへの転換が図られる。

　良い関係性を築くためには信頼が基盤であり，信頼関係を維持し，強化するためのコミュニケーションは不可欠である。援農や産地訪問の重要性は揺るがないとしても，いままでそのような活動に参加できなかった消費者層も，バーチャルな交流によって，コミュニケーションの頻度は増加し，信頼関係も増大する可能性は高い。

　逆に，このことは中間に介在し，流通プラス交流の機能を代行してきた既存の流通組織にとっては，その必要性を問われかねない事態にもなる。産直においても，激しい構造変動が起こるであろうことを予感させる。これもまた，流通再編の一局面に違いない。

3－2　農畜産物市場の心性論

　農畜産物及び加工食品市場（以下，食品市場）の世界市場化を念頭に置いて，孟子や荀子の心性論を食品市場に適用するなら次のように整理できよう。食品市場が開放されるまでの食品は基本的に地場流通が主体で一部の農産物を除けば国内産が主流だった。そして，国内産の食品や農産物は性善説によって流通してきた。その典型例が有機農産物である。有機農産物の取引方式は産消提携と呼ばれる強固な双方向の意思伝達システムが働いていた。そのためその農業者が作っている有機農産物の健全性は本人を信頼することにより担保され，援農や日頃の交流活動によりその関係性は高められるというシステムだった。そのため，特別の情報開示のための記帳や事務作業は基本的に必要なかった。

　一方，開放された食品市場においては性悪説をとっていると言える。つまり，人は無限の欲望を持ち，放任しておけば他人の欲望と衝突して争いを起こし，社会は混乱に陥る。性の悪なる人間を善に導くためには，作為によって規制しなければならない。開放市場化，世界市場化のもとで商品を評価する場合は性悪説をとらざるを得ないし，消費者の商品選択のための権利を保証するためには，基準・認証・表示の行政やシステムを整備し，明確化する必要はあるだろう。しかし，日常的な食品の安全性を第三者に認証してもらうという社会は，本当に豊かなのだろうか。強い疑問を持たざるを得ない。

3-3 産直事業と運動の展望

　次に，半商品的な取引を代表するものとして，産直を取り上げてその運動の展望について述べたい。産直はその商品の使用価値だけを吟味すれば，完結する取引方式はない。それに加えて，産直は買手と売手が双方向の情報を通わせ，交流や学習を通して互いの問題意識や理解を深めること，つまり使用価値の享受能力を高めるものと提起したい。

　もし，単に産直商品に凝縮された取引だけを問題にするならば，その後背地にいる生産者の暮らしや思いを消費者は理解できるであろうか。変転きわまりない世の中で，産直としてのアイデンティティを確立するのは，その内実に日本農業の再建を図るための国民的な食糧運動としての理念を基軸に据えなければならないと考える。食品産業が現在行っている産直的取引には，この運動部分が欠落しており，企業利潤の最大化のために当面の食料（食材）調達方式として，産直に取り組んでいるように思う。

　また，産直事業自体も，全国的なネットワークを利用した事業体と運動体への転換が模索されている。大豆畑トラスト運動に見られるように，遺伝子組み換え作物・食品への反対運動を契機として，耕作放棄地や転作田を活用して国産大豆の増産と自給率の向上を目的として活動を行っている。このようなNGOやNPOとの提携活動もこれから益々重要になるであろう[7]。

　その一つとして，これからの産直は地域の生産と消費への立脚点をより重視することを提起したい。それは，食品流通の国際化に対抗するには，地域・地場流通や地産地消をより推進する必要があると考えるからである。無論，産直自身はその大型化や広域化の圧力は強まりこそすれ弱まることはない。それは，産直の構造的な流通問題である数量調整や品揃えを解決するには，大型化，広域化，ネットワーク化が欠かさざる方策だからである。

　だが，そのベクトルは地域農業と食のつながりを弱化させる反作用も生じる。農産物直売所の隆盛は，地場の消費者と生産者とのつながりが希薄だったこと，より鮮度や品質が高い需要の高まりを生産者は軽視していたことを見事に示していよう。この点を反省して，生協や消費者グループと産直を実践する農協や産直組織においても，それぞれの事務所や出荷場の脇に農産物

直売所を設置するところも多くなっている。

　さらに加えれば，地域の環境問題について生産者と消費者が共に考える場合，両者の距離は近い方がよい。環境保全のコストや廃棄物処理の費用などが産直を通じて，産直商品の価格に反映されるようなシステムができれば，農業をめぐる状況もずいぶん変わってくるだろう。

4 放射能汚染と農畜産物の安全と安心

4－1　放射能汚染と食品のリスクマネジメント

　2011年3月11日に発生した東日本大震災を契機として食の不安が拡大している。一番大きな要因は福島第一原子力発電所の事故（以下，原発事故）による日本全国における放射能汚染が拡大したことである。これは福島県内に限られるものではない。国中に放射能汚染という甚大な災禍をもたらした。原発事故以前は，地域で生産されたものが何よりも安心できると，消費者は国内産や地場産の農産物を支持してきた。しかし，事故後はこの共通した思考の枠組みはひっくり返った。小売店では国内産の米や食肉よりも外国産の米や食肉の方が買われる傾向が見られるぐらいである。

　これは，原発事故に伴う環境や食品への放射能汚染に関して，リスク情報が十分に公開されず，リスク評価やリスク管理が不確実な状態に置かれていることに対して，多くの国民は不安に思っているからである。また，政府諸機関による情報提供が遅いと，そこに何らかの故意があるのではと憶測するのは仕方がないことだろう。このため，根拠が不明確であっても，「安全情報」より「危険情報」のほうに反応し，リスクに対して過剰に防衛し，買い控えを生むことになる。

　そこで本項では，食品の放射能汚染の問題と地産地消の今後のあり方について食品の安全性問題から提起したい。

　ところで，リスクとは何だろう。『リスク学事典』によれば，「リスクの定義には学問分野によって，また研究者によって微妙に異なる。比喩的にいうと，定義には学問的「方言」がある。」[8]として，古典的な定義として，「生命の安全や健康，資産や環境に危険や傷害など望ましくない事象を発生させ

る確率，ないし期待損失」としている。そして，「定義の細部は分野によって異なるが，そこで共通して認められるのは，リスクの本質は不確実性にあること」としている。一般の国語事典ではリスクを危険と説明しており，この点は大きな違いである。逆に言えば，安全の程度はリスクの程度であり，安全は確率的なのである。この社会には「絶対に安全」や「リスクゼロ」は存在しないのである[9]。

　一方で，食品リスクは放射性物質だけではない。細菌やウイルスなどの病原性微生物，農薬に起因する有機合成化学物質，カドミウムや水銀などの無機化学物質，窒素肥料の多投入により植物体に蓄積する硝酸態窒素など多種多様にある。また，体重60kgの人体中の放射性核種としてカリウム40は4000ベクレル，炭素14は2500ベクレル，ルビジウム87は500ベクレルなど自然放射性物質の合計が7000ベクレルもある。また，世界平均で食物から0.29mSv／年，大気からの吸入により1.26mSv／年，宇宙から0.39mSv／年，大地から0.48mSv／年と合計で2.4mSv／年の自然放射線を被曝している[10]。これらのことはあまり知られていない。実際，最近の食品の放射線量検査ではセシウム134やセシウム137はほとんど検出されず，検出されるのは従前から自然界に存在していたカリウム40である。そして，発がんの原因は，喫煙，肥満，野菜・果実の摂取不足，運動不足，遺伝，ウイルスや細菌，飲酒など様々な原因がある。以上のことから，原発事故による放射能リスクはほかのリスクと相対化して考える必要があるのではないだろうか。

4－2　未来を支える世代には，より安全な食品を

　放射性物質による子孫の発がんリスクに関する情報が少ないため，妊婦や小さな子どもをもつ親が放射性物質のリスクを恐れる行動はよく理解できる。しかし，中高年が理性的な判断をせずに，むやみに恐れることは買い控えによる被害を生むことになろう。

　また，放射性物質の海洋汚染の問題は日本国だけの問題ではなく地球的な環境汚染としてその対策を検討する必要がある。食物連鎖による魚介類への生物濃縮が危惧されるが，セシウム134やセシウム137と同等以上にストロンチウム90に注意する必要がある。ただ，ストロンチウム90の測定には時間と

手間がかかることから，測定情報がほとんどなく，公開もされていないのは問題だろう。

　原発事故を契機として，日本人は放射能リスクと否応なく向き合わなければならない。そして，国内の農林水産業従事者と＜共に悩み＞，＜共に考え＞，＜共に生きる＞ことを続ける必要がある。その一つの提案は年齢別・世代別の食品選択である。食物中の放射性物質の数値が小さい食品は未来を支える世代が優先的に購入，摂取できるようにしたい。一方で，子育てが終わった中高年世代は放射性物質が制限基準以下ならば，福島県や放射能汚染地域の食品を敬遠せず食べる運動があっても良い。基準以下のベクレル表示に目くじらを立てるのではなく，調理方法や食品を満遍なく摂取するという放射性物質の摂取を低減する知恵を発揮したい。無論，これはあくまで消費者の選食の判断に任されるもので，国産や産地を支援する運動論である。

　無論，人間の感受性は百人百様である。厳しい基準値を設定しても，それに安心しない人も多いはずだ。しかし，世界中探しても放射性物質に対してのリスクゼロの地域はあり得ない。新しい基準値を下敷きにした，年齢別，地域別，ライフスタイル別の選食の提案と脱放射能の調理技術が必要になろう。いま私たちに求められるのは正確な情報，つまり科学的な証拠に基づいた行動をとり，産地を応援することだろう。地理的な距離と共に心理的・倫理的なつながりを大事にする地産地消が求められると考える。

5　おわりに―これからの農畜産物の安全問題―

　国の内外で農業と食料をめぐってローカリゼーション（Localization）が急速に進展している。ローカリゼーションは，グローバリゼーションの対抗概念として使用されている。国内の実践例としては，地産地消に代表される地域や地場の農産物を地域内で消費する運動が進んでいる。2010年農林業センサスによれば，農産物直売所は全国で1万6816ヵ所ある。また，学校給食における地場産農産物の利用も進んでおり，単独校料理方式92％，給食センター方式97％が地場農産物を利用している。これらは，これまでの既存の農産物流通では実現できなかった地域・地場流通を実践しているのである。

一方，アメリカではファーマーズマーケットが約20年前から大都市を中心に増えている。USDAの資料によれば，全米のファーマーズマーケットは7864ヵ所（2012年8月）ある。USDAが調査を始めた1994年には1755ヵ所だったので，18年間で4.5倍に増加している[11]。また，ウォルマートやホールフーズ・マーケットのようなスーパーマーケットにおいてもLocal（州産）やOrganicの農産物が生鮮食品の棚の中心を占めている[12]。

　このような生産から消費に至る流通過程でローカリゼーションが進展する背景として，グローバリゼーションの進展に伴う様々な弊害に対する市民や農業者のオルタナティブ運動が考えられる。特に，グローバリゼーションの恩恵を最も受けている経済大国のアメリカと日本でローカリズム（地域主義）の運動が盛んなことはたいへん興味深い現象である。このことは，グローバリゼーションによる富は一部の産業と階層に集中し，経済格差が拡大しており，貧困化しつつある市民や農業者はグローバリゼーションの対抗手段としてローカリゼーションや地域流通を進めていると言えよう。

　一方，食料・農産物の地域流通の実態は多種多様である。例えば，①農産物直売所を拠点とした地場流通，②学校給食への地場農産物の活用，③食品加工企業への地場産原料の利用，④外食や旅館業への地場農産物の利用などがある。そしてこれらの取り組みによって，①生産者と消費者の信頼関係の構築，②消費者ニーズの把握と生産現場への活用，③食と農の理解の増進，④農業所得の多元化などの効果がある。

　ローカリゼーションの広がりは，より安全で品質が確かな食品を希求する消費者の欲動とその購買力に対応しようとしたフードビジネスの迅速な対応の結果でもある。そして，食品市場の世界市場化のベクトルは基本的に修正されることなく加速されることになろう。ただ，そのアンチテーゼとして局所閉鎖市場化のベクトルも生まれ，強まるものと考える。なぜなら，人と人との営みの中で取り組まれる地域環境の保全や有機農業の実践は，そもそも世界市場とは無縁であって，個別農業経営とその市場経済との連鎖を断ち切ることも選択肢の一つとして想定できるからである。ただ，営農と生活のすべてを市場経済と隔絶することは直ちには不可能であり，部分的にこのような試みを広げていくことが重要なのであって，一つの試みとして市場システ

ムと自給との間に協同の原理を基盤とした半市場経済をおいてはどうだろう。法定通貨により支配される市場ではなく，財やサービスの売手と買手との間で互いの労働量と使用価値基準の物差しで交換される取引システムである。世界各地で取り組まれている地域通貨と介護サービスや有機食品との交換もその一つである。

　欧州やアジアで猛威をふるい，世界ではいまだ終息していない口蹄疫は，農畜産業の生産効率をあまりに重視し，大量生産と広域流通を極限まで追求した結果とも言える。これを教訓にして，市場主義の行き過ぎに警鐘を鳴らす人も増えてきた。

　食品市場の世界化に対抗するかたちで，地産地消やCSA（Community Supported Agriculture）などの運動も盛んになってきた。CSAは，農場と消費者が1シーズンの農産物の供給・購入の契約を行い，代金を前払いすることで農場を支えるという産消提携と類似した方法で有機農産物の生産者と消費者を結びつけるものである。出発点となったアメリカでの取り組みが1万を超え，世界に影響を広げており，日本でも1999年版環境白書において取り上げられて以降，徐々に認知を広げている[13]。

　CSAの取り組みのように，地域内の売手と買手，生産者と消費者との関係性を緊密にすることによって相互承認を行うことにより食べものの安全性と安心を担保することが重要になるだろう。開放された市場の中で競争するのではなく，産直や産消提携の理念をもう一度確認すること。資源と財貨の地域循環システムを少しずつ構築していくこと。このような地道な活動を積み重ねていくことによって地域の食と農は再建できるのではないかと期待する。

　そのためには，新たな運動理念が必要になろう。その一つの手段として根元的に貨幣と安全な食べ物について考えていくことは重要であり，その方策の一つとして半商品経済を導入することがある。具体的には人と人との信頼関係に裏打ちされた，関係性の再構築は有効な手段と思われる。地域の環境，地域振興，福祉などの問題について生産者と消費者がともに考えながら，環境保全や地域循環のためのコストを半商品経済のシステムによって農畜産物の価格に反映できるようになれば，地域農業の状況も大きく変化する

と思う。地産地消にしても，食農教育にしても地域内の農業や林業や漁業などの生命産業が生き生きと活動できる社会形成が望まれているのである。

（野見山敏雄）

注
（1） 2012年8月，アメリカは1956年以降で最も広範囲にわたって干ばつに見舞われており，穀物相場が高騰している。『日本経済新聞』2012年7月21日付「天候異変，世界で作物高騰」，『日本経済新聞』2012年8月18日付「伊藤忠，アフリカに穀物調達網価格変動を回避」。
（2） ロバーツ（Roberts, Paul）はこのことに関連して，圧倒的な取材と綿密な調査研究から，世界のフードシステムが抱える問題に鋭く切り込んでいる。そして，その根本の張本人は消費者自身であることを指摘している。
（3） 神里は，「"食"への不安の根底に，科学そのものに対する疑念がぼんやりと存在しているとすれば，我々はどうしてもその領域にまで立ち入って検討してみる必要があるだろう。」と指摘し，科学史の方法論によって，広義の食品リスクに対してそれを構成するものの正体を探ろうとチャレンジしている。神里, 22-23頁。
（4） 「交通」とは，そのものがあらかじめもっていた固有の価値ではなく，関係の中で生まれ，関係とともに変容するような関係であると内山は言っている（内山1998, 17頁）。
（5） 千年（2012）。
（6） この点に関しては，野見山が農協の「一国二制度」的事業対応の必要性とその典型事例に関する分析を行っている。今野・野見山（2000）192頁。
（7） 大豆畑トラスト運動は，遺伝子組み換え作物・食品への反対運動を契機として，耕作放棄地や転作田を活用して国産大豆の増産と自給率の向上を目的としている。
（8） 日本リスク研究学会（2006）13頁。
（9） このことは浦野（2012）をはじめとして，多くのリスクコミュニケーションの専門家が主張している。
（10） 財団法人高度情報科学技術研究機構（RIST）が運営する「原子力百科事典」は原子力に関連する幅広い情報を提供するインターネット上の百科事典である。
＜http://www.rist.or.jp/＞
（11） USDA（2012）。
（12） 筆者が2008年，2010年アメリカ合衆国カリフォルニア州のスーパーマーケットを視察した経験による。
（13） 波夛野（2012）は，ヨーロッパにおけるCSAの調査から新しい知見を提起している。

参考文献

一ノ瀬正樹・島薗進ほか編著（2012）『低線量被曝のモラル』河出書房新社。
内山節（1998）「循環系の社会―ローカルな技術と思想の深みから―」『農村文化運動』148号，農文協。
浦野紘平（2012）「安全・安心とリスク管理のジレンマ」『環境情報科学』40巻4号，22-27頁。
神里達博（2005）『食品リスク―BSEとモダニティ―』弘文堂。
河邑厚徳・グループ現代（2000）『エンデの遺言―根源からお金を問うこと―』NHK出版。
協同組合経営研究所編（1997）『新・農業協同組合制度史』第7巻，協同組合経営研究所。
グレコ，トーマス著，大沼安史訳（2001）『地域通貨ルネサンス―まち起こしマネー戦略―』本の泉社。
国民生活センター編（1996）『消費者運動50年』ドメス出版。
今野聰・野見山敏雄編著（2000）『これからの農協産直―その「一国二制度」的展開―』家の光協会。
千年篤（2012）「半商品の性格に関する一考察」未定稿。
渡植彦太郎（1986）『仕事が暮らしをこわす―使用価値の崩壊―（人間選書95）』，農文協。
渡植彦太郎（1987）『技術が労働をこわす―技能の復権―（人間選書99）』，農文協。
日本農業年鑑刊行会編（2000）『日本農業年鑑2001年版』家の光協会。
日本リスク研究学会編（2006）『増補改訂版リスク学事典』阪急コミュニケーションズ。
野見山敏雄「食品流通再編と産直の展開」滝澤昭義・細川允史編（2000）『流通再編と食料・農産物市場』筑波書房，155-168頁。
野見山敏雄「有機食品市場の展開と条件」甲斐諭・飯澤理一郎編（2001）『食品の安全性と品質表示』筑波書房，191-202頁。
波夛野豪（2012）「スイスにおけるCSA（ACP：産消近接契約農業）と産消提携原則―半商品経済視点からのCSA分析―」（未定稿）。
ロバーツ，ポール著，神保哲生訳（2012）『食の終焉―グローバル経済がもたらしたもうひとつの危機―』ダイヤモンド社。
USDA (2012) "News Release No.0262.12, USDA Directory Records More Than 7,800 Farmers Markets National Resource Helps More Americans Connect with Local Farmers," Aug. 3.
『朝日新聞』。
『日本経済新聞』2012年7月21日，2012年8月18日。
財団法人高度情報科学技術研究機構（RIST）「原子力百科事典」
　＜http://www.rist.or.jp/＞

追記
　本稿は科学研究費補助金〔基盤研究（B）（一般）〕「半商品経済を組み込んだ生消共生

型の農林産物生産と流通に関する総合的研究」(2009～2011年度，研究代表　野見山敏雄)の研究成果の一部である。なお本研究成果は，次のホームページからダウンロードできる。＜http://www.tuat.ac.jp/~amtuat/han-shohin/seika.html＞「半商品科研」で検索。

第5章

水産物の安全問題

1 はじめに

「魚ばなれ」がいわれて久しいものの，依然としてわが国は世界有数の魚食大国である。食料需給表（2010年概算値）によると，1年間で国民1人当たり29.6kgの魚介類が供給され，タンパク質の19.5%を魚介類に依存している。

魚介類は腐敗しやすいことから，青果物などに比べると，「危険」な食品であることは確かである。その「危険性」こそが，塩蔵・乾燥・発酵といった危険回避技術の発達をもたらし，それが魚食文化の深みをもたらしたともいえる。われわれは魚食文化の伝統によって魚介類消費の危険をある程度回避してきた。

だが，近年になって，輸入水産物の激増，魚類養殖の発達，環境汚染などによって，われわれはこれまで直面したことのない新たな危険性に直面している。

新たな危険性に対し，われわれは未だ完全な対応を用意したとは言い難いのが現状である。また，漁業経済学の研究史においても，水産物流通に関しては数多くの業績が蓄積されてきたが，水産物の安全問題を正面から取り上げた業績はほとんどないのが現状である[1]。

本章では魚介類の危害要因をいくつかのタイプに分類し，現段階において実施されている安全対応を概観する。さらに，先進事例として，漁獲から流通・加工・輸送に至るすべての流通段階での安全確保を地域ぐるみでおこな

っている北海道標津町の地域 HACCP を紹介する。

なお，水産物とひと言でいっても，高次加工された食品から生鮮魚介類まで範囲が広く，そのすべてを網羅するためには紙幅も筆者の能力も及ばないので，ここでは基本的に生鮮魚介類に対象を限定する。

2　水産物の危害要因

2−1　危害要因の種類

食品としての魚介類をみた場合，その危害要因はいくつかのタイプに分けることができる。

まず，第1に，魚介類のもつ本来的な物理・化学的・生理的特質に由来するものがある。

最も代表的な特性は腐敗性の高さであろう。このことは，改めていうまでもなく，食中毒を引き起こしやすいという問題となる。

魚介類の生理的特性に基づく危害要因もある。その一つが毒性である。代表的なものがフグ毒（主たる成分はテトロドトキシン）であろう。フグ毒の致死率は極めて高い。毒を持つのはフグだけではない。毒を持つ魚介類は少なくない[2]。

また，近年では食物アレルギーも注目されている。ある調査によると，原因食物のトップは鶏卵で，以下，乳製品，小麦と続くが，その次に甲殻類，さらに7位に魚類，9位に魚卵，14位に軟体類が挙げられている[3]。1位の鶏卵が38.3％であるが，ここに挙げられた甲殻類・魚類・魚卵・軟体類を合計すると，14.2％となり，これは2位の乳製品に次ぐ比率となる。

他に寄生虫も危害要因である。肝ジストマ症や肺ジストマ症はそれぞれ肝吸虫・肺吸虫症によって引き起こされる疾病であるし，アニサキス科線虫も代表的な危険な寄生虫である[4]。

以上は魚介類が本来的に有している危害要因であるが，さらに近年では人為によって生み出された新たな危害要因が加わる。

その一つめは生産技術の開発によって新たに生まれたものである。その代表的が養殖魚の化学物質問題である。また，これまで漁獲されていなかった

魚種が食卓に上るようになったことで発生することもある。魚食大国であるわが国は世界各地から多くの魚介類を輸入している。そのなかにはこれまでわが国で食されてこなかった（わが国沿岸に生息せず漁獲対象となってこなかった）魚介類も含まれる。こうした魚介類が中毒事件を引き起こすケースがある[5]。

　二つめは漁業環境の変化によって生じた危害要因である。これにはいわゆる海洋汚染によるものと，そうでないものとがある。前者は工場および生活排水によるもので，水俣病による甚大な被害の発生や，東日本大震災による原発事故による放射能汚染はその典型である。また，様々な化学物質による魚介類の汚染はしばしばマスコミを賑わしてきた。後者は，海況の変化が生物相の変化を引き起こし，それが魚介類に影響するものである。例えば，ホタテガイやカキの貝毒はいずれも貝類が捕食するプランクトンに由来するとされているが，「毒化の報告地域について，平成2年まではそのほとんどが北海道・東北・北関東地域からでしたが，平成3年以降東海・関西・中国・四国・九州へと全国化しています」という[6]。また，ドクサバフグも近年は駿河湾などでも発見されるようになっているという。これも海況変化（地球温暖化の影響だとすればこれも一種の汚染かもしれないが，さしあたりここでは区別しておく）によるものである。

2−2　魚食文化に基づく対応とその限界

　魚介類が本来有している危害要因への対応の一つめは，これまで長年にわたり蓄積されてきた魚食文化の伝統である。わが国では，塩蔵・乾燥，さらには発酵といった腐敗の進行を遅らせる技術が早くから発達してきた。こうした食品加工技術は単に腐敗の進行を遅らせるだけでなく，それぞれ独特の食味を付加することもあり，多くの伝統的食品を生み出してきた。

　また，経験的に伝えられてきた知識も重要である。「サバの生き腐れ」や「カキは暖かい時期には食してはならない」など，こうした言い伝えは他にも多々あろう。

　魚介類を生食することがわが国の食文化の特色の一つであることは確かだが，冷凍・冷蔵技術が高度に発達する以前のわが国で，魚介類の生食が普遍

的・一般的な食習慣であったとは思えない。現代ほど魚を生食するようになったのはわが国の歴史にはおそらくなかったことである。それゆえ，経験則が十分に機能しなくなっている面もあろう。

厚生労働省の食中毒に関する統計によると，2010年には1254件の食中毒事件が発生し，2万5972人の患者が発生している。原因食品別にみると，原因食品不明が265件（患者数4680人）と最も多いが，それに次ぐのが魚介類で128件（同1480人）となっている。件数で10.2％，患者数では5.7％が魚介類によるものである。魚介類に対する衛生管理の重要性は依然として高いといわざるを得ない。

中央卸売市場制度は，それまで個別・分散的におこなわれてきた都市部への魚介類の供給をかなり一元化することに成功した。あくまでも副次的な効果ではあろうが，このことは衛生管理の可能性を飛躍的に高めたともいえる。

国内はもとより世界各地から集荷される魚介類の安全確保において，公的な衛生管理がおこなわれていることの意味は大きい。例えば，東京都市場衛生検査所では2010年度に5123の品目について検査をおこない，このうち405品目を不適とした。5123品目のうち，水産関係は魚介類が1546（うち，不適品目59），魚介類加工品が507（同30）である[7]。また，ここでは有毒魚の監視も行われている。

だが，中央卸売市場流通の比率がかつてに比べれば格段に低下し，流通経路が多元化している現状にあって，衛生管理における中央卸売市場流通の役割も相対的に小さくなっているといえよう。

魚介類が本来有している毒性に関しては，産地段階での規制もおこなわれている。その事例としてカキやホタテガイの貝毒に基づく出荷規制がある[8]。麻痺性貝毒ではこれまで12件の中毒事件が起こり4人の死者が出ており，下痢性貝毒でも12件の中毒事件が発生（死者はゼロ）している[9]。貝毒には季節性があることから，当該海域のプランクトンの発生状況や貝類のサンプリングにより，毒性が高くなると採捕・出荷規制が行われている。

2－3　環境汚染による危害要因

　環境汚染による魚介類の汚染が深刻な健康被害を生み出した事例としては水俣病があまりにも有名である。

　魚介類，とりわけいわゆる高級魚とされる魚類はその多くが食物連鎖の上位にあることから，棲息水域の汚染物質を濃縮・蓄積しやすい。そのため，有害物質が検出されるのは高級魚が多くなりがちである。

　水銀を事例としてみていこう。1973年7月，厚生省（当時）は魚介類の水銀の暫定規制値を決定した。これは当時有明海で水俣病と区別のつかない患者が発見されたことから，魚介類の水銀汚染が社会的に大きな関心をよんでいたことへの対応策であった。

　この暫定規制値は総水銀が0.4ppm（メチル水銀として0.3ppm）であったが，マグロ類，深海性魚介類，河川産魚介類は適用外とされている。これらが適用外になった理由を農水省は「当時の摂食実態などから適用対象外とされています」と解説している[10]。

　2003年には厚生労働省が摂食指導を発表し，これは2005年と2010年に改訂されている[11]。ここでは妊婦（妊娠中の女性および妊娠している可能性のある女性）に対して，16魚種の摂食量を示している。なお，16種のうち5種が海産ほ乳類（具体的にはイルカ類）である。もっとも，現代日本でイルカ類を1週間当たり80g以上食している人は殆どいないであろう。

　摂食指導には魚介類の有益性が述べられており，消費者の過剰な反応への配慮がうかがわれるものの，マスコミでこうしたことが報道されることが魚価等にいい影響があるはずもない。リスクコミュニケーションのあり方が問われる。

　PCBによる魚介類の汚染もしばしば取り上げられてきた。1972年8月，厚生省（当時）は，遠洋沖合魚介類（可食部）は0.5ppm，内海内湾（内水面を含む）魚介類（可食部）3ppmというPCBの暫定規制値を発表した。

　東京都中央卸売市場に入荷した魚介類（輸入魚介類を含む）の調査によると，PCBの含有量は暫定規制値よりはるかに小さな値しか検出されていない。だが，東京湾汚染調査の一環としておこなわれた東京湾産スズキでは，これも暫定規制値よりははるかに小さいものの，0.2ppmという相対的に高

い値が検出されている(12)。

　水銀やPCBは陸上由来の汚染物質であるが，なかには水産業による環境汚染物質が魚介類の汚染につながる例もある。その例が有機スズ化合物である。有機スズ化合物は船底塗料や漁網の防汚剤として使用された物質である。船底や網に塗布することで貝類や藻類の付着を防ぐ効果がある。

　有機スズ化合物は環境ホルモンの疑いのある物質とされ，毒性の高い酸化トリブチルスズ（TBTO）は，わが国では1989年に化審法の第一種特定化学物質に指定され，1990年に使用・販売が禁止されている。この措置以降，現在わが国では，1日摂取許容量を超えるような汚染魚介類は検出されていないようである(13)。

2－4　養殖魚の化学物質汚染

　同じ「養殖」という用語が使われてはいるが，カキやホタテガイの場合は無給餌養殖であるから，対象生産物の成長は生育する海の環境次第である。貝毒はまさに生育環境に由来するものである。

　化学物質汚染が取りざたされるのは魚類等の給餌養殖である。薬剤投与の問題と養殖いけすに使用されたTBTOの問題が大きい。加えて，薬物投与との関連で奇形魚について言及されることもある。

　養殖魚の危険性を一般向けに啓発した文献として，やや古い文献であるが，八竹（1987）がある。ここでは，主としてTBTOの問題が取り上げられている。TBTOについては上述したとおり，現在では販売・使用が禁止されている。

　また，抗生物質等の問題について，科学的な知見を持ち合わせていないので，ここでは論評を差し控える他ないのだが，かつてに比べればその使用量は減っているといわれる。いわゆる「薬漬け」は，主として，稚魚段階での生存率を高めることが一つの目的である。したがって，ある程度成長した段階ではあまり使用されないのが一般的であろう。水産物価格の低迷基調が長らく続くなかで，コスト削減は重要であり，不要な薬品の購入が少なくなったという事情もあろう。

　薬剤といえば，養殖フグなどの寄生虫除去のためにホルマリンが使用され

てきたが，これも現在は禁止されている。

　奇形魚については必ずしも薬物の影響ではないという見解もある。哺乳動物等に比べると魚類の発生数は格段に大量であり，そのなかには奇形魚も一定の比率で混じる。自然界ではこうした稚魚は遊泳力等で劣ることから生残率が低く淘汰されるのであるが，給餌養殖の場合は生き残る確率が高まり，その結果成魚に奇形魚が混じることになるというものである。このケースであれば，商品価値は殆どゼロに等しいとしても，食品衛生上の問題はないといえる。しかしながら，それが化学物質の影響を示すものとなるとそうはいかない。

　現段階における水産養殖業は畜産業とは比べものにならないほど歴史が浅い。現在の畜産業で使用される家畜は，改めていうまでもないが，人間が飼育しやすいように，また生産物の品質が向上するように交配を重ねた動物である。それにひきかえ，水産養殖業ではキンギョや観賞用のコイではそれなりの選抜淘汰による改良がおこなわれてきたものの，一般の食用に供される多くの魚介類は自然界で生産された稚魚・稚貝を育成するレベルにとどまっている。

　つまり，現段階の養殖業は，いわば野生動物に給餌しているだけであり，環境ストレスや耐病性といった点で，ある意味無理をして飼養しているのであり，それをサポートしているのが薬剤の使用という見方も可能だろう。

　魚類養殖業における薬剤の使用は，農産物における農薬と同様，リスクとベネフィットの両方があることを忘れてはならない。

3　安全性確保の枠組み

3−1　表示と偽装

　食品の安全・安心を担保するためにはトレーサビリティは最も重要な条件であり，「表示」はその有力なツールである。

　食品表示については，食品衛生法と農林物資の規格化及び品質表示の適正化に関する法律（以下，JAS法）などがあるが，生鮮魚介類は，事実上，JAS法によるところが大きい。

JAS法に基づき品質表示基準が定められている。魚介類が対象となる生鮮食品品質表示基準（以下，表示基準）では第3条で名称と原産地の表示が義務づけられている。

　まず名称である。農畜産物の場合，牛肉は牛の肉であり，キャベツはキャベツ以外の何物でもない。ところが，わが国の魚食文化や漁業生産構造を反映し，同じ魚介類にいくつもの名称があることが多い。ハマチ，ブリ，イナダ，ツバス等々，これはいずれも標準和名ブリの名称である。また，北海道でマイカといえばスルメイカであるが，モンゴウイカやケンサキイカをマイカと呼ぶ地方もある。こうした事例は枚挙に暇がない。

　表示基準第4条には「その内容を表す一般的な名称を記載すること」とある。これは「「優良誤認」を防ぐ必要から，恣意的な名前や一般的でない名前を記載していたら，表示基準に違反することとなるようにしたのだ」[14]というが，「まじめな販売業者であればあるほど，なにをもって「一般的な名称」とするかまようところであろう」[15]ということも起こる。

　そこで水産庁は水産物の名称に関するガイドラインを2007年に公表した。このガイドラインによる「一般ルール」はかなり苦心の跡がうかがえる内容で，「標準和名を基本としつつも，より広く一般に使用されている和名があれば，この名称を記載することができる」[16]とされている。

　詳細はガイドラインを参照していただきたいが，標準和名キアンコウは一般に使用されている和名として「アンコウ」を，標準和名のハマグリ・チョウセンハマグリ・シナハマグリにはその総称として「ハマグリ」を，地方名（地域特有の名称）がある場合については一般に理解される地域においてはその地方名を，それぞれ記載することを例示している。さらに，海外産魚介類や外来種で，「消費者に優良誤認を生じさせないような配慮が必要である」（同上）とし，その例として，学名 $Ictalurus\ punctatus$ は「使用できる名称」として，アメリカナマズ，チャネルキャットフィッシュ，「使用しない名称」としてシミズダイ，カワフグを挙げている。

　わが国にはマダイとは外見も分類学上の位置づけもほど遠い魚に，○○ダイという標準和名がついているケースが多々ある。しかしながら，古くからの○○ダイ（キンメダイ，イシダイ，アマダイetc）は消費者がマダイに近

いものと優良誤認するおそれがないのに対し，アメリカナマズの事例はまさに優良誤認を狙ったネーミングというしかないだろう。カラフトシシャモ（キャペリン）やキュウリウオがシシャモと称して長年にわたり販売されていた事例も記憶に新しい。これなどは，本当のシシャモを知る人からみれば「優良誤認」どころか，もはや「偽装」の域であろう。当然のことながら，ガイドラインでもカラフトシシャモに対して「シシャモ」は「使用しないこととする名称」とされた。

なお，ガイドラインでは関サバや越前ガニといった名称は「商品名」であり，JAS 法上の名称ではないとして，魚介類の名称を記載することを求めているが，商品名を表示することについては差し支えないとしている。

この商品名（ブランド名）も食品偽装の対象となるところである。例えば，生鮮魚の代表的な「ブランド商品」に「関アジ・関サバ」がある。豊予海峡において，佐賀関漁協（現在は大分県漁協佐賀関支店。以下，佐賀関支店）所属の漁業者が疑似餌もしくはゴカイをエサとした一本釣りで漁獲し，活魚で仲買業者に販売するものとなっている。同じ海域で同じ漁法で漁獲されても佐賀関以外で水揚げされれたものは「関サバ・関アジ」ではない。同じ処理をされれば見分けのつく人は殆どいないだろう。にもかかわらず，価格に大きな差があるならば，これは産地偽装を招く大きな誘因となる。

こうした偽装を防ぐため，佐賀関支店では関サバ・関アジにはタグを付けて出荷している。さらに，佐賀関支店のウェブサイトでは出荷先の地元飲食店と数量を公開しているが，ここまで徹底したブランド保護をおこなっている事例は少ない。

原産地表示も表示基準に記載が義務づけられた項目である。これも魚介類には農産物や畜産物に比べ難しい問題がある。表示基準水産物では，原則として，漁獲物については「生産した水域の名称（以下，水域名という。）」，養殖生産物については「地域名（主たる養殖場が属する都道府県名をいう。）」，輸入品については「原産国名」となっているが，国産品については，「水域名の記載が困難な場合にあっては」，水揚げ港名もしくは水揚げ港が属する都道府県名をもって「水域名の記載に代えることができる」とされている。

天然魚介類の汚染の問題を考える場合，水揚げ地より生産水域が直接的には重要だろう。生産水域の表示について，2003年6月水産庁が発表した「生鮮魚介類の生産水域名のガイドライン」（以下，水域名ガイドライン）では，わが国の近海については，ア．一般に知られている地名＋沖（例：千葉県沖，銚子沖，北陸沖など），イ．一般に知られている個別水域の名称（例：陸奥湾，富山湾，紀伊水道など），ウ．わが国の漁獲統計海区に準じた水域名（北海道沖，日本太平洋北部，瀬戸内海など）を例示している。また，世界の水域名は，FAOの漁獲統計海区，ニュージーランド沖のように国名＋沖，地中海や黒海のように一般知られいる個別水域名を挙げている。だが，遠洋まぐろ漁業などのように，広い海域を移動しながら操業する漁業については，わが国の漁獲統計海区やFAOの漁獲統計海区よりも広い水域名を記載することができるとしている。つまり，広範囲にわたって操業する漁業の場合は，水域名がインド洋としか記載されないこともある。広大なインド洋というだけでは重要な情報は殆ど含まれない。
　これらのことは，魚介類に関して，原産地表示はトレースのツールとしては限界が大きいということを示しているといえよう。とはいえ，現実的な問題として，これ以上の表示を義務づけることは容易ではないだろう。苦肉の策というしかないのかもしれない。

3－2　養殖業の安全確保

　養殖魚介類で最も大きく取り上げられる危害要因は化学物質であろう。魚類養殖等で使用される医薬品（水産用医薬品）は罹病した養殖対象生物の薬剤治療と，魚病予防のワクチンである。近年では薬剤治療よりも予防に重点がおかれるようになっているとされる。
　水産用医薬品は動物用医薬品に含まれ，ポジティブリストに基づき，薬事法に基づき承認を受けたものしか使用が認められていない。また，魚種ごとに使用できる医薬品が定められている。動物用医薬品の使用の規制に関する省令の別表1および2に記載された医薬品については，使用年月日，場所，水揚げした年月日等の項目を記録することが義務づけられている。農水省畜水産安全管理課が作成した「水産用医薬品の使用について第24報」（2011年

3月)では,使用基準のない医薬品についても同様の記録をとり保管するよう求めている(同上,4頁)。

　生産段階における安全確保の手法として,農産物においてはGAP手法(農業生産工程管理:Good Agricultural Practice)が提唱され,農水省の調査によると,2003年3月現在で2194の産地がGAP手法を導入している。養殖業においても,GAP手法(養殖生産工程管理手法:Good Aquacultural Practice,以下特記のない限り,GAPは養殖生産工程管理手法をさす)が提唱されている。

　「養殖生産工程管理手法(GAP手法)の手引き」(2010年3月,以下「手引き」)[17]によると,主な生産工程の管理点には,(1)種卵・種苗の導入,(2)飼・餌料等の適正使用,(3)水産用医薬品の適正使用,(4)漁網防汚剤等の養殖資機材の使用,(5)水揚げの祭の衛生管理の徹底,(6)作業記録の管理が挙げられている[18]。

　産地偽装や,中国産ウナギからのマラカイトグリーンの検出(2005年)で,消費者の不信を招いた養鰻は,わが国の食用魚類の養殖では養鯉等に次いで長い歴史を有しているが,とかく薬漬け云々という見方がされがちであるが,こうした評価を返上しようという動きもある。

　主産地の一つである宮崎県では,養殖業者らが中心となってNPO法人セーフティー・ライフ&リバーが設立され,GAP手法の導入を図るため,「宮崎産ウナギ適正養殖規範(以下,「養殖規範」)」を策定した(2008年7月)。「養殖規範」では,具体的な項目として,(1)安全・安心な水産用医薬品の使用,(2)安全・安心な水の使用,(3)安全な配合飼料や飼料添加物(剤)の使用,(4)安全な化学物質の使用,(5)養殖施設の管理,(6)出荷作業,(7)産地証明書及び安全シールの発行が挙げられている。生産者用の産地証明書には,ロットNO,飼育地,飼育責任者名,残留医薬品の検査結果等の項目が記載されている[19]。

　とはいえ,GAP手法はまだ普及段階で,取り組み事例も極めて少ないのが現状である。

3－3　放射能汚染

　周知のことだが，東日本大震災時が水産業に与えた影響は甚大である。津波により，多くの漁業者の命が奪われたことはもとより，漁船，漁港，養殖施設，流通・加工設備といった生産インフラが広域的に破壊され，漁業生産力が大きく低下したという直接的被害に加え，原発事故による放射能汚染による間接的影響は極めて甚大である。

　放射性ヨウ素，放射性セシウムについて，国や自治体等の各種機関が漁獲物の検査が実施されている。本稿執筆段階（2012年2月）段階でも福島県沿岸で採取されたアイナメやカレイ類からは依然として暫定規制値を超える放射性セシウムが検出されている。半減期の長い放射性セシウムは今後も相当期間にわたって検出されるだろう。

　放射線の人体に与える影響に関しては種々の議論があり，ここで確定的なことはいえないが，検出量が暫定規制値を大幅に下回り，仮にすべての専門家が健康に被害はないと宣言していたとしても，消費者が放射性物質が検出された魚介類を従前どおり購買する可能性は低いだろう。

　海洋汚染は拡散する可能性が高い。したがって，福島県沖からかなり離れた海域で漁獲された魚類でも，今後，福島原発由来の放射性物質が検出される可能性もあろう。センセーショナルな報道によって風評被害が今後も起こることは十分予想されるところである。風評被害を完全に回避することは事実上不可能であろうが，正確な情報が消費者に提供されることで風評被害をできるだけ小さくすることが必要であろう。

　震災発生から約7ヵ月が経過した2011年10月5日，水産庁は全国の漁業関係団体と都道府県にあて，「東日本太平洋における生産水域名の表示方法について」と題した通知を行った[20]。この通知では，東日本太平洋を，本土から200カイリ以内については，北海道・青森県沖太平洋，三陸北部沖，三陸南部沖，福島県沖，日立・鹿島沖，房総沖の6つに，200カイリ以遠は日本太平洋沖合北部とすることを「奨励することといたしました」と述べている。さらにこの通知では，沿岸性魚種は「〇〇県沖」と記載することを求めている[21]。

　都道府県などの自治体や漁業団体は，それぞれ漁獲物の検査を行い，放射

能汚染された魚介類が市場に出回らないような体制をとっている。たとえば，北海道の場合，沿岸性魚種については〇〇市沖のように市町村名＋沖と漁獲水域を示し，放射性ヨウ素，放射性セシウム134と放射性セシウム137の検出結果をウェブ上で公表している（http://monitoring-hokkaido.info/）。

北海道の場合，近年，中国向けの水産物輸出が盛んになってきているが，今回の原発事故の影響は大きい。2011年11月頃から中国向け輸出が再開されたものの，鮮魚類は足踏み状態が続いており，EU（フランスが中心）向けホタテガイは依然として厳しい状態となっているという。

現段階では漁獲物の汚染が広域化している兆しはないものの，漁獲対象となる魚種は食物連鎖の上位にあることが多く，汚染物質が蓄積され，タイムラグをもって高濃度汚染魚が漁獲される可能性も懸念されており，問題は長期化するおそれが強い。

4 北海道標津町の地域HACCP

4-1 地域HACCP導入の背景

ここでは，漁業生産から加工・流通までを含め，地域全体で安全・安心の確保をはかる試みとして，地域ぐるみでのHACCPを導入した北海道標津町の事例を取り上げる[22]。

北海道の漁業はわが国最大の水産物供給地である。ただ，その内訳をみると魚種に大きな偏りがあり，ホタテガイとサケ・マスが生産額の4割を占める。根室地区の標津町はその典型的な漁業生産地で，2010年の漁業生産額38億円のうちサケ・マスが24億，ホタテガイが7億円を占めている。

2008年以降，秋サケの回遊量が減少し，水揚げ量も6～7千t水準と，極端に減少しているが，それ以前1980年代後半以降，2回の不漁期があったものの，基本的には1万t以上の水揚げがあり，2003年には1万9488tという記録的な豊漁を記録している。地元漁業資源に依拠した水産加工場も町内に11社あり，年間100億円程度の出荷額がある。サケ・マス加工は塩ザケ（新巻鮭）とイクラ（醤油漬け・塩蔵）生産が中心である。

1980年代なかばに標津町での秋サケの水揚げ量が急増し，荷捌きが間に合

わない状況が発生したことから，品質（鮮度）の低下が大きな問題となり，「（生産量は日本一だが）品質的には最低と酷評」[23]される事態が発生した。

　この事態への対応として，1988年から鮮度保持対策試験がおこなわれ，1991年から鮮度保持対策がおこなわれるようになった。これが地域HACCP導入の前段階となった。

4－2　地域HACCP導入の契機とその概要

　1998年に腸管出血性大腸菌O157による醤油イクラの食中毒事件が発生した。これは標津町の隣町である別海町のN社が製造した醤油イクラによるもので，1998年5～6月にかけ，富山県などで38名の食中毒患者が発生した事件である。イクラのみならず，北海道の各種水産物が数ヵ月にわたって売れないという事態が起こった。

　北海道は翌99年に「水産物品質管理高度化推進モデル計画策定事業」を実施し，そのモデル地域に標津町が選定された。これが地域HACCPの導入である。地域HACCPの導入は，標津産水産物の安全確保だけでなく，他地域で発生した食品事故による標津産水産物に対する風評被害を防止することも意図していた。

　周知のように，一般にHACCPは加工場単位で認証されるものであるが，標津町で取り組まれている地域HACCPは特定の加工場だけではなく，漁獲から加工・流通に至る全段階で202項目に及ぶ危機管理ポイントを設定し品質管理を図るものである。

　地域HACCPは「標津町地域HACCP推進委員会」（以下，「推進委員会」）を中心として実行されている。推進委員会は，秋鮭部会，ほたて部会，市場部会，加工部会，買受人部会，および普及宣伝部会の6つの専門部会とアドバイザーで構成されている。製品認証は推進委員会が委嘱する「標津町地域HACCP製品認証審査委員会」が行う。

　漁獲したサケは漁船内の水槽の水氷に漬けられた状態で港に戻り，選別後に買い受け人（その多くは加工業者）によって入札され，イクラや塩ザケに加工され出荷される。

　漁獲は標津漁協さけ定置漁業部会に所属する28業者によって漁獲される。

漁獲段階では，乗組員（約130名）の体調，漁船の魚槽や選別台の清掃はもとより，水氷の水温などがチェック項目に設定されている。

　秋サケ漁は夜中に出漁し午前5時頃には帰港する。寄港後，雌雄・成熟度別に選別され，専用のタンクに張られた水氷に漬けられた状態で入札にかけられる。タンクにはシートがかけられ，カモメの羽毛などの異物が入るのを防いでいる。

　入札はそれぞれの漁船が係留されている場所で行われる。標津漁港ではカモメの羽毛や糞が殆ど見られない。それは漁港周辺の建屋の屋根や電柱にカモメが止まらないような工夫が施されているからである。また，清掃も徹底して行われている。標津漁港は，筆者の知る限り，最も清潔な漁港である。

　加工業者によって入札された秋サケはタンクごと加工場に搬入される。当然のことながら，加工場での衛生管理は徹底している。

　製品化された秋サケは消費地に向けて運搬される。トラックの運転席から貨物室内の温度がチェックできるようになっており，運転手は温度状態をこまめにチェックし記録している。

　以上が標津町の地域HACCPの概要である。「地域HACCP認定評価基準」に基づき202項目が精査・評価され，製品には認証マークが添付されている。2011年末現在，認定された施設数は，秋サケ漁船28隻，ホタテ漁船10隻，市場施設1（標津漁業協同組合地方卸売市場），加工場9，そして運送業者2である。町内の漁業，流通・加工業，運送業のほぼすべてが含まれている。

　ただし課題もないわけではない。標津漁港で水揚げされる漁獲物だけで製品化された商品には認証マークが貼付されるが，他の漁港で水揚げされた魚介類を使用せざるをえないことも少なくない。この場合，製品には認証マークは貼付されない。したがって，同一の加工業者が販売した商品のなかに，認証マーク貼付のものとそうでないものが混ざることになる。特に，ここ3年，秋サケの記録的な不漁が続いており，他産地の原魚に依拠せざるをえないケースも増えており，対応が求められるところである。

　地域HACCPには，社会的責任に加え，他産地との製品の差別化により，価格の向上を図ろうという意図もあった。後者についていうと，その効果を

明確に定量化することは困難であるが，秋サケについていえば，「(高質の)銀毛が少なく85%以上（低質な）ブナ鮭の構成での標津の平均単価が全道平均を上回っていることから，地域ハサップの取組みの波及も考えられる」[24]とされている。また，加工場での衛生管理記録が評価され大手量販店やコンビニとの商談が増えたともいう[25]。

5 おわりに

漁業・養殖業の技術の発達はわれわれに未だかつてないほど「豊かな」魚介類を供給できるようになった反面，これまでわれわれが経験してこなかった新たな危害要因が増えている。「科学技術が発展して社会が便利になり，人間の自由や問題回避の可能性が拡大すればするほど，「リスク」に苛まれる度合いも上がっていく」[26]というのは魚介類についてもいえることである。伝統的に培われた対処策では対応し得ないリスクが増えている。

漁業生産の側から安全・安心を担保しようという試みは，養殖業におけるGAP手法導入や標津町の地域HACCPの事例にみることができる。こうした動きは，今回の原発事故も契機となって，さらに加速するだろうと思われる。

消費段階で問題が発生した場合，国産魚介類の場合，トレースはかなりの程度可能になっていると思われる。中央卸売市場流通の比重が低下し，個別的相対的取引の比重が高まっていることにより，万全とはいえないものの，トレーサビリティは高まっていると考えられる。

さらに，魚介類の流通において影響力を強めてきた大手量販店も「安全・安心」を前面に掲げるようになっており，供給側にその担保を強く求めるようになっている。標津町の地域HACCPはこうした要請に産地一体となってこたえている事例である。

近年では，「安心・安全」に対する価値を認め，価格が多少高くても，保証のある魚介類を求める消費者も多い。GAP手法を積極的に取り入れる業者はそうした顧客層を対象に成り立っている面もある。

健康で文化的な生活は国民の権利であり，食は健康で文化的な生活の重要

な柱である。情報の公開と問題発生時の迅速な対応は，短期的・一時的には魚介類の消費減退をもたらすかもしれないが，長期的にみれば，国民の信頼を得ることで安定的な魚介類消費にむすびつくだろう。

　また，魚介類は海洋汚染などの環境要因によるリスクが無視できない品目である。必ずしも漁業者・養殖業者の努力によって軽減できるリスクだけではない。重金属汚染や原発事故による汚染はその代表的な例である。

　海洋環境の保全・向上による受益者は漁業者だけではない。われわれが受け継いできた魚食文化の維持・発展にとっても不可欠である。それは，健康で文化的な生活を守ることでもある。

　魚介類のリスクをゼロにすることは現実に不可能である。健全な食生活を図る上で魚介類消費のベネフィットは大きい。リスク・ベネフィット論に立てば魚介類の消費は合理的であろう。とはいえ，現実に，風評被害などの現象が起きるのも事実である。魚介類は代替性が高い食品である。畜産物との代替性はもとより，魚種ごとの代替性は極めて高い。それゆえ，たとえ科学的根拠が薄弱であっても，リスク回避のため，買い控えるという消費者の行動を非合理的なものとはいえないだろう。特定の魚種を購入しないことで失われるベネフィットが小さいからである。

　それゆえ，リスクコミュニケーションが重要となる。単に栄養学的もしくは文化的な見地からだけではなく，リスクコミュニケーションの手段としての食育も重要であろうと思われる。標津町では修学旅行などを積極的に誘致し，体験学習を推進している。こうした取り組みも「安全・安心」を高める効果があるだろう。

（古林英一）

注
(1) 漁業経済学会は，2003年開催の第50回大会において「水産物の流通と安心・安全—消費者に軸足を置いた流通システムの構築について」というテーマでシンポジウムを開催した（このシンポジウムについては『漁業経済研究』第48巻2号を参照されたい）が，その後，ほとんどこの分野における業績は蓄積されていない。
(2) 厚生労働省のウェブサイトに掲載されている「自然毒のリスクプロファイル」には「食中毒に関与する動物性自然毒はすべて魚貝類由来であると考えてよい」とあり，

(3) フグ毒をはじめ，シガテラ毒魚（オニカマスなど），貝毒などいくつかの魚介毒が示されている。
(3) 海老澤（2005）3頁。
(4) わが国で問題となる魚介類由来有害寄生虫については，良永（1998）。
(5) 南方海域で漁獲されるドクサバフグは無毒で安価なサバフグに形状がよく似ており，これが市場に流通し問題になったことがある。
(6) 大村・福代（2012）24頁。
(7) 東京都市場衛生検査所「平成22年度業務報告概要」。
(8) カキについては，酒井（2003）に詳しい。
(9) 大村・福代（2012）27-28頁。
(10) 「我が国のリスク管理措置について」（http://www.maff.go.jp/j/syouan/tikusui/gyokai/g_kenko/busitu/02g_kanri_soti.html）。
(11) 厚生労働省薬事・食品衛生審議会食品衛生分科会乳肉水産食品部会「妊婦への魚介類の摂食と水銀に関する注意事項」2010年6月1日改訂。
(12) 雨宮（2009）。
(13) 摂取許容量や暫定規制値そのものの妥当性もあろうが，筆者がここではその議論に立ち入る用意はない。
(14) 末永（2010）35頁。
(15) 末永（2010）35頁。
(16) 水産庁（2007）。
(17) http://www.maff.go.jp/j/syouan/tikusui/GAP.html に掲載。
(18) 「手引き」4-5頁。
(19) 同NPOのウエブサイトに掲載。
(20) この通知は流通業界からの強い要請によるところが大きいともいわれる。
(21) 沿岸性魚種とは，回遊性魚種以外の魚種をいい，回遊性魚種は，ネズミザメ，ヨシキリザメ，アオザメ，いわし類，サケ・マス類，サンマ，ブリ，マアジ，カジキ類，サバ類，カツオ，マグロ類，スルメイカ，ヤリイカ，アカイカである。
(22) 標津町の地域HACCPについては金田・熊谷（2011）に詳しい。
(23) 金田・熊谷（2011）7頁。
(24) 金田・熊谷（2011）37頁。
(25) 金田・熊谷（2011）38頁。
(26) 神里（2012）14頁。

参考文献

雨宮敬ら（2009）「魚介類中のPCB含有量実態調査」『東京都健康安全研究センター研究年報』第60号。
海老澤元宏（2005）『厚生労働科学研究班による食物アレルギーの診療の手引き』。
大村卓朗・福代康夫（2012）「海産微細藻類による各種被害とその研究動向」『水産振興』

第529号。

金田照男・熊谷純郎（2011）「水産業を核とした標津町の地域づくり」『水産振興』第518号。

神里達博（2012）「食の安心を取り戻すために，いま何をすべきか」NHK 取材班『食の安心何をどう守るか』NHK 出版。

酒井純（2003）「宮城県産カキのトレーサビリティシステム」『漁業経済研究』第48巻第2号。

水産庁（2007）「魚介類の名称のガイドラインについて」。

末永芳美（2010）「水産物の名称表示」『水産振興』第512号。

八竹照夫（1987）『恐るべき養殖漁 奇形魚はなぜ発生するか?!』合同出版。

良永知義（1998）「寄生虫とのつきあいかた―漁介類の寄生虫と食品衛生―」『中央水研ニュース』No. 19。

大分県漁協佐賀関支店
　＜http://www.sekiajisekisaba.or.jp＞

農水省「我が国のリスク管理措置について」
　＜http://www.maff.go.jp/j/syouan/tikusui/gyokai/g_kenko/busitu/02g_kanri_soti.html＞

農水省「養殖生産工程管理手法について」
　＜http://www.maff.go.jp/j/syouan/tikusui/GAP.html＞

第6章

加工食品の安全問題

1 はじめに―本章の課題―

　国民の生活様式の変化や食生活の変化にともない，加工食品はわが国の食料消費において重要な位置を占めるようになってきている。それとともに，加工食品をめぐる安全性問題も，これまで繰り返し社会問題として取り上げられてきた。

　例えば，脱脂加工をした大豆や粉乳への細菌の混入が引き起こす食中毒は戦後しばしば発生した[1]。サルモネラ属菌，黄色ブドウ球菌，カンピロバクター属菌，腸炎ビブリオ，ボツリヌス菌等の細菌を原因とする加工食品（仕出し弁当等も含む）の食中毒は，現在に至るまで数限りなく発生している。近年の細菌による食中毒では，1990年代以降腸管出血性大腸菌O157による被害が社会的にも大きな問題となった。細菌を原因とする食中毒事件は，加工食品に限った問題ではないが，食肉や卵加工品，魚肉練り製品，漬物（特に浅漬け），仕出し弁当等，加工食品を媒体とする場合が多い。

　その他加工食品の安全性問題として社会的な影響の大きかったものとしては，1955年に発生した森永ヒ素ミルク中毒が挙げられる。1956年2月に厚生省（当時）が発表した統計によれば，中毒者数1万2159名，死者131名の大事件となった[2]。その後も，1960年代の即席めんの油脂の酸敗による食中毒事件，飲料への有害物質混入[3]から，2008年の中国産冷凍餃子の有機リン系農薬混入事件まで，加工食品への有害物質混入問題も数多く発生している。

　一方，安全性とは別に，偽装表示等，食品の信頼性についての問題も，加

工食品市場において多数発生している。「不当景品類及び不当表示防止法」成立のきっかけとなったと言われている1960年の偽牛缶事件[4]や，近年では特に2007年以降頻発している食肉加工業者による偽装表示や，製菓会社等による製造日や消費・賞味期限の不正表示等がある。こうした食品表示問題は，安全性問題とはまた別の問題として，加工食品に対する消費者の信頼を大きく後退させつつあるといえよう。

　一般的に，加工食品が消費者の手に届くまでの過程は，他の生鮮食品の流通過程以上に様々な人の手の加わる工程が多い。また，その工程に関わる主体は，個人から組織まで多様となっている。本章では，そうした加工食品そのもの，また加工食品産業の特徴を整理した上で，現時点における加工食品の安全性を担保する仕組みの現状と課題について検討していく。

2　加工食品とは何か

2-1　加工食品の定義

　そもそも，加工食品とは何か。加工食品とは，一般的には生鮮食品等原料となる食品に対して，何らかの加工が加えられた食品として理解することができるが，その統一的な定義は厳密にはなされていないのが現状である。

　加工食品の安全性や表示と深く関わるわが国の法制度には，「食品安全基本法」，「食品衛生法」，「農林物資の規格化及び品質表示の適正化に関する法律（以下，JAS法）」がある[5]。「食品安全基本法」は，その対象を「食品」と一括し，特に加工食品を他の生鮮食品等と区別して言及していない。そのため加工食品の定義という意味では従来からの後二者の関わりがより深いが，「食品衛生法」においては，加工食品と生鮮食品の明確な定義はなされていない。「JAS法」においては，関連する農林水産省告示「加工食品品質表示基準」（最終改正平成21年4月9日農林水産省告示第487号）の中で，図表6-1に示した具体的食品を，加工食品品質表示基準の対象という形で挙げられており，これが結果的に「加工食品」と定義された食品群となっている[6]。

　また，原料となる生鮮食品に何らかの手を加えるという過程を示す「製

図表6-1　JAS法における「加工食品品質表示基準」の対象となる食品

分類	具体的食品
1 麦類	精麦
2 粉類	米粉，小麦粉，雑穀粉，豆粉，いも粉，調製穀粉，その他の粉類
3 でん粉	小麦でん粉，とうもろこしでん粉，甘しょでん粉，馬鈴しょでん粉，タピオカでん粉，サゴでん粉，その他のでん粉
4 野菜加工品	野菜缶・瓶詰，トマト加工品，きのこ類加工品，塩蔵野菜（漬物を除く。），野菜漬物，野菜冷凍食品，乾燥野菜，野菜つくだ煮，その他の野菜加工品
5 果実加工品	果実缶・瓶詰，ジャム・マーマレード及び果実バター，果実漬物，乾燥果実，果実冷凍食品，その他の果実加工品
6 茶，コーヒー及びココアの調製品	茶，コーヒー製品，ココア製品
7 香辛料	ブラックペッパー，ホワイトペッパー，レッドペッパー，シナモン（桂皮），クローブ（丁子），ナツメグ（肉ずく），サフラン，ローレル（月桂葉），パプリカ，オールスパイス（百味こしょう），さんしょう，カレー粉，からし粉，わさび粉，しょうが，その他の香辛料
8 めん・パン類	めん類，パン類
9 穀類加工品	アルファー化穀類，米加工品，オートミール，パン粉，ふ，麦茶，その他の穀類加工品
10 菓子類	ビスケット類，焼き菓子，米菓，油菓子，和生菓子，洋生菓子，半生菓子，和干菓子，キャンデー類，チョコレート類，チューインガム，砂糖漬菓子，スナック菓子，冷菓，その他の菓子類
11 豆類の調製品	あん，煮豆，豆腐・油揚げ類，ゆば，凍り豆腐，納豆，きなこ，ピーナッツ製品，いり豆類，その他の豆類の調製品
12 砂糖類	砂糖，糖みつ，糖類
13 その他の農産加工品	こんにゃく，その他1から12に掲げるものに分類されない農産加工食品
14 食肉製品	加工食肉製品，鳥獣肉の缶・瓶詰，加工鳥獣肉冷凍食品，その他の食肉製品
15 酪農製品	牛乳，加工乳，乳飲料，練乳及び濃縮乳，粉乳，はっ酵乳及び乳酸菌飲料，バター，チーズ，アイスクリーム類，その他の酪農製品
16 加工卵製品	鶏卵の加工製品，その他の加工卵製品
17 その他の畜産加工品	はちみつ，その他14から16に分類されない畜産加工食品
18 加工魚介類	素干魚介類，塩干魚介類，煮干魚介類，塩蔵魚介類，缶詰魚介類，加工水産物冷凍食品，練り製品，その他の加工魚介類
19 加工海藻類	こんぶ，こんぶ加工品，干のり，のり加工品，干わかめ類，干ひじき，干あらめ，寒天，その他の加工海藻類
20 その他の水産加工食品	その他18及び19に分類されない水産加工食品
21 調味料及びスープ	食塩，みそ，しょうゆ，ソース，食酢，うま味調味料，調味料関連製品，スープ，その他の調味料及びスープ
22 食用油脂	食用植物油脂，食用動物油脂，食用加工油脂
23 調理食品	調理冷凍食品，チルド食品，レトルトパウチ食品，弁当，そうざい，その他の調理食品
24 その他の加工食品	イースト及びふくらし粉，植物性たん白及び調味植物性たん白，麦芽及び麦芽抽出物並びに麦芽シロップ，粉末ジュース，その他21から23に分類されない加工食品
25 飲料等	飲料水，清涼飲料，氷，その他の飲料

（資料）農林水産省告示「加工食品品質表示基準」別表1（第2条関係）。

造」と「加工」という用語は，上記の法律でいずれもほぼ並列表記される形で使用されている。食品の製造と加工を特に区別する場合は，「食品衛生法」では，「食品衛生法の一部を改正する法律などの施行について」(昭和32年9月18日付発衛第413号の2)という通知の中で，製造が「ある物に工作を加えて，その本質を変化させ，別の物を作り出すこと」とされているのに対し，加工とは「ある物に工作を加える点では製造と同様であるが，その物の本質を変えないで形態だけを変化させること」としている。JAS法においては，農林水産省告示「加工食品品質表示基準」に関するQ&Aの中で，「一般的には，①"製造"とは，その原料として使用したものとは本質的に異なる新たな物を作り出すこと。②"加工"とは，あるものを材料としてその本質は保持させつつ，新しい属性を付加すること」としている。いずれも，素材の「本質は変えない」というところでは一致しているが，「形態の変化」「属性の付加」という表現をどのようにとらえるかという点，また両法律の目的の違い[7]によって，実際にはこの二つの法律の間において，同一の食品が一方では加工食品とされ，他方ではされないという矛盾が生じている。例えば，食品衛生法では，容器包装に入れられた食肉や生かきは，即席めん類や弁当等と同様の表示が求められており，加工食品的な扱いがなされているが[8]，これらはJAS法では生鮮食品に該当する。反対に食品衛生法では特に言及がないが，JAS法では「加工食品」とされるものとして，「塩干・塩蔵魚介類」「乾燥した野菜・果実・魚介類又は海藻類」がある。

　本章においては，食品衛生法及びJAS法が対象とする「加工食品」の両方を含む広義の加工食品を対象とする。

2－2　加工食品の消費拡大の背景と商品特性

　加工食品の消費支出額は，戦後1970年代までに急増し，その後横ばいで推移し，1990年代後半以降は若干減少傾向にある（図表6－2）。しかし，これは食料への支出全体が減少しているためであり，食料消費支出に占める加工食品支出の割合は，年々増加している。中でも，調理食品への支出は金額的にも，割合的にも増大している。

　加工食品の消費が食料支出の中で重要な位置を占めるようになった主な背

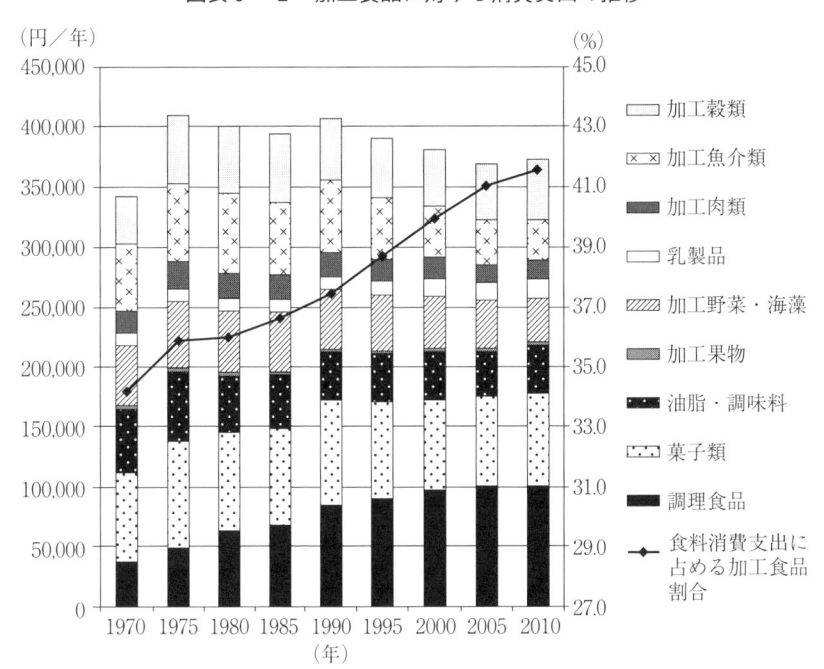

図表6－2　加工食品に対する消費支出の推移

(注) 2010年＝100とする消費者物価指数（総合）でデフレートした値。
(資料) 総務省「家計調査年報」各年。

景として，第1に女性の社会進出や都市的生活様式の拡大（住居や通勤形態），第2に核家族化や少子高齢化等による家族規模の縮小が共食機会を減少させ，「孤食」や「個食」等の食事形態が広まったこと，第3に冷蔵庫や電子レンジ等台所家電製品の技術進化，第4に加工食品を生産する産業（食品加工業）そのものの成長等が挙げられる。

特に，第1の背景によって高まった食生活における調理労働の簡便化ニーズは，下処理や下ごしらえの手間を省略することのできる食品市場を拡大させた。また，核家族化や住居環境の変化により，従来は家庭内で作られてきた味噌，漬物等の伝統的加工食品を小売店で購入することも一般化してきた。これらはいずれも家庭での調理労働が外部化された形態での加工食品の商品化を加速させている。さらに，そうした生活様式の変化は，従来の最寄

店での多頻度少量購入から，郊外の量販店におけるまとめ買いへと，消費者の食品購買行動をも変化させた。週末等にまとめ買いした食品を例えば1週間にわたり使用していくため，家庭の冷蔵庫等である程度の保存がきく食品の需要が高まる。加工食品はそうした需要に応えることが可能な食品であるといえる。第2の背景についても同様である。消費者の生活時間と嗜好の多様化，特に家庭内においても家族構成員それぞれが異なる生活時間の中で行う食事や調理労働を，効率的かつ個々の多様な嗜好に準じた形で行うことを可能にした食品が加工食品である。そして，第3，第4の背景は，そうした加工食品の普及を技術的に後押ししてきたのである。

　一方，近年特にデフレ経済に転じた1990年代以降に特徴的な背景として，消費者の低価格志向と食品価格の全般的な低下，またそれに対応した供給側の低コスト化競争が挙げられる。加工食品産業も同様に，原料の海外調達，加工過程の海外移転や委託により，低コスト化を進め，加工食品市場の価格競争も激しくなっている。その結果，図表6－3に示すように，1970年には，食料支出に占める加工食品支出割合の所得層による大きな差異はみられなかったが，1980年以降，所得の低い階層における加工食品支出割合の伸び

図表6－3　所得階層別食料支出に占める加工食品支出割合の推移

(％)

	1970年	1980年	1990年	2000年	2010年
所得階層Ⅰ	31.0	34.8	37.5	40.4	42.4
所得階層Ⅱ	29.9	35.0	37.4	37.7	41.2
所得階層Ⅲ	31.1	34.4	36.2	38.3	40.8
所得階層Ⅳ	30.9	33.8	36.0	38.5	39.9
所得階層Ⅴ	30.1	32.5	35.0	37.5	38.3
平　　均	30.8	34.0	36.4	38.3	40.3

(注)　1．所得階層を決定する所得は年によって異なっている。ここでは実際の所得額別の推移ではなく階層別の推移をみている。
　　　2．所得階層はⅠが最も所得が低い階層，Ⅴが最も所得が高い階層である。
(資料)　総務省「家計調査年報」各年。

が，所得の高い階層のそれを大きく上回る傾向が表れている。

2－3　加工食品市場と食品製造・加工業

2010年度の食品製造業の製造品出荷額は28兆7千億円で，ここ数年は縮小傾向にある[9]。その内訳は，4兆3千億円が素材型（調味料，精穀・製粉等），18兆1千億円が加工型（青果・畜産・水産加工品，パン・菓子製造等），残りが飲料・酒類となっている。企業数でみると，大企業187社（0.7％），中小企業2万8447社（99.3％）の合計2万8634社となっており，業界全体としての特徴は中小企業が多い点が挙げられる（2010年）[10]。

一方で，加工度の比較的高い品目では，少数の大規模食品製造・加工企業が市場シェアの大部分を占める寡占市場であることが多い。例えば，ビールやカレールウは，上位3社が市場シェアのそれぞれ91.6％，91.5％を占めている（1990～2010年平均）[11]。マヨネーズ，インスタント・コーヒー，魚肉ハム・ソーセージ，トマトケチャップ，食パン，即席カップめん，バター等も，上位3社が市場シェアの70％以上を占める寡占市場となっている。

2－4　小括

以上みてきたように，今日，加工食品はその商品種類において，加工度の低い伝統的な保存食品や素材型加工食品，多様な消費者嗜好に対応した付加価値型加工食品，低コスト化を追求した価格訴求型加工食品等，多様な商品が混在している。そして，その安全性等に責任を持つ制度においても，複数の法制度が併存し，それらを順守する供給業者の性格も，大多数の小規模加工業者と少数の寡占的な大規模加工業者が併存する等，加工食品種類によって一様ではないことが分かる。わが国においては，次節で述べる加工食品の安全性担保のための仕組みが構築されているにもかかわらず，消費者の信頼を損なう事故や事件が生じる一因として，こうした市場の特徴が影響していることを理解しておく必要があるだろう。

3 日本における加工食品の安全性の担保

3-1 加工食品の安全性と危害要因

　加工食品の安全性担保の仕組みも，基本的には他の食品と同様である。現在のわが国の食品安全行政においては，リスク評価，リスク管理，リスクコミュニケーションによるリスク分析に基づき，健康への悪影響を未然に防ぐ，または許容できる範囲に抑えるというものである。

　先にみたように，加工食品は，簡便性や保存性といった商品特性を有している。原料農水産物にそうした商品特性を付加するため，形成や調味，化学合成物質等の添加，特殊な包装等が施されている。したがって，加工食品の安全性を担保するには，大別して以下の二つの安全性を議論する必要がある。

　まず第1に，加工過程において原料農水産物に意図的に添加される物質や意図せず混入する物質そのものの安全性である。これについては，細菌，かび，ウイスル等の生物的要因と，食品添加物等の化学的要因といった危害要因についてのリスク評価が安全性担保のための仕組みとなる。第2の点は，加工や流通過程の衛生状況等に関わる安全性である。食品の加工や保存の過程で，第1の点における危害要因が問題を発生させる確率や，その他の物質の混入可能性といった物理的要因についてのリスク評価がこの点に関わっている。

　以下では，第1の点については食品添加物の規制，第2の点についてはHACCPを例に，今日わが国でとられている加工食品の安全性を担保する仕組みについて検証していく。

3-2 加工食品に関するリスク評価—食品添加物を例に—

　加工食品の安全性への危害要因の一つとして，食品添加物（以下，添加物）がある。添加物は，消費者の食品の安全性についての不安要因としてもしばしば上位に挙げられる一方，過剰に摂取すれば塩や砂糖等一般の食品であっても人体に与える悪影響は避けられないので，添加物だけを不安視する

のは間違っているとする意見もある。ここでその正否を議論するつもりはないが，どんな物質も完全に安全であるということができないことと，現代社会においては添加物なしで国民全体食生活が成り立っていくことはよほど大きなパラダイム転換がない限り困難であるという2点に，疑いをはさむ余地はないであろう。そのため，重要なのはその適切な取扱いである。

わが国における添加物の規制はすでに明治時代に始まっており[12]，食品衛生に関わる規制としての歴史も古いが，以下では，現在行われている加工食品のリスク評価について，食品添加物関連を中心に具体的に検討していく。

3-2-1 添加物の種類

添加物は，「食品の製造の過程において又は食品の加工若しくは保存の目的で，食品に添加，混和，浸潤その他の方法によって使用する物」と定義されている（食品衛生法第4条2項）。わが国で使用が認められている添加物の種類には，指定添加物，既存添加物，天然香料，一般飲食物添加物がある。

指定添加物は，食品衛生法第10条に基づき厚生労働大臣が定めた添加物で，436種類ある（2013年8月時点）。これらが，いわゆるポジティブ・リストである。ポジティブ・リスト制とは，添加物の使用を原則禁止とし，安全性を確認したもののみ使用を認めるという仕組みであり，わが国では欧米諸国に先駆けて，1947年の食品衛生法制定時に採用された。従来は化学合成された添加物のみが対象であったが，1995年の食品衛生法改定以降，化学合成された添加物に加え，天然の添加物も合わせてこの指定の対象となった。既存添加物とは，1995年の食品衛生法改定の際，その時点までに国内で利用実績があり広く流通していた天然添加物をひとまとめにして規制対象に指定したものである。当時は，489種類の添加物が既存添加物として食品衛生法第10条の対象となった。その後，食品安全委員会の健康影響評価の中で安全性への疑義や使用実績のないもの等が削除され，2012年10月現在，「既存添加物名簿」に挙げられている既存添加物の数は365種類となっている。

天然香料は，動植物から得られた物又はその混合物で，食品の着香の目的で使用される添加物である（食品衛生法第4条3項）。本来であれば1995年

の食品衛生法改定時に他の天然添加物と同様，既存添加物として指定添加物となる予定であった。しかし，日本食品添加物協会からの要望により，指定制度からは除外されて今日に至っている。一般飲食物添加物は，通常それのみでも飲食に供されるもので，添加物としても利用されるものである。食物としての安全性が確保されているという前提のため，これも指定制度からは除外されている。

　これらの添加物を使用目的別にみてみると，①腐敗変質を防止し，保存性を高めるもの（保存料，酸化防止剤等），②見た目の調整をするもの（着色料，発色剤等），③味や食感等を調整するもの（甘味料，増粘剤，香料等），④栄養等を強化するもの（ビタミン類，ミネラル，アミノ酸類等），⑤食品の製造や加工に必要なもの（乳化剤，膨張剤，消泡剤，豆腐用凝固剤等）の5つに大別することができる。

3－2－2　添加物のリスク評価

　ポジティブ・リスト制は，原則安全性の確認された添加物のみその使用が可能となる制度である。そのため，新たな添加物はリスク評価を受ける必要がある。リスク評価と使用基準設定の過程は図表6－4のとおりである。

　リスク評価を担うのは食品安全委員会である。厚生労働省等リスク管理機関からリスク評価の要請を受けた食品安全委員会は，該当する添加物の化学的，物理的特徴，体内蓄積性の程度等を調べると同時に，複数の動物試験によって無毒性量（NOAEL：No Observed Adverse Effect Level）を推定する。無毒性量とは，ある物質について何段階かの異なる投与量を用いて毒性実験を行ったとき，有害影響が認められなかった最大の投与量である[13]。その際，動物実験だけでなく，ヒトにおける適切な臨床試験，疫学データ等があれば「ヒトにおける知見」として活用する。

　次に，各試験の無毒性量のうちもっとも低い値を安全係数（SF：Safety Factor）で除して，1日摂取許容量（ADI：Acceptable Daily Intake）を設定する。1日摂取許容量とは，ヒトがある物質を毎日一生涯にわたって摂取し続けても，現在の科学的知見からみて健康への悪影響がないと推定される1日当たりの摂取量である[14]。また，安全係数は，種差（10）や個体差（10）を考慮し，10×10＝100を基本としている。ただし，固定化されたもの

ではなく，①情報が不十分な場合や評価対象添加物が重篤な毒性[15]を示す場合，及び②無毒性量の代わりに最小毒性量（LOAEL：Lowest Observed Adverse Effect Level）[16]を用いる場合においては，それぞれの要因に対して，追加の安全係数1～10を用いることが指針として挙げられている。併せて，日本人が該当添加物をどの程度摂取する可能性があるか推計する。その計算は，原則として，国民健康・栄養調査等に基づき，体重50kgの人の使用対象食品の1日摂取量に添加物の使用量を乗じて求める。これをADIと

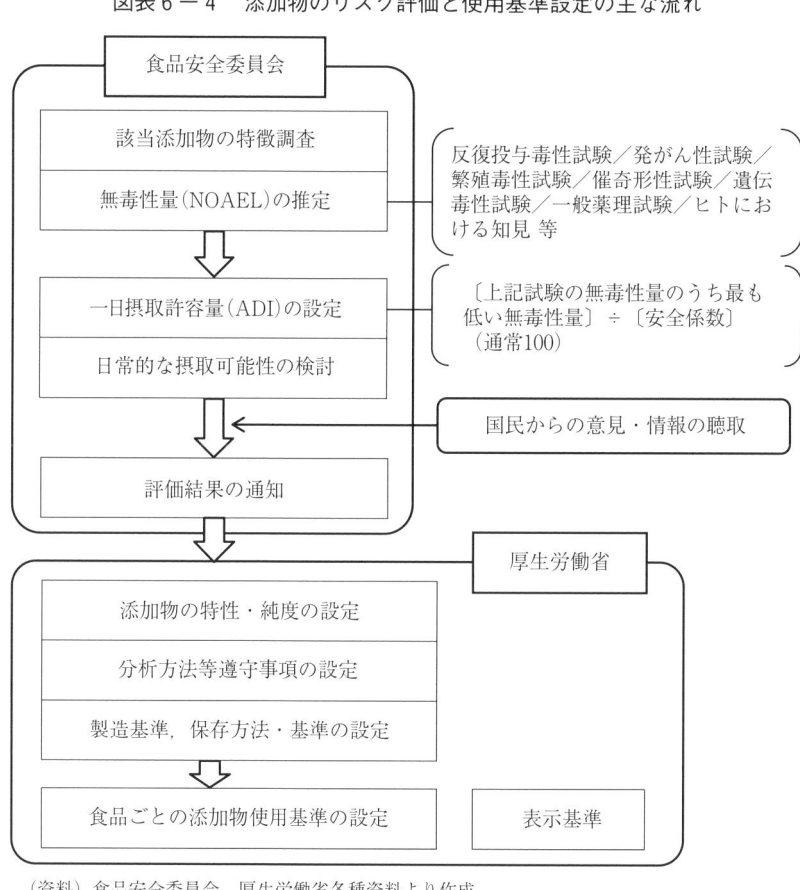

図表6－4　添加物のリスク評価と使用基準設定の主な流れ

食品安全委員会
- 該当添加物の特徴調査
- 無毒性量（NOAEL）の推定
  - 反復投与毒性試験／発がん性試験／繁殖毒性試験／催奇形性試験／遺伝毒性試験／一般薬理試験／ヒトにおける知見 等
- 一日摂取許容量（ADI）の設定
- 日常的な摂取可能性の検討
  - 〔上記試験の無毒性量のうち最も低い無毒性量〕÷〔安全係数〕（通常100）
- 評価結果の通知
  - 国民からの意見・情報の聴取

厚生労働省
- 添加物の特性・純度の設定
- 分析方法等遵守事項の設定
- 製造基準，保存方法・基準の設定
- 食品ごとの添加物使用基準の設定
- 表示基準

（資料）食品安全委員会，厚生労働省各種資料より作成。

比較し，検討する。

　以上の結果を基にした食品安全委員会の意見に対して，国民からの意見・情報の聴取や意見交換会を行った上で，委員会が評価書を取りまとめ，厚生労働大臣に通知する。通知をふまえ，厚生労働省では，ADIを超えない範囲での食品ごとの添加物使用基準を設定する。その際，該当添加物の特性や製造・使用に関する各種基準も設定し，販売に際しては表示基準に照らした適正な表示を行うことが求められている。

　添加物のリスク評価については，SFが信頼できる係数なのか，複数の添加物を長期間摂取し続けた場合の影響は考慮されているのか等の不安が常に付きまとっている。これについての消費者意識との関係は後述するが，食品安全行政全体の流れとしては，1995年の食品衛生法改定によって，既存添加物リストの一括指定のように，かつては国際的整合性を意識し規制緩和の動きを示した。しかし，それ以後相次いだ，国内でのBSE発生，O157食中毒事件，低脂肪乳による集団食中毒事件等を受けた消費者の食品安全への関心の高まりを背景に，規制強化や管理制度を拡充する傾向にある。

3－3　食品の製造・加工工程における安全性担保—HACCPを例に—
3-3-1　HACCPとは

　HACCP（Hazard Analysis Critical Control Point）とは，食品の原料の受け入れから製造・出荷までのすべての工程において，危害の発生を防止するための重要ポイントを継続的に監視・記録する衛生管理手法である[17]。従来，また現在でも多くの食品製造・加工業者においては，加工食品の安全性を，工場出荷される最終製品の抜取検査とその検査結果をふまえての出荷というかたちで保証してきた。そのため，安全性を高めるためには検査サンプルを増やす等のコストが必要であり，またサンプルを増やしてもそれがサンプル以外の安全性を絶対的に保証するものではないという問題があった。これに対しHACCPは，工程の重要な管理ポイントの監視を通じ，最終製品ではなく工程管理によって全体の安全性を効率よく確保するというシステムである。

　わが国においては，総合衛生管理製造過程承認制度がHACCPの考え方

を取り入れた食品衛生管理制度として1996年に成立した。この制度は，事業者がHACCPシステムの考え方に基づいて自ら設定した食品の製造又は加工の方法及びその衛生管理の方法について，厚生労働大臣が承認基準に適合することを個別に確認するものである[18]。現在，乳，乳製品，清涼飲料水，食肉製品，魚肉練り製品，容器包装詰加圧加熱殺菌食品（レトルト食品，缶詰・瓶詰食品）を製造する768施設が承認を受けている[19]。

　HACCP導入を推進するその他の政策として，施設整備への金融・税制措置による支援を規定した「食品の製造過程の管理の高度化に関する臨時措置法（略称，HACCP手法支援法）」（1998年時限立法，以後延長）や，中小規模事業者へのHACCPやHACCPの前提となる一般的衛生管理導入促進等を支援する農水省の補助金事業「食品産業品質管理・信頼性向上推進事業」等があり，中小から大規模事業者まで食品産業全体へのHACCP導入による食品衛生管理の向上が期待されている。

3-3-2　HACCPの問題点

　しかしながら，厚生労働省が2008年に行った「食品の高度衛生管理手法に関する実態調査について／Ⅱ国内におけるHACCP手法等の導入状況に係

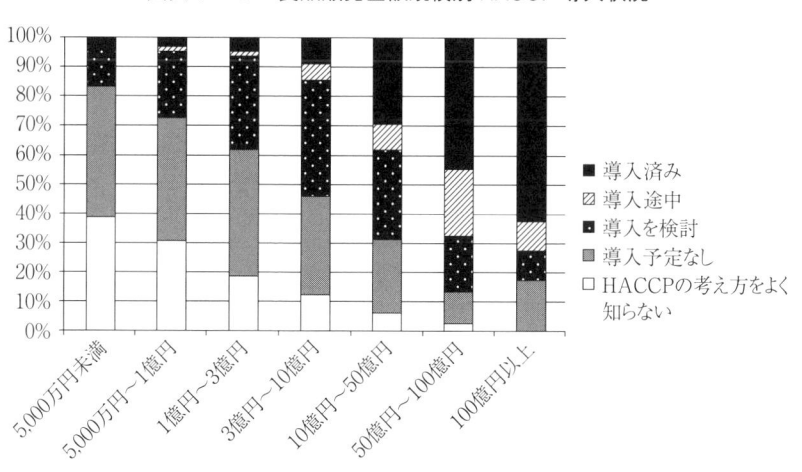

図表6-5　食品販売金額規模別HACCP導入状況

凡例：■導入済み　☒導入途中　●導入を検討　▨導入予定なし　□HACCPの考え方をよく知らない

横軸：5,000万円未満／5,000万円〜1億円／1億円〜3億円／3億円〜10億円／10億円〜50億円／50億円〜100億円／100億円以上

（資料）農林水産省「平成18年度食品産業動向調査報告—HACCP手法による食の安全性確保対策の実態」より作成。

る調査」[20]報告書によると，調査対象となった食品製造・加工業者のうち「すべての工場でHACCPを導入している」と回答したのは6.4％であった。「一部の工場で導入している」「まだ導入していないが導入途中の工場がある」を合わせても，導入している事業者は16.1％と，2割に満たないという結果が出ている。反対に，「導入する予定はない」が47.9％，「HACCP手法の考え方をよく知らない」が15.1％と，現段階ではHACCPが広く普及しているとは言い難い状況であることが分かる。

　農林水産省が行った「平成18年度食品産業動向調査報告―HACCP手法による食の安全性確保対策の実態」の調査報告からは，HACCPに対する意識は事業規模によって大きな差があることが読み取れる（図表6－6）。

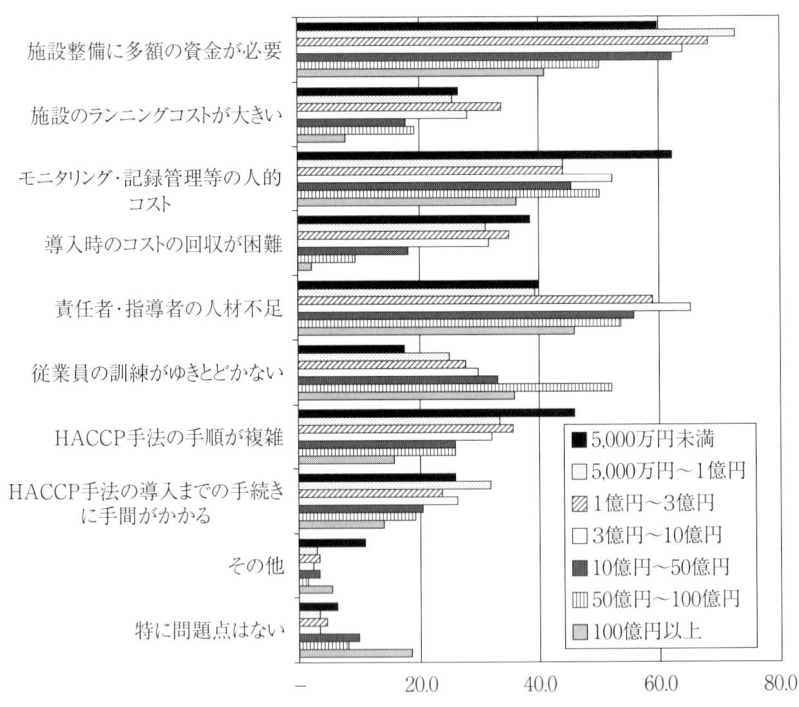

図6－6　売上規模別にみたHACCP手法導入時の問題点

（資料）農林水産省「平成18年度食品産業動向調査報告―HACCP手法による食の安全性確保対策の実態」より作成。

先の厚生労働省の調査報告で，導入済みまたはこれから導入すると回答した事業者に対して，HACCP導入時の問題点をたずねたところ，「施設整備に多額の初期投資が必要」(60.8％)，「責任者・指導者の人材不足」(56.7％)，「モニタリング・記録管理等の人的コストが高い」(49.5％)，従業員の訓練が行き届かない」(43.8％)等の回答が上位を占めた。

　農林水産省の調査結果で販売額規模別に問題点をみると，小規模事業者は設備投資，人的コスト，ランニングコスト，コスト回収等資金面での問題が大きい。大規模事業者では，人材不足，従業員の訓練等人的資源の問題が大きいことが分かる（図表6－6）。

　以上みてきたように，HACCPが加工食品の安全性確保にとって効率的な手法の一つであるにもかかわらず，その導入は資金や人的資源の問題でなかなか広がっていかない傾向にある。特に事業者数で99％以上を占める中小規模の事業者へは，HACCPの導入だけでなくその考え方自体の啓発が今後も必要であろう。

4. 消費者の食生活と加工食品の安全性問題

　わが国の多くの消費者の食生活の中で，加工食品はすでに欠かせない食品となっている。また，これまでみてきたように，近年わが国においては，加工食品に関わる危害要因そのものに対しても，製造・加工工程においても，安全性を評価，管理する制度の拡充が進められている。しかし，スーパーマーケットでソーセージ等を手にとるとき，そこに記載された「香辛料」「調味料（アミノ酸）」「リン酸塩（Na）」「保存料（ソルビン酸）」「酸化防止剤（ビタミンC）」「発色剤（亜硝酸Na）」等の表示に対して，何らかの不安を感じる消費者も多いと思われる。ここでは，加工食品の安全性問題と私たちの食生活の関わりについてみていきたい。

4－1　加工食品に対する不安と食生活

　食品安全委員会が行っている食品安全モニターを対象とした「食品の安全性に関する意識等」についての中で，特に加工食品に関わる不安要因につい

図表6－7　食品の安全性の観点から感じている不安の程度

(注)　1．各年の回答者数は，456（2004年），469（2005年），448（2006年），438（2007年），405（2008年），406（2009年），401（2010年），388（2011年第1回），346（2001年第2回），344（2012年）。
　　　2．「非常に不安である」「ある程度不安である」と回答した割合の合計。
(資料)　食品安全委員会「食品安全モニター調査」より作成。

ての意向をみてみると（図表6－7），「有害微生物による食中毒」については従来から8割の消費者が何らかの不安をもっており，その割合に大きな変化はない。一方，2004年には8割近い消費者が不安を感じていた「食品添加物」については，その割合は減少傾向にある。

図表6－7の問いで，添加物について何らかの不安を感じているとする回答者に不安の理由についてたずねた問いでは，過去3年「安全性についての科学的な根拠に疑問」が増加し，「行政による規制が不十分」が減少している（図表6－8）。不安を感じるとする回答者数自体が2009年から2010年にかけて減少していることから，「安全性についての科学的な根拠」を信頼で

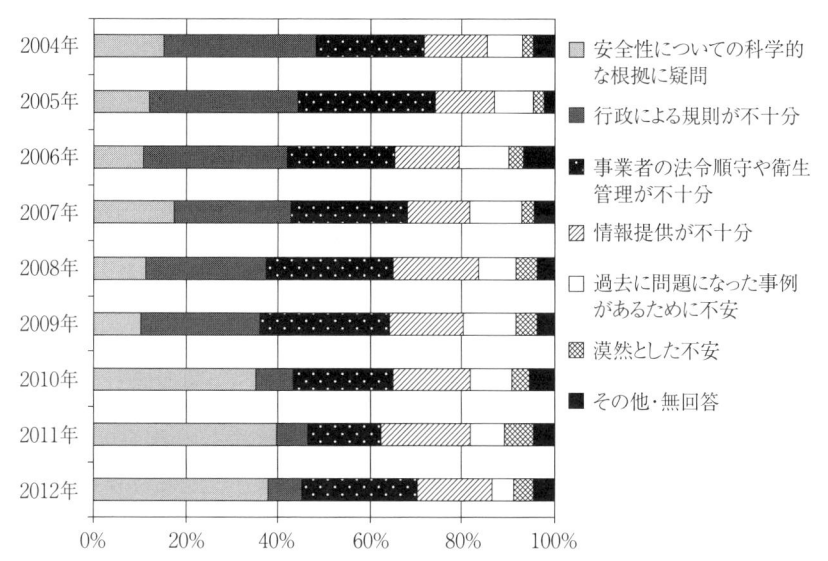

図表 6 − 8　添加物に不安を感じている理由

凡例:
- 安全性についての科学的な根拠に疑問
- 行政による規則が不十分
- 事業者の法令順守や衛生管理が不十分
- 情報提供が不十分
- 過去に問題になった事例があるために不安
- 漠然とした不安
- その他・無回答

（注）1．各年の回答者数は，348（2004年），340（2005年），335（2006年），295（2007年），233（2008年），254（2009年），240（2010年），193（2011年），185（2012年）。
　　　2．「情報影響が不十分」の2010年以降については，「行政からの情報提供が不十分」と「事業者からの情報提供が不十分」の合計。
（資料）食品安全委員会「食品安全モニター調査」より作成。

きない層が「添加物について安全性の観点から不安を感じる」層の中心にあると考えることができる。

　一方，有害微生物による食中毒等についての同様の問いでは，「事業者の法令順守や衛生管理が不十分」が常時高い割合（30～40％）を占めている点と，近年「漠然とした不安」の割合が減少している（2004年：17.9％→2012年：9.6％）点が特徴的である。不安を感じる割合の高い食中毒に関しては，事業者にさらなる衛生管理の徹底を委ねるしかないことから，安全性への不安のもっとも大きな要因は事業者への不信があると考えられる。そのため，法令順守は事業者にとって当然の要件であり，さらに衛生管理の向上やHACCPの導入を小中規模の事業者も含め加工食品業界全体で取り組むことが必要であろう。HACCP導入に関しては，国による資金的，技術的サポートも国民の生活を守るために重要となってくるだろう。

加工食品の中には，本来であれば高価な食品を，他原料や添加物で安価にそれらしい食品に仕上げるコピー食品としての加工食品も従来から数多く存在している。さらに近年では，保存性の向上による需給の調整と広域流通への対応のため，また食品の美化や付加価値創出による消費者の需要喚起のために添加物を使用した加工食品が増加している。これらの食品は，単に供給側の都合によって増大しているとは言い切れず[21]，すでに述べた食生活の変化という需要側の都合も大きく影響していると考える。消費者が加工食品に対する自らの不安を軽減するためには，基本的に添加物等は現時点で得られている科学的知見に基づいた安全性が担保される仕組みの中で使用されていることを理解することと，その上で添加物に依存しない食生活を心がけることが必要である。

4－2　加工食品の表示問題と安全性

　不正期限表示や原料産地の偽装表示等，加工食品の表示問題の多くは安全性ではなく，供給側に対する信頼性を損なう問題である。そのため，本章の検討対象とはしなかった。しかしながら，偽装表示，不正表示が食品製造，加工に関わる事業者のモラルを低下させ，モラルの低下が製造・加工過程における衛生管理のずさんさにつながる企業風土を生む危険もある。また，偽装表示や不正表示を行う背景には，それによる不公正な企業利益の獲得という意図が必ず生じている。食品製造・加工事業者にとって，安全な食品の提供はもっとも基本的な使命である。したがって，企業利益の追求がそれを凌駕してしまうことは避けなければならない。

5　おわりに

　以上，加工食品の安全性を担保する仕組みとその課題について，加工食品そのものの役割や加工食品市場の特徴にも注目しながら検討してきた。その結果，わが国においては添加物のポジティブ制度制等古くから安全性確保のための関連制度を整備しており，近年ではさまざまな食品安全性問題の顕在化を契機に，安全性を担保する仕組みを拡充させてきていることが分かっ

た。

　しかし，それとは別に消費者の加工食品の安全性への不安は根強い。加工食品は，生鮮食品と同様そのものの体内への摂取という形で私たち消費者の健康に直接結びつく「食べもの」という商品である一方で，その製造過程や市場構造には工業製品的要素が含まれている。「加工」という行為が，「その物の本質を変えないで形態だけを変化させること」から，簡便性や保存性の高さといった形態変化による恩恵への偏重や，新たな形態によって「食べもの」であるという本質が覆い隠されてしまうことが，加工食品の安全性への不安の根源にある。加工食品に関連する事業者及び消費者が，ともにその本質を見据えながら，製造，流通，消費に関わっていくことが重要である。

（矢野　泉）

注
（1）　例えば，1948年の輸入脱脂大豆粉や1955年の雪印乳業の脱脂粉乳によるブドウ球菌食中毒等。山本（1982）等。
（2）　大井（1982）369頁。
（3）　1963年，関東，東北12県で発生したスズ入り缶ジュースによる食中毒や，輸入ワインへの有毒物質混入（1985年のオーストラリア産，1989年のチリ産等）が挙げられる。
（4）　大正から昭和期にかけて特に軍の携帯食料としても人気のあった大和煮の缶詰を一般的に「牛缶」と呼んだ。1960年に牛缶にハエが混入していたという訴えが東京都に寄せられ，都が調査したところ，原料は鯨肉で，製造業者も製造許可業者の名称を盗用したものであることが判明した。その後，東京都や神奈川県が市販の牛缶やコンビーフ缶等を検査したところ，牛肉100％のものはほぼないという結果となった。
（5）　ただし，「食品衛生法」「JAS法」のいずれも，近年しばしば改定が行われているため，本章での加工食品の定義や関係条文についても，2012年秋現在のものであることに留意されたい。
（6）　ただし，加工食品品質表示基準の対象となる加工食品には基本的に業務用加工食品は含まれていない。
（7）　食品衛生法の目的は，「食品の安全性の確保のために公衆衛生の見地から必要な規制その他の措置を講ずることにより，飲食に起因する衛生上の危害の発生を防止し，もって国民の健康の保護を図ること」であり，JAS法の目的は，「適正かつ合理的な農林物資の規格を制定し，これを普及させることによって，農林物資の品質

の改善，生産の合理化，取引の単純公正化及び使用又は消費の合理化を図るとともに，農林物資の品質に関する適正な表示を行なわせることによって一般消費者の選択に資し，もって農林物資の生産及び流通の円滑化，消費者の需要に即した農業生産等の振興並びに消費者の利益の保護に寄与すること」こととなっている。
(8) 「食品衛生法第十九条第一項の規定に基づく表示の基準に関する内閣府令」（平成二十三年八月三十一日内閣府令第四十五号）を第1条を参照。
(9) 経済産業省「工業統計」より算出。
(10) 食品加工業の戦後の発展過程や規模別の事業者数や生産性の推移等については，飯沢（2001）に詳しい。
(11) 公正取引委員会「生産・出荷集中度調査」より算出。
(12) 着色料については1900年（明治33年）に「有害性着色料取締規則（明治33年内務省令第17号）」が成立し，その後「人工甘味質取締規則（明治34年内務省令第31号）」等，人工甘味料や防腐剤等の規制が行われるようになった。これらの食品衛生に関連した法律は，1947年（昭和22年）の「食品衛生法」の施行によって廃止された。
(13) 食品安全委員会（2010）6頁。
(14) 食品安全委員会（2010）5頁。単位は mg／kg・体重／日。
(15) 「食品添加物の安全性評価の原則（IPCS, EHC70）」では，出生前発生毒性試験においてみられた不可逆的な作用，発がん性の所見がその例として挙げられている。食品安全委員会（2010）11頁。
(16) 有害影響が認められた最小の投与量。どこまで最小化しても毒性が残る閾値のない物質の場合に用いられる。また，同様の際にはベンチマーク・ドーズ(BMD：Benchmark Dose) を用いることもできる。食品安全委員会（2010）6頁，10-11頁。
(17) 厚生労働省による定義。
(18) 「総合衛生管理製造過程の承認とHACCPシステムについて（平成8年10月22日付衛食第262号・衛乳第240号）」。
(19) 厚生労働省ホームページ（2013年7月11日時点）。
(20) 厚生労働省医薬食品局食品安全部監視安全課が株式会社三菱総合研究所に委託して行った調査。全国の2960業者（食品製造・加工業1490，食品卸売業443，食品小売業449，食品輸入業442，その他136）を抽出し，1031業者から回答を得ている（回収率は約35％）。
(21) 光武（1985）では，着色料は食欲を増すような食品の美化（＝消費者の利益）のために使われてきたわけではなく，「誤魔化し食品」（＝企業の利益）のために使われてきたことを，歴史的経緯から批判的に指摘している。

参考文献
飯沢理一郎（2001）『農産加工業の展開構造』筑波書房。
大井玄（1982）「化学物質による食中毒」山本俊一編『日本食品衛生史（昭和後期編）』中

央法規出版。
経済産業省「工業統計」。
公正取引委員会「生産・出荷集中度調査」。
食品安全委員会（2010）「添加物に関する食品健康影響評価指針」。
食品安全委員会「食品安全モニター調査」。
総務省「家計調査年報」。
農林水産省「平成18年度食品産業動向調査報告」。
光武幸（1985）「我国における着色料取締りの歴史—歴史的経緯からみた着色料の存在意義—」『北海道大学大学院環境科学研究科邦文紀要』第1巻。
山本俊一編（1982）『日本食品衛生史（昭和後期編）』中央法規出版。

第7章

放射能と食の安全

1 はじめに

　食の安全確保と食品の安全確保は異なる概念である。「食」は個別の「食品」の集合によって構成されるが，個別の食品の安全が確保されていても，食全体の安全が確保されることにはならない。個別の食品の安全確保に加えて，食生活全体が質のみならず量についても確保され，それが国民の健康維持に有効な構成であるかなども問われる。

　本章では制度としては個別の食品の安全を中心に考えているために，食品として取り上げている部分が多いが，日本人の総合的な食のあり方を基本とする視点から放射能と食の安全の問題を考えるように努めた。

2 食品の安全確保の制度

　第2次大戦後のわが国の食品の安全は，1947年に制定公布された食品衛生法から始まる。その後も様々な食品の安全をめぐる事故・事件があり，その都度法律や制度が整備されてきた。長い間，法律や制度の根本には国民あるいは消費者を守るという視点はなかった。食品の安全をめぐる事故や事件は後をたたず，こうした状況は他の先進諸国でも同様であった。とくに1986年にイギリスから広がった牛海綿状脳症（BSE）が諸外国の食の安全確保に関して新たな考え方を導入するきっかけとなった。その根本は「食の安全は国民の健康の保護を最優先とする」である。この考え方に基づいて，EU諸国

などに遅れて，わが国でも2003年食品安全基本法が制定された。この新しい法律では，食品の安全に対する新たなリスク評価の手法が導入された。

現在わが国のみならず，広く諸外国で採用されている「リスク評価」という手法は「リスク分析」，「リスク管理」，「リスクコミュニケーション」の3要素から成り立っている。食品に生ずるリスクは科学的に評価（リスク分析）するのが食品安全委員会であり，これに基づいて厚生労働省，農林水産省などの管理機関が具体的な対策を講ずる。このようにリスク分析とリスク管理はそれぞれ独立した機関で行われる。また，リスク分析やリスク管理に至るまでには一般消費者，生産者も交えて意見を交換するのがリスクコミュニケーションである。その後，消費者保護行政全体の統括の必要性から2009年に消費者庁が設置され，現在わが国ではこのような組織形態で食品の安全が確保されている。

EU諸国でも同様な仕組みで食品の安全確保が行われている。この場合，各機関が独立しており，公正にその役割を果たすことが基本になっていなければならないとする考え方で機能させているEUの国もある。しかし，わが国の食品安全委員会の事務局は管理機関からの出向者で構成されている。また，現在でも消費者の間には長い間に培われた不信感は払拭されていないために，多くの場合リスクコミュニケーションは必ずしも建設的な意見交換の場にはなっていない。国民の健康保護を第一とするリスク評価に至るためにはまだ時間と戦いが必要である。

食品の安全確保には，政府行政機関に加えて，地方自治体，国と自治体の研究機関も関与している。研究機関としては，国立医薬品食品衛生研究所，国立感染症研究所，食品総合研究所，動物衛生研究所，中央農業総合研究センターと，都道府県立衛生研究所がある。

3 福島第一原発事故で問題となる放射性物質

3－1　放射性物質に関する基本[1]

3－1－1　放射線，放射能，放射性物質

あらゆる物質は原子から構成されている。原子の中には微粒子や電磁波を

出すものがあり，これを放射線という。放射線にはα線，β線，γ線（医療用のX線を含む），中性子線がある。放射能とは放射線を出す能力のことをいう。放射性物質とは放射線を放出する物質をいい，核種ともいわれる。放射性物質は放射線を放出して，核種によって期間は異なるが，いずれ放射能は消失する。

3－1－2　放射能の強さを表す単位

　放射能を表す単位には様々あるが，ここでは基本となるベクレルとシーベルトについて説明する。ベクレル（Bq）は1秒間に放射線を出す能力（回数）を示す。放射性物質の量と放射能は比例するので，ベクレルで表される数値は放射性物質の量を表す。放射線はその種類によって生体に対する影響が異なるので，各放射性物質の種類ごとにベクレルに一定の係数（実効線量係数という）をかけてシーベルト（Sv）を求める。シーベルトではがんや遺伝子への影響の強さが表されるが，数値が小さいためにmSv（10^{-3}Sv）やμSv（10^{-6}Sv）で表記される。年間に暴露されるシーベルト数は預託実行線量といわれ，人に対する放射線の影響を判断する重要な指標となる。

3－2　福島第一原発事故で問題となる放射性物質

　2011年3月11日の東日本大震災によって，福島第一原発は甚大な損傷をうけ，12日から15日にかけて4機の原子炉において水素爆発などが起こった。その結果，炉内に存在した放射性物質が大気中に放出され，風に乗って東北地方のみならず関東地方などにも広く飛散し，雨によって地上に降り注いだ。

　原子炉は常に水で冷却することによって過剰な反応を制御する必要がある。事故後原子炉は水で冷却が続けられており，放射性物質を含んだ汚染水は今も原子力発電所内に貯められている。新聞報道（2013年8月）などによると，この水が海へ放出されており，海がこうした経路でも汚染された可能性がある。

　原子炉内には多種の放射性物質が存在するが，この内からとくに揮発しやすい元素が多量に飛散したようである。問題になるのは放射性ヨウ素（ヨウ素131）と2種のセシウム（セシウム134とセシウム137）である。この他に

ストロンチウムの放出の可能性も指摘されているが、その量はそれほど多くないと推測されている[2]が、上記の汚染水にはかなりの放射性ストロンチウムを含んでいることを東京電力が発表した（2013年8月21日、『朝日新聞』）。

　放射性物質はそれぞれの元素（核種）によって出す放射線の種類と速度に違いがある。放射性ヨウ素と放射性セシウムはβ線を出し、その後γ線を放出して放射線を出す能力は消失する。放射線を出す元素は放物線状に減少する。放射性ヨウ素の場合は、8日で半分になる。この期間を物理学的半減期という。したがって、放射性ヨウ素は急速に放射線を出す能力は低下するので、福島第一原発事故直後は深刻な問題となったが、数ヵ月後には食品の汚染は見られなくなった。セシウム134の物理学的半減期は2年、セシウム137の物理学的半減期は30年であるので、事故後2年、3年と経っても各地の食品の放射能汚染が継続しているのはセシウムによるものである。

4 食品の放射性物質の基準

4-1　福島第一原発事故以前の規制と事故後の対応

　福島第一原発事故の起こる以前のわが国では、食品の放射性物質による汚染は福島第一原発の事故ほど大きな問題にはならなかったが、幾つかの事例がある。1950年代には世界の各地で核兵器の実験が行われ、わが国にも偏西風にのって放射性物質が飛来している。1954年ビキニ環礁において水爆実験が行われ、日本のマグロ漁船が被曝し、乗組員が亡くなり、マグロの放射能汚染が大きな社会問題となった。その後、1986年4月にはチェルノブイリの原発事故後も一部地域の輸入物質に対しては、食品衛生法に基づいて暫定的に規制がされていた。その場合の規制値は370Bq／kgであったが、国内産の食品についてはとくに規制は考えられていなかった[3]。

4-2　暫定規制値

　2011年3月12日から15日までの福島第一原発事故によって食品、水、土壌、大気の汚染が明らかになり、急遽原子力災害対策特別措置法に基づいて食品の放射性物質による汚染への対応が行われた。事故直後の政府内の食品

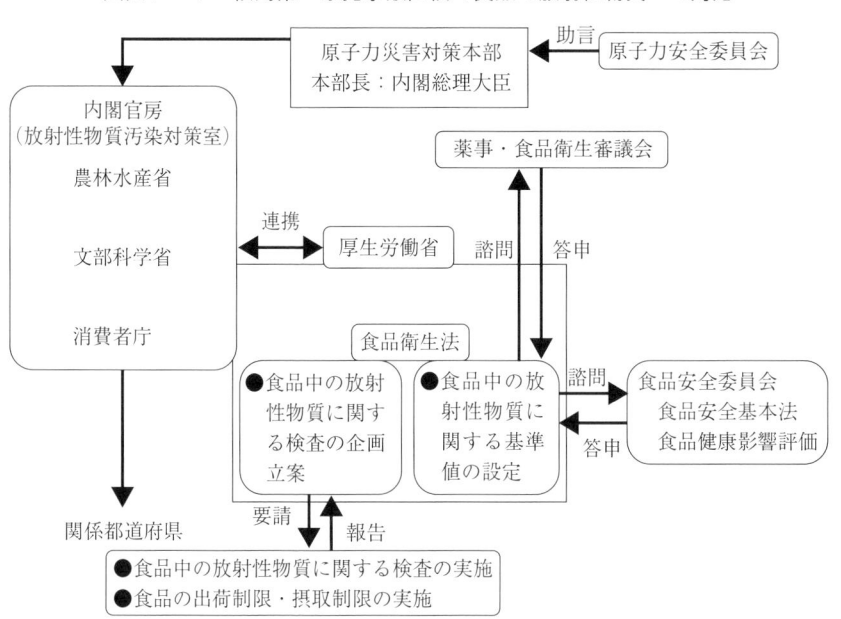

図表7－1　福島第一原発事故直後の食品の放射性物質への対応

[図表：原子力災害対策本部（本部長：内閣総理大臣）に対して原子力安全委員会が助言。内閣官房（放射性物質汚染対策室）、農林水産省、文部科学省、消費者庁と厚生労働省が連携。厚生労働省は薬事・食品衛生審議会に諮問し答申を受ける。食品衛生法のもと、●食品中の放射性物質に関する検査の企画立案、●食品中の放射性物質に関する基準値の設定を行い、食品安全委員会（食品安全基本法、食品健康影響評価）に諮問し答申を受ける。関係都道府県へ要請、関係都道府県から報告。関係都道府県では●食品中の放射性物質に関する検査の実施、●食品の出荷制限・摂取制限の実施を行う。]

の安全をめぐる仕組みを図表7－1に示した[4]。他の食品の安全確保の仕組みを基本としつつも，放射能汚染の場合はやや異なっている。

　原発事故直後，福島県の原乳，福島県，茨城県，群馬県，栃木県の野菜の放射能汚染が明らかにされた。当初は規制の根拠を厚生労働省は持っていなかった。内閣府原子力安全委員会は原子力発電所の事故などの発生時に適用するために「原子力施設等の防災対策について（防災指針）」の「飲食物摂取制限に関する指標」があり，厚生労働省は急遽これを食品衛生法の暫定規制値として3月17日に採用した。図表7－2にこれを示した。実際にはすでに述べたように放射性ヨウ素と放射性セシウムが食品の規制に適用された。なお，原子力安全委員会の指標値には魚に対しては放射性ヨウ素が設定されていなかったが，福島県のイカナゴでは高い放射能が検出されたために，野菜などと同じ規制値が適用された。

　わが国ではすでに述べた食品の安全確保にはリスク分析の手法が取られ，それに合わせた行政制度や法律になっていた。福島原発事故の後，急遽暫定

図表7－2　福島第一原発事故後の暫定規制値

食品群	131I	137Cs, 134Cs	ウラン	プルトニウムと超ウラン元素
飲料水 牛乳・乳製品	300Bq/kg 以上 (100Bq/kg 以上)＊	200bq/kg 以上	20Bq/kg 以上	1 Bq/kg 以上
野菜類 穀類 魚介類 肉・卵・その他	2000Bq/kg 以上 ― 2000Bq/kg 以上 ―	500Bq/kg 以上	100Bq/kg 以上	10Bq/kg 以上

（注）乳幼児に対する暫定規制値。

規制値が設定されたが，通常は規制値は厚生労働省が食品安全委員会に諮問を行い，科学的な根拠が示されてから設定するのが基本である。暫定規制値の妥当性については従来のルールとは異なり，厚生労働省は数値設定後に食品安全委員会に食品の健康影響評価の諮問を2011年3月20日に行った。結果は3月27日に答申されたが，暫定規制値は科学的にみて妥当であるとの評価であった。

4－3　日本の行政機関の放射能に対する考え方

その後食品安全委員会ではさらに詳細な健康影響評価について検討し，2011年10月27日に厚生労働省に答申した。この評価書では，生涯の被曝量は100mSvのレベルまでであればとくに放射線の健康影響は見られないというのが骨子である。この考え方は，国際放射線防御委員会（ICRP）の考え方と一致している。他方ICRPは一般市民が自然や医療用の被曝以外に人工的な理由による被曝量は年間1mSv以下とすることを勧告している。

4－4　新基準値

他方，厚生労働省は2011年食品安全委員会の食品健康影響評価を受けて，新たな規制値の検討を始めた。厚生労働省の薬事・食品衛生審議会食品衛生分科会の下にある放射性物質対策部会において見直しを行い，2011年12月末に新しい基準値として発表された。新基準値はその当時の食品の放射能汚染

図表7－3　福島第一原発に伴う食品の放射性物質に対する新基準値

食品区分	放射性セシウムの基準値（Bq/Kg）
飲料水	10
乳児用食品	50
牛乳	50
一般食品	100

の実態に合わせて，放射性セシウムのみが対象とされた。内容は図表7－3に示した。食品群は野菜，果物，魚介類などは一般食品群，飲料水，乳児用食品と牛乳に分けられた。一般食品については暫定規制値の1／5，飲料水は1／20となった。飲料水はすでに出されていた世界保健機構（WHO）の勧告に従ったものである。牛乳と乳児用食品は一般食品の1／10に設定された。これは後述するように乳幼児では放射線の影響を受けやすいためである。すでに食品安全委員会の健康影響評価においてもこれは指摘されている。

　新基準値では，一般食品では50%が新基準値の食品を摂取する，飲料水や乳児用食品・牛乳は100%新基準値の食品などを摂取することを前提として，平均的な食生活をした場合には年間放射性物質摂取量が1mSv以下になることが各年代について確認されている。

　新基準値は原則2012年4月1日より適用されたが，米と牛肉は2012年10月1日より，大豆は2013年1月1日から適用された。また，製造年月日が2012年4月1日以降の食品では製造年月日以降の食品に適用された。4月1日以降に新基準値が適用されたものでは，適用月日までは暫定規制値で対応される。

4－5　食品の放射能検査体制

　食品の放射能の測定は基本的には各自治体によって行われ，国の試験研究機関や民間検査機関などでも検査が行われている。事故後は生協や食品販売者による検査も行われている。

1に述べたように，福島第一原発事故以前には輸入食品について関連の研究機関で放射能の検査は行われていた[5]が，ごく小規模なものであった。事故後は検査体制の充実が求められたが，簡単ではなかった。放射性物質の測定ではベクレルの測定はNaIシンチレーションカウンターで行えるが，放射性ヨウ素や放射性セシウムを区別して測定することはできない。これらはゲルマニウム半導体ガンマ線スペクトメーターが必要である。本機は輸入に頼らざるをえないことや，生産量が多い機器ではないので，検査体制の充実には時間がかかった。

4－6　福島第一原発事故に伴う食品の放射能汚染実態

　すでに述べたように福島第一原発事故後，福島県産食品のみならず，東北地方，関東地方の食品も放射能で汚染されていた。事故直後から2012年3月末までは暫定規制値が適用されたが，それによって出荷制限を受けた食品の

図表7－4　福島第一原発事故後に出荷制限された食品（2012年3月29日現在）

食品群	出荷制限されている地域の県
原乳	福島県
野菜（ホウレンソウ，コマツナ，キャベツ，ブロッコリーなど）	福島県
原木しいたけ	福島県，茨城県，千葉県，宮城県
その他のキノコ類	福島県，栃木県
たけのこ	福島県
くさそてつ	福島県
果物（ウメ，ユズ，クリ，キウイフルーツ）	福島県
茶	茨城県，栃木県，千葉県，神奈川県，群馬県
米（23年度）	福島県
淡水魚（ヤマメ，ウグイ，アユ）	福島県，栃木県
牛肉	福島県，栃木県，宮城県，岩手県
野生動物（クマ，イノシシ，シカ）	福島県，栃木県

おおよその種類は図表7-4にまとめた。

当初は放射性物質が雨に含まれて降り注いだ葉物野菜でとくに多かったが，その後はきのこ類，淡水魚，山菜，一部果物などであった。野菜は表面の汚染が主であり，内部への浸透はわずかである。野菜は収穫後に新たに作

図表7-5　福島第一原発事故に伴う放射能汚染食品の新基準値による出荷制限

(2013年8月9日現在)

食品群	出荷制限されている地域の県
原乳	福島県
野菜（ホウレンソウ，コマツナ，キャベツ，カブ，ブロッコリーなど）	福島県
きのこ類（主に原木，露地，野生）	青森県，岩手県，宮城県，福島県，茨城県，栃木県，群馬県，千葉県，埼玉県，山梨県，長野県，静岡県
山菜（くさそてつ，たらのめ，ふきのとう，こしあぶら，ぜんまい，わらび，うわばみそう，せり）	福島県，岩手県，宮城県，茨城県，栃木県
果物（ウメ，ユズ，クリ，キウイフルーツ）	福島県，栃木県
たけのこ	福島県，栃木県，茨城県，宮城県，岩手県，千葉県
わさび（栽培）	福島県
茶	茨城県
大豆，小豆	福島県，岩手県，宮城県
米，ソバ	福島県，岩手県，宮城県
淡水魚（ヤマメ，ウグイ，ウナギ，アユ，イワナ，コイ，フナ）	福島県，岩手県，宮城県，茨城県，栃木県，群馬県，千葉県
海産魚介類（42種）	福島県，宮城県，茨城県，岩手県
牛の肉	福島県，栃木県，宮城県，岩手県
野生動物の肉（イノシシ，クマ，ヤマドリ，ノウサギ，キジ，カルガモ）	福島県，岩手県，宮城県，山形県，茨城県，栃木県，群馬県，千葉県，新潟県

（注）食品群内の各食品は右欄の県にすべて該当するわけではない。また地域も全県の場合もあるが，県内の一部地域の場合が多い。

第7章　放射能と食の安全　　169

付けされると，放射能汚染は収まってくる。汚染された土壌から作物への移行率は比較的低い。したがって，福島第一原発に近い地域を除いて当初出荷制限されていた地域のほとんどの野菜の汚染は低くなった。

　2012年4月以降に新基準値が適用されているが，2013年夏までの出荷制限では新たな傾向がみられた[6]。その結果は図表7－5にまとめた。とくに広域にわたっての出荷制限はきのこ類，野生動物，山菜類である。きのこ類は原木栽培や野生のものが中心である。淡水魚は長く規制されている。他方，2012年8月以降になると，福島県，宮城県，茨城県，岩手県で漁獲された海産魚や貝類が出荷制限されてきた。

　事故直後は海の表面が汚染されて，イカナゴの汚染が見つかった。さらに河川や湖沼の汚染があり，淡水産魚は引き続いて出荷制限された。最近の海産魚介類での汚染は陸地からの汚染土壌が流れ込むことと福島第一原発に貯留されているタンク内の汚染水が海に流出していることなどが要因と考えられる。海底に流れ込んだ放射性物質は長く留まるので，海産魚介類の汚染は長く続くと予想される。

　その他，果物，たけのこ，お茶などの汚染がある。また，2011年収穫後の稲わらが放射能汚染され，これを飼料とした各地の牛肉が汚染されていた。さらに農林水産省が土壌汚染の状況から安全と判断して作付けが許可された福島産米の一部においても新基準値を超えるものが見つかっている。

5 放射性物質の健康影響

5－1　放射性ヨウ素の健康影響[7]

　放射能のないヨウ素は栄養素として人の健康に欠くことができない。体内のヨウ素は甲状腺に70～80％が含まれている。甲状腺に存在する甲状腺ホルモンはヨウ素を含み，年齢にかかわらず，エネルギー代謝や物質代謝のコントロールを行っている。乳幼児では加えて生殖や成長・発達，胎児では脳や骨格，末梢組織の発達などに重要な役割をしている。そのために乳児では幼児より1日に必要なヨウ素量が多い。妊婦や授乳婦では非妊娠期や非授乳期のほぼ倍量のヨウ素が必要である。

なお，放射性ヨウ素は体内に取り込まれると，代謝を受けて体外に排泄される。この代謝は子どもでははやく，加齢に伴って長くなる。体内に取り込まれたヨウ素が半分になる時間（生物学的半減期）は10日から80日くらいである。

　人の体内では放射性ヨウ素と非放射性ヨウ素は区別できない。そのために，体内のヨウ素が十分でないと放射性ヨウ素が甲状腺に蓄積しやすい。事実，チェルノブイリ原発事故後，成長期の子どもたちに甲状腺がんが増加している。

5－2　放射性セシウムと放射性ストロンチウム

　他方，放射性セシウムは栄養素ではないが，栄養素であるカリウムと性質が類似している。カリウムは体内の水の多い細胞内に含まれているので，セシウムはカリウムが入りやすい細胞に取り込まれやすい。したがって，セシウムは全身に分布するので，全身の細胞に影響が及ぶ。セシウム137は物理学的半減期が長いために，食品の放射能汚染は長く続く。なお，人の体内ではセシウムも代謝をうけ，その生物学的半減期はヨウ素の場合とほぼおなじである。

　他方，ストロンチウム90の物理学的半減期は29年と長く，またカルシウムと性質が似ているために骨や歯に入り込み，生物学的半減期は50年と極めて長い。なお，ストロンチウム90の測定は時間がかかり現在食品の汚染実態はほとんど明らかにされていない。

5－3　確定的影響と確率的影響

　人に対する放射線の影響では，放射能の強さによって異なる。広島や長崎における原爆爆心地に近い地域では，大量の放射線を浴びるので，生体への影響は致命的である。わが国でも原発の作業員の多量被曝の事例もあった。こうした影響は，確定的影響という。この場合は被曝量と生体影響は相関し，ある量以下では確定的影響はないとされて，この量を閾値という。

　他方，爆心地から離れた地域での被曝や，原発事故による一般市民の被害のように被曝量が低くても，影響が見られる。この場合は確率的影響といわ

図表7－6　被曝量と健康影響

線量	影響
7,000mSv	} 全身被曝では99%が死亡
5,000	} 脱毛，永久不妊，白内障，皮膚の紅斑など
3,000	} 50%の人が死亡
2,000	出血，脱毛など
1,000	吐き気や嘔吐など，5%の人が死亡
500	リンパ球の減少
250	白血球の減少
100	5年間の職業被曝の線量限度，がんによる死亡の確率0.5%
6.9	1回の胸部CTスキャンによる医療被曝
2.4	1年間に自然環境から受ける被曝線量(世界平均)
1.5	1年間に自然環境から受ける被曝線量(日本の平均)
1.0	1年間の人工放射線源からの公衆被曝の線量限度(ICRP)
0.6	胃のX線集団健診(1回)
0.05	胸部のX線集団検診(1回)

れ，影響が被曝量と相関するのは影響を受ける人の率であり，同じ被曝量でも影響を受ける人と受けない人が存在する。確率的影響には，閾値は存在しない。この場合は影響がでるまでに長い時間がかかり，がんやその他の生活習慣病の罹患率や死亡率に影響するために，放射線の影響と特定することがきわめて難しい。放射線は，低線量でも影響があるとされているが，どの程度から明らかな影響があるのかは，研究者の間で意見が異なる。このため，どの程度までの放射能が許容しうるかは明らかではない。

　被曝量と人の健康影響の関係については図表7－6にまとめた。人の生活空間や食物から避けられない自然放射能から，あるいは医療において人は被曝している。日本人の平均的な自然放射能は1.5mSvと試算されているが，地域や生活条件で異なる。世界では自然放射能が日本人の数倍高い地域もあるが，これまでの調査の成績では，とくにがんなどの罹患率が高いことは示されていない。

　食物や人の体内にはカリウム40といわれる放射性物質が約0.0117%存在する。その物理学的半減期は13億年と長いために，人はその放射能を避けるこ

とはできない。

5－4　被曝経路による区別

　放射線の影響は被曝の経路によっても区別される。放射線が外部から直接人の体表に当たる場合は外部被曝という。他方，放射性物質が水，食物，呼気を介して体内に取り込まれ，体内の細胞に影響する場合は内部被曝という。ICRPやわが国の研究者の多くは外部被曝と内部被曝には差がないとしている。しかし，研究者によっては，内部被曝の方が生体影響は強いとしている。こうした違いは，とくに広島・長崎の被爆者の生体影響の調査の評価が外部被曝を中心として行われたことからくると考えられる。実際に，広島，長崎では原爆々発後に入市した人々にも重大な影響が報告されている[7]が，日米両政府はこれを認めていない。したがって広島・長崎の被爆の影響を過小に見積もることにもつながっている。

5－5　放射線とがん[8]

　放射線の生体影響では，とりわけがんが問題となる。がんには白血球のがんである白血病とその他の臓器のがんである固形がんがある。いずれの場合も放射線の影響は，生体を構成する細胞に含まれる核酸（遺伝子の構成成分）への影響による。遺伝子は細胞増殖をする場合の型紙のような役割をしているので，成長期の子どものように細胞が活発に増殖している場合には影響を受けやすい。また生体の成分（酵素やホルモンなどのたんぱく質）の合成も遺伝子の持つ情報によって行われるので，遺伝子の狂いは生体の調節機能などに影響する。

　核酸に直接放射線が当たって，その構造を狂わす場合と，放射線によって生体内で作られる活性酸素が核酸を酸化する場合がある。多くの場合，核酸の障害は生体内の様々な機構によって修復が行われる。障害を受けた核酸の部分を切り取って修復したり，修復が不可能な場合は細胞死（アポトーシス）させたりする。ただし，細胞死が多いと生体の機能が維持できなくなり，致命的な結果となる。また，不幸にして発がんと関わる核酸の修復が不成功となり，その細胞が増加してくると，免疫機能によってがんの発症が抑

制される。このように人の身体は発がんに至る前に様々な修復機能や予防機能によってがんになるのを防いでいるが、ときにこれらの予防線を突破してがん細胞が増加すると、発がんに至るがその年月は長い。

　成長期の子どもでは、細胞増殖が活発であり、さらに細胞の修復の機能が充分に成熟していないため、放射線の影響を受けやすい。例えば、チェルノブイリ原発事故では当時14歳以下の子どもたちでは5年後から甲状腺がんが急増しているが、大人では年齢と相関して10年、20年、30年後にがんの発症が増加する。

　広島・長崎の被爆者の調査データを厳密に調べた研究では、がん以外の生活習慣病である糖尿病や心臓病などの罹患率の高いことも報告されている[9]。

6　福島第一原発事故後の食事からの内部被曝量の測定

　福島第一原発の事故に伴い、多くの食品が放射性ヨウ素や放射性セシウムで汚染された。自治体の検査から汚染が暫定規制値を超えるものが見つかった場合は、その地域の食品の出荷は制限された。出荷制限地域以外の食品も放射能が検出されていないわけではない。時には暫定規制値を超える食品が市場に出回ることも否定できない。とくに子どものいる家庭では福島第一原発事故後は不安を抱えながら、食生活が営まれた。

　個別の食品ではなく、毎日の食事から総量としてどの程度の放射性物質を摂取していたかが問題となる。そのために幾つかの調査が行われた。各自治体などの食品の放射能の調査データは厚生労働省のホームページ[10]から見ることができるので、これを用いて平均的な食事に当てはめて計算する方法がある。事故後、こうした試算は複数の機関から発表された。

　他方、学校や保育園の給食、あるいは家庭の食事では用いた食材を個別に放射能を実測する方法がある。また、1食分、あるいは1日か2日間の1人前の食事をミキサーなどで均一にして放射能が測定されている。

　これらのデータの一部を以下に示した。しかし、大部分の調査は事故後月日が経過してからのものであり、とりわけ事故直後の福島や近県の住民の内部被曝の実態はほとんど分かっていない。

6－1　東京大学生産技術研究所による食品からの年間被曝量の試算

　東京大学と独立行政法人科学技術振興機構によって東京都民の被曝量と発がんリスクの推定が発表されている[11]。東京都民の平均的な食品消費データと厚生労働省ホームページの食品と飲料水の分析データから2011年3月21日から2012年3月20日までの1年間の内部被曝量が計算されたものである。いずれの年代でもICRPの勧告1mSv／年よりかなり低い。

乳児：0.048mSv

幼児：0.042mSv

成人：0.018mSv

　なお，食品の放射能汚染のデータは事故直後のものはほとんどないので，もっとも汚染が深刻であったと思われる2011年3月12日から3月20日までの被曝量は不明である。

6－2　厚生労働科学研究における試算

　厚生労働科学研究費補助金食品の安全確保推進研究事業の報告書[12]からのデータでは，2011年に福島県，宮城県，東京都の市場に出回っている食品を購入し，それぞれの地域住民の平均的な食事を構成して測定する方法（マーケットバスケット法という）によって放射線量が実測されて，年間預託実行線量が計算された。すでに述べたように，食品や身体にはカリウム40の放射能が存在する。福島県や宮城県では東京都に比べると原発事故に伴う放射線量は高いものの，カリウム40に比べるとほぼ1／10である。但し，この国立研究機関による調査では食品の購入時期が示されていない。

図表7－7　厚生労働科学研究による預託実行線量推定

（単位：mSv/年）

	東京	宮城	福島
放射性セシウム	0.002	0.018	0.019
放射性カリウム	0.18	0.20	0.19

図表7－8　京都大学等による福島県内の放射性セシウムの経口摂取量

(単位：μSv/年)

調査地点	中央値（最小値-最大値）	平均±標準偏差
福島県合計	3.0（ND-83.1）	6.4±12.5
いわき市	6.5（ND-24.7）	8.6±7.8
相馬市	8.2（ND-83.1）	17.4±25.3
二本松市	1.7（ND-10.4）	2.9±3.6
福島市	1.3（ND-11.3）	2.6±3.1
宇治市	（ND- 5.3）	－

ND：検出限界以下
－：大部分がNDであったために平均値が求められなかった

6－3　京都大学などによる実測

　京都大学医学研究科環境衛生学分野のホームページにおいて福島県成人住民の経口，吸入被曝の測定結果が発表されている。また，研究論文としても公表されている[13]。調査は2011年7月2日から8日までに行われた。福島県民成人の1日量の食事を代表するような55の食事セットの食品を福島県内(福島市，いわき市，二本松市，相馬市)で購入している。同時に比較対照として宇治市で19セットの食事を構成する食品を購入している。結果は図表7－8に示した。福島県では年間預託実行線量の最大値は0.0831mSvから最小値は検出限界以下である。しかし，宇治市では最大値でも0.0053mSvであり，大部分は検出限界である。原発事故後も深刻な状況ではないにしても，汚染は継続していることが示されている。

6－4　日本生活協同組合連合会による実測

　日本生活協同組合連合会では，食品の放射能汚染に対する生協組合員の関心の高まりを受けて，2回にわたって組合員の食事の放射能の測定が行われ，発表された[14]。最初の調査は2011年11月14日から2012年3月23日の間に237家庭の2日間の食事について放射能の測定が行われた。福島県の組合員の食事は96件である。セシウム134と137による放射能は11件で検出され，

年間預託実行線量は0.136mSvから0.019mSvの範囲にあった。

　2回目の調査は，2012年5月28日から9月25日までの福島県100件を含む334件の家庭の2日分の食事が分析された。福島県では2件，宮城県の1件から放射能が検出されたが，年間預託実行線量は0.019，0.037，0.047mSvであった。1回目の調査に比べると，2回目は検出数や放射能は低下している。

　なお，日本生活協同組合連合会の実測では，同時にカリウム40による放射能も測定されており，1回目の測定では年間被曝量にすると0.040から0.32mSvであり，2回目の測定でもほぼ同様であったという。

6－5　自治体による給食の検査

　福島第一原発の事故直後に原乳や多くの野菜類が出荷制限されたところから，保育園や学校の給食の食材の放射能に対する不安が広がった。場合によっては，学校給食を拒絶する家庭や西日本の食材の利用を求める声が高まった。事故直後の給食食材に関するデータはないが，2011年後半以降，自治体によっては親たちの声を受けて測定をするところが増えた。筆者が千葉県内1市，東京都内7区市，埼玉県内1市のホームページから調べた範囲では，検査は早い自治体では2011年7月頃から始まっている。このうち1自治体でしいたけで暫定規制値以下ながら検出された例があるが，その他は個別の食品，あるいは1食分を均一にした場合でも放射能は検出されていない。

7　放射線から身を守る食生活

7－1　食品中の放射性セシウムを低減する調理法と加工法

　チェルノブイリ原発事故後ヨーロッパでも多くの食品が汚染されていることが明らかになり，そうした食品への対応が研究された。また，わが国でも1950年代の水爆実験によって食品が汚染されていることが明らかになり，加工法や調理法などの研究が行われた。これらのデータがまとめられて，報告書とされている[15]。そこで，以下にはそれらのデータの一部を紹介する。なお，表は幾つかの研究データを収載しているために，データによっては数

図表7-9　野菜，いも類，きのこ類の放射性物質の調理による減少

食品名	調理・加工	核種	除去率%
ホウレンソウ	水洗い	Cs134	95
	水洗い	I131	93
		Cs134	59%以上
		Cs137	95
ブロッコリー（表面汚染）	水洗い	Cs134	95
ブロッコリー（経根汚染）	水・あく抜き	Cs134	67
レタス	水洗い	I131	13～52
		Cs134	36～50
		Cs137	42～66
	水洗後煮沸	Cs134	95
カリフラワー	ボイル	I131	88
キュウリ	酢漬け	Cs137	84.7
春タマネギ	水洗い	I131	82
		Cs134	64以上
		Cs137	83以上
じゃがいも	生，皮むき	Cs137	36～50
にんじん	生，皮むき	Cs137	55
からはつたけ	冷水から加熱沸騰1回	Cs137	88
	冷水から加熱沸騰2回	Cs137	97.4

値が異なる。これは実験条件などが異なるためであり，全体としての傾向で理解されたい。

　放射性ヨウ素も放射性セシウムもいずれも水に溶けやすい性質をもっている。また，福島第一原発の事故直後では葉物野菜の表面が汚染されていたので，図表7-9に示すように，よく洗う，茹でるなどの調理で大幅に除去できる。なお，洗浄液やゆで汁には放射性物質が含まれるので，廃棄する必要

図表7－10　加工に伴う牛乳の放射性物質の変化

食品名	加工	核種	除去率%
牛乳	バター	Cs137	99.07
	スキムミルク	Cs137	6
	ヨーグルト（スキムミルク原料）	Cs137	66
	チェダーチーズ	Cs137	92.3
	カッテージチーズ	Cs137	98.9
	ホエー	I131	19
		Cs137	10.7
	強塩基性陰イオン交換樹脂処理	I131	96〜98

がある。なお，根菜類では野菜の内部に浸透しているので，水洗いや茹でだけでは十分な除去はできない。

　肉類や魚介類では水を使う調理は一般的ではないので，完全な除去は難しいが，焼く調理より汁のある料理の方が放射性物質の残量は少なくなる。なお，魚類では放射性物質は内臓部分などに多くなるので，これらの部分は除去が望ましい。

　加工法によって，原料に比べて放射性物質が減少する場合がある。牛乳については図表7－10に示した。牛乳では液状部分に放射性物質があり，たんぱく質や脂質部分には移行しにくいでの，チーズやバターには少ない。ホエーはチーズを作った後の液状部分であるので，放射性物質は大部分こちらに残る。

　穀類では，外皮部分に放射性物質が多くなるので，精白することでかなり除去できる。

7－2　食生活によって放射能から身を守る

　福島第一原発の事故により，原発周辺の住民のみならず，首都圏でも食品や水，大気からの放射能による内部被曝も現実の問題となった。放射性物質の少ない食品などを選ぶことが，身を守る上にはもっとも重要である。

ついで大事なことはバランスのとれた食生活である。バランスのとれた食生活では，放射線の影響に対する抵抗力が高まる。さらに放射性物質を体内に取り込みにくくし，放射線の影響を弱めることになる。

栄養バランスの中でまず第1には食物繊維を十分に摂取できる食生活が重要である。食物繊維は野菜，果物，穀類，いも類，きのこ類，豆類などの植物性食品の成分である。最近の日本人の食生活では大幅に不足しており，とくに子どもでは不足が深刻である。食物繊維は食品中の不消化成分であり，便の原料となるので，毎日の快適な排便習慣ができているかによって食物繊維が十分摂取できているかの指標となる。

食物繊維が十分に摂取できていると，食物中の不必要な成分コレステロールや脂肪，あるいは環境汚染物質やその他の有害物質の吸収が抑制されたり，吸収速度が遅れる。放射性物質でも同様である。また，十分な食物繊維を摂取していると，高脂血症の予防，食後血糖値上昇の抑制，大腸内環境を良好に保つなどの効果を通して生活習慣病の予防にも繋がる。

第2は野菜や果物などの植物性食品を十分に摂取することが望ましい。これらの食品には多様な抗酸化物質が含まれている。植物性食品を十分に摂取している人々ではがんやその他の生活習慣病の罹患率や死亡率が低くなることが多くの疫学研究で明らかにされている。核酸の酸化的な障害ががんに繋がるため，抗酸化物質の摂取はがん発症を抑制する。放射線による核酸の酸化に対しても，抗酸化成分は有効である。

チェルノブイル原発事故後には成長期の子どもでの甲状腺がん発症が急激に増加しているが，とくにヨウ素欠乏の子どもでのがん発症の上昇が報告されている。また，バランスのとれた食生活では免疫機能も高まるので，様々な疾患の予防に繋がる。その点からもバランスのとれた食生活は重要である。

8　おわりに

福島第一原発事故に伴う食品汚染に対する不安や警戒の気持ちは，時間が経過するにつれて人々の記憶の奥に押しやられようとしている。しかし，2013

年夏でも東北地方のみならず関東地方，あるいは中部地方の食品にも出荷制限が広がっている。原発から離れた地域の住民にもまだまだ問題は続いており，さらに15万人の避難を余儀なくされている人々に想いをいたして，原発の問題を考える必要がある。本章では事故後の食品汚染の実態を記述したが，そこでは触れなかったこの間の食品汚染を中心とした政府や東京電力の対応における問題点を以下に整理した。

1）日米政府による原爆被害の実態調査が科学的視点で行われたかが多くの研究者によって批判されている。とくに内部被曝を考慮していない点で大きな問題があり，今回の事故に伴う安全性評価にも影響を与えている[16]。

2）政府と電力企業では原発事故を想定した対策がたてられておらず，事故後の対応はその場しのぎであり，事故直後の汚染実態についてはデータがない。

3）ICRPによる安全基準の根拠は原爆被害調査に多く基づいており，チェルノブイリ原発事故に対するウクライナ政府による報告書[17]やその他の個別の論文については科学的に不適切であるとして，放射能の影響評価にほとんど採用されていない。この点はウクライナの研究者のみならず，わが国やヨーロッパの研究者から批判され，政府が放射能の安全を考える根拠に対する批判にもつながっている[18]。

4）ICRPは今回の事故に伴う年間被曝限度を1mSvとしているが，1）から3）を考えると適切かは再考が必要である。また，政府機関は食品と水，環境除染に個別に採用しており，本来なら総量としての対応が必要であるが，総合的な判断はされていない。

（池上幸江）

注
（1）食品衛生学会（2009），厚生労働省ホームページ「東日本大震災関連情報」。
（2）薬事・食品衛生審議会（2011）。
（3）食品衛生学会（2009）。
（4）森口（2013）。
（5）食品衛生学会（2009）。

（6）　厚生労働省ホームページ「東日本大震災関連情報」。
（7）　日本科学者会議（2012），医療問題研究会（2011），佐波・福島・甲斐（2005）。
（8）　佐波・福島・甲斐（2005）。
（9）　医療問題研究会（2011）。
（10）　厚生労働省ホームページ「東日本大震災関連情報」。
（11）　東京大学・独立行政法人科学技術振興機構（2012.3）。
（12）　松田（2013）17頁。
（13）　Koizumi, et al.（2012）pp.292-298.
（14）　日本生活協同組合連合会ホームページ。
（15）　財団法人原子力環境整備センター（1994）。
（16）　沢田（2011）。
（17）　Ministry of Ukraine of Emergencies（2011）.
（18）　医療問題研究会（2011）。

参考文献

医療問題研究会編（2011）『低線量・内部被曝の危険性』耕文社。
財団法人原子力環境整備センター（1994）『食品の調理・加工による放射性核種の除去率』環境パラメータ・シリーズ4。
佐波敏彦・福島昭治・甲斐倫明編著（2005）「第4章　放射線による発がん」『放射線および環境化学物質による発がん』医療科学社，81-131頁。
沢田昭二（2011）「放射線による内部被曝―福島原発事故に関連して」『日本の科学者』Vol.46, No.6，1031-1037頁。
食品衛生学会編（2009）「有害物質分野　2.1.4　放射能」『食品安全の事典　2』朝倉書店，227-229頁。
日本科学者会議編（2012）『放射能からいのちとくらしを守る』本の泉社。
松田えり子（2013）「食品からの有害物質摂取量推定とその意義」『ファルマシア』149巻，1号。
森口裕（2013）「最近の食品安全行政について」『ファルマシア』149巻，1号。
薬事・食品衛生審議会（2011）「食品中の放射性物質に係る規格基準の設定について」（12月22日，薬事・食品衛生審議会食品衛生分科会放射性物質対策部会報告書）。
Koizumi, A., et al.（2012）"Preliminary assessment of ecological exposure of adult residents in Fukushima Prefecture to radioactive cesium through ingestion and inhalation," *Environmental Health and Preventive Medicine*, Vol.17（4），pp.292-298.
Ministry of Ukraine of Emergencies（2011）Twenty-five Years after Cheornobyl Accident : Safety for the Future, National Report of Ukraine.
厚生労働省「東日本大震災関連情報」
　〈http://www.mhlw.go.jp/shinsai_jouhou/shokuhin.html〉
東京大学・独立行政法人科学技術振興機構「飲食物由来の放射性ヨウ素およびセシウムに

よる東京都民への曝露量と発がんリスクの推定」
　＜http : //www.jst.go.jp/pr/announce/20120312/＞
日本生活協同組合連合会
　＜http : //jcou.coop/topics/radioactive/intake.result.html＞

第Ⅲ部

安全問題と消費者

第8章

安全に関わる消費者保護の現状と課題

1 はじめに

「安全」は消費者の権利であると消費者基本法[1]に規定されている。しかし,リスク社会[2]ともいわれる現代社会において,消費者の安全は確保されているだろうか。本章では消費者の安全に関わる事例や消費者保護の仕組みを概観し,消費者の安全に関わる政府等関係者の取組み,また今後の消費者の安全確保の課題について考察する。

2 消費者保護の発展について

安全に関わる消費者保護については,戦後から現在までいくつかの変遷を経て今日に至っている。それぞれの時期ごとに考察する。

2-1 戦後から消費者保護基本法成立 (1968) の時期まで
2-1-1 事例と法制度
この時期に発生した安全に関わる事例[3]には,不良マッチ事件 (1948),水俣病発生 (1953),森永ヒ素ミルク事件 (1955),スモン発病 (1955),合成洗剤有害論争 (1962),サリドマイド事件 (1962) などがある。

またこの時期に成立した法制度には,食品衛生法 (1947),農薬取締法 (1948),薬事法 (1948),農林物資規格法 (1950),栄養改善法 (1952),薬事法 (1960),電気用品取締法 (1961),家庭用品品質表示法 (1962) などが

ある。

2-1-2 関係者の取組み
(1) 政府
　戦後から高度経済成長期にかけての経済の発展は国民の生活を豊かにもしたが，多くの消費者被害も発生させた。政府や自治体は消費者保護組織を置き始め，具体的には，経済企画庁発足（1955），東京都消費経済課設置（1961），都経済モニター設置（1962），農林省消費経済課設置（1963），通産省消費経済課設置（1964），都消費者相談室（1964），兵庫消費生活相談開設（1964），経済企画庁国民生活局設置（1965），神戸生活科学センター設立（1965）などがある。

　また消費者保護政策についても，消費者の安全等が社会問題化される都度，部分的ではあるが対策を取り始め，国民生活向上対策審議会「消費者保護に関する答申（1962），四日市市治療費負担制度開始（1965），エアゾール製品の注意指導（1965），欠陥ヘアスプレーの製造停止（1966）などの例がある。

(2) 事業者
　このころの事業者には消費者保護の考え方はあまり見られない。当時は，公害等についても事業者の責任とは考えられていなかった時期である。

(3) 消費者・消費者団体
　消費者運動として，不良マッチ退治（1948），主婦連ヘアスプレーの危険性指摘（1965）などの例がある。またこの時期，不良マッチ退治主婦大会を契機として日本を代表する消費者団体となる主婦連合会が結成されている。この時期は「製品の安全に不安があるなど，消費者に不利益や被害を及ぼす問題が起こると……消費者運動によって被害を訴え，救済や改善策を求めて，行政や事業者に対応を求める」[4]など，消費者運動が活性化していた。

2-2　消費者保護基本法（1968）成立から規制緩和の時期まで
2-2-1　事例と法制度
　戦後から消費者の安全等消費者問題が社会問題となり，やっと1968年に消費者保護基本法が成立したものの，依然として大きな製品事故は起き続け

る。一方，1970年代後半には経済が停滞し，訪問販売や催眠商法，サラ金被害など契約や取引などのトラブルが大きな社会問題となっていった。

この時期の安全に関しては，53年に顕在化した水俣病の被害者が69年に提訴し，67年には新潟水俣病と四日市ぜんそく，68年にはイタイイタイ病の被害者が相次いで提訴するなど，産業廃棄物による深刻な健康被害が社会問題となった。ほかにもカネミ油症事件（1968），スモン患者訴訟（1971），チェルノブイリ原発事故による輸入食品の放射能汚染問題（1986）などがある。

この時期の法制度には，公害国会といわれた1971年，公害対策法が次々に制定されたことが注目される。71年には農薬の毒性と土壌等への残留性をチェックするための農薬取締法の改正，72年には食品衛生法の改正，73年には消費生活用製品安全法の改正，有害物質を含有する家庭用品の規制に関する法律の制定，またPCBで問題になった化学物質規制のため「化学物質の審査及び製造等の規制に関する法律」も制定されるなど，安全性を確保するための体制や法制度が1970年代の前半までにほぼ整えられた。ほかには，薬事法改正（1979），食品添加物の規制緩和（1983），放射能汚染食品の輸入禁止（1987）などがある。

またこのころ国民生活センターが発足（1970）し，商品テストの開始（1980）に続いて，商品テスト誌「たしかな目」が発刊[5]（1981）されるなど消費者に安全情報が提供されるようになっていった。厚生省「健康食品対策室」発足（1984），農水省「消費者の部屋」開設（1984）などもこの時期である。

2-2-2　関係者の取組み

（1）政府

1970年代前半は，60年代後半に提起された健康被害に関わる問題への対応が大きな関心事であった。また1970年代後半には収穫後農薬についての食品添加物指定という，貿易の円滑化を理由とする安全基準の国際的調整の問題に直面している。なお，1980年代前半は財政状況の悪化を受け消費者行政は逆風の時代を迎える。

（2）事業者

1970年代，68年のカネミ油症事件はPCBによる海水の汚染問題へと発展

し，家電製品等にも使われていたことから，72年に入ってメーカー2社はPCBの生産を中止している。

　消費者保護基本法の成立以降，事業者は消費者窓口を設置するなど消費者への苦情対応の仕組みとして，相次いで消費者対応窓口を開設し，窓口設置事業者は1970年以前の15％から70年代には53％にまで増加している[6]。また1980年には消費者関連部門の担当者の連絡機関として消費者関連専門家会議（ACAP）が発足している。

（3）消費者・消費者団体

　このころの消費者運動には，チクロ入り食品不買運動（1970），石油タンパク禁止運動（1972），PCB汚染魚の追放を水産庁に申し入れ（1973），合成殺菌料AF2追放の総決起大会開催（1974），合成洗剤追放運動（1975）などがある。

2－3　規制緩和から消費者庁創設までの時期

2－3－1　事例と法制度

　1993年には規制緩和[7]が始まり，事業者の自主的取組みや消費者の自立が求められ始めた時期である。この時期，カラーテレビ発煙・発火事故（1990），アメリカ産レモンから枯葉剤検出（1990），O-157被害（1996），遺伝子組み換え食品問題（1997），雪印乳業食中毒事件（2000），食品の異物混入事件（2000），三菱自動車のクレーム隠し発覚（2000），ジェット噴流バス死亡事故（2001），BSE問題（2001），中国輸入野菜の残留農薬問題（2002），欠陥車リコール問題（2004），耐震偽装問題（2005），FF式石油温風機事故（2005），湯沸器不正改造による一酸化炭素中毒死亡事故の顕在化（2006），シュレッダー事故（2006），エレベータ事故（2006），食品偽装（不二家，ミートホープ，石油製菓，赤福，比内地鶏等）の多発（2007），中国製加工食品への毒物混入事件（2008），こんにゃくゼリー死亡事故（2008）などが起きている。

　この時期の法制度には，JAS法改正（1993），製造物責任法制定（1994），住宅品質確保促進法制定（2000），住宅品質確保促進法施行（2000），BSE対策特別措置法公布（2002），農薬取締法改正（2002），JAS

法改正（2002），食品衛生法改正（2002），食品安全基本法制定（2003），アメリカのBSE問題で牛肉輸入禁止（2003），消費者基本法制定（2004），残留農薬規制ポジティブリスト制度開始（2006），消費生活用品安全法改正（2007）などがある。

またこのころ食品の安全性について科学的知見に基づいて中立公正に「リスク評価」を行う機関として，内閣府に食品安全委員会が設けられた（2003）。

2－3－2　関係者の取組み
（1）政府

規制緩和の流れが消費者政策にも影響を及ぼし，2003年には「21世紀型の消費者政策の在り方」[8]において，「市場メカニズムの活用」の主張がされた。その結果，市場経済を健全に運用するためのルールづくりに重点が置かれ，消費者関連法規が充実し始めた。一方，安全問題に関しては，経済産業省は2005年末に，松下電器に対し回収の徹底，2006年にはパロマ工業に対し早急な回収を指示した。さらに，2000年以降の食品不祥事の多発や2008年の中国製冷凍食品事件など食の安全・安心という消費生活の最も基本的な事項に対する事件が発生し，消費生活の基盤や行政に対する信頼を揺るがし，2009年の消費者庁創設へとつながっている。

（2）事業者

製造物責任法制定を受けて，家電製品PLセンター（1994），医療品PLセンター（1995），化学製品PLセンター（1995）など多くの裁判外紛争解決機関が設立された。またこのころ事業者は顧客満足（Customer Satisfaction；CS）の考え方が浸透してきたものの，消費者の安全を揺るがす事件が多発するようになり，事業者に対する不信が広がった。事業者はコンプライアンス経営として行動基準[9]を策定するところが増えていった。

（3）消費者，消費者団体

1980年代に入って，国際協調による規制緩和の流れのなかで，消費者は反対運動を展開するが，60年，70年代のような成果を得ることはできなかった。しかし，特筆すべきは製造物責任（PL）法の成立をめぐる運動である。従来の主婦を中心としたキャンペーン型の運動ではなく，消費生活センター

の消費者相談の専門家も加わり，事業者の濫訴の懸念に対抗し，PL法(1994)制定にこぎつけた。またこのPL法制定運動を基盤として，全国消費者団体連絡会[10]のなかに「PLオンブズ会議」が発足された[11]。

また，2007年，当時の福田首相が消費者庁設置を提唱したことから，消費者団体は一体となって新組織の実現のための運動を積極的に展開した。

2−4　消費者庁（2009）創設以後

2009年9月に消費者庁と消費者委員会が創設され，消費者の安全のための取組みの進展が見られるようになっていく。

2−4−1　事例と法制度

この時期に発生した事例には，口蹄疫の発生（2010），放射性物質に関する不安の広がり（2011），生食用牛肉で集団食中毒発生（2011），「茶のしずく石鹸」によるアレルギー発覚（2011），TDK事故（2013）[12]などがある。

またこの時期の法制度には，消費者安全法制定（2009），JAS法改正（2009），「消費生活用製品安全法施行令」改正（いわゆる使い捨てライターを追加指定）（2010），「消費者安全法」改正（消費者安全調査委員会の設置，消費者の財産被害に係るすき間事案への行政措置の導入）（2012）などがある。

2−4−2　関係者の取組み

（1）政府

2009年の消費者庁・消費者委員会の発足（2009）のほか，国民生活センターのADRが開始（2009）されている。また，事故情報データバンクシステム（2010）や消費者安全調査委員会（2012）などが創設され，事故の原因究明等の制度が整い始めた。また2013年4月には内閣総理大臣決定「消費者安全の確保に関する基本方針」が公表され，国，地方公共団体，消費者団体その他の関係者との緊密な連携の下に，消費者の安全を確保していくことがうたわれている。

1）事故情報データバンクシステム（2010）

事故情報データバンクシステムは，関係機関が保有する生命・身体に係る消費生活上の事故の情報を一元的に集約するデータベースである。消費者庁

と国民生活センターが連携して，関係行政機関の協力[13]を得て実施する事業である。消費者はインターネットから事故情報を自由に閲覧・検索することができる。2013年3月31日時点での登録情報は8万2513件となっている[14]。

2）消費者安全調査委員会（2012）

消費者安全調査委員会は，消費者の生命又は身体被害に関わる事故等について，「自ら調査」をして原因究明を行うほか，他の行政機関等により調査結果を「評価」することもできる。同委員会の創設の2012年10月1日から2013年の3月31日の6ヵ月の間に73件の申し出があり，このうち5件について調査等が実施されている[15]。

3）その他

ほかにも子どもの不慮の事故を予防するために「子どもを事故から守るプロジェクト」（2009年12月）[16]が実施されている。その一環として，Webサイトに子どもの事故予防に関する情報が掲載されるとともに，毎週「子ども安全メール from 消費者庁」が配信されている。

(2) 事業者

事業者はCS，コンプライアンスへの取組みのほかに，2003年ころからCSR（Corporate Social Responsibility：企業の社会的責任）の実践として，ステークホルダーである消費者の意見の反映の要請から，消費者団体の声を事業者の経営に反映させる取組みを徐々に行ってきている。しかし安全などの具体的なテーマでのダイアログや協働の取組みはこれからの課題である。

(3) 消費者，消費者団体

2009年9月に消費者庁と消費者委員会が創設された翌年の消費者基本計画には，消費者政策の基本的方向として「消費者団体との連携・協働」が掲げられ，消費者団体の意見や活動が消費者政策に広く影響していくこととなる。

3 消費者の安全に関わる仕組みの現状

本項では，国や事業者等関係者の責任や消費者の行動等から見た消費者の

安全の現状を考察する。

3-1 消費者の安全に関わる関係者の取組み

　消費者の安全確保は，第一義的には商品を提供している事業者の責任であるが，事業者だけにまかせていては安全が確保されないこともある。そこで政府が法律で最低限の安全基準を設定するなどによって消費者の安全を確保している。また，消費者団体も消費者の利益を実現する組織として，市場における消費者と事業者との情報や交渉力の格差による不利益を解消するために問題の顕在化や消費者への情報提供などの取組みを行っている。

　国や事業者等の責任に関しては，消費者基本法（2004）が，国の責務（第3条），地方公共団体の責務（第4条），事業者の責務（第5条），事業者団体の責務（第6条），消費者団体の役割（第8条）を定めている。また消費者安全法（2009）も消費者の安全に関して，国及び地方公共団体の責務（第4条），事業者の努力義務（第5条）のほか，都道府県及び市町村による消費生活相談等の事務の実施（第8条）を定めている。

3-2 消費者の行動から見る安全

　消費者の「商品選択，商品使用，商品廃棄」，そして「被害回復」という行動から見ると，消費者の安全確保はどのようになっているだろうか。

3-2-1 第1の商品選択の場面に関わる安全性

　消費者基本法には，消費者は必要な情報を入手して適切な選択をするという消費者の役割（第7条）を規定している。消費者は商品選択の際には，商品の広告，ラベルや取扱説明書などを通して安全を確保していくことになるだろう。しかし，消費者と事業者には情報の非対称性があり，消費者にとって選択のための情報は決して十分ではない。事業者や行政から消費者への情報開示が重要である。たとえば，家庭用品品質表示法（1962）は，消費者が製品の品質を正しく認識し，その購入に際し不測の損失を被ることのないように，品質の表示の適正化を図っている。

3-2-2　第2の商品使用の場面に関わる安全性
（1）使用方法に関わる安全性
　消費者は商品の使用にあたってラベルや取扱説明書などによって安全を確保していく。しかし，これらの記載内容によっては，あるいは消費者の意識によっては誤使用だけではなく，消費者の生命や身体等に危害を及ぼすこともある。製品評価技術基盤機構（NITE）では，消費者及び事業者向けに「消費生活用製品の誤使用事故防止ハンドブック」を発行（2005）している。
　また消費者は商品を長期間使用することによる製品事故にも対応する必要がある。2007年の小型ガス湯沸器に係る死亡事故等を受け，長期使用製品安全点検・表示制度が創設されていることから，長期使用の商品については点検などを受けることが必要となる。
（2）商品によって被害を受けた場合の損害賠償請求
　商品の不具合や欠陥などによって，消費者の生命・身体等に損害が生じた場合，消費者は一定の要件を満たせば，民法の債務不履行責任や不法行為責任，さらには製造物責任（PL）法などに基づいて損害賠償請求が可能である。
（3）商品に問題が発生した場合のリコール等による安全性の確保
　商品に欠陥などがあった場合に，事業者が商品をリコールすることがある。消費者は事業者のリコール情報にあわせて事業者への協力とともに自己の安全を確保していく必要がある。なお，リコールについては後述（3－3）で詳しく述べる。
3-2-3　第3の商品の廃棄の場面に関わる安全性
　商品によっては適切な廃棄方法を取らなければ，自己のみならず他者に危害を発生させてしまうこともある。たとえば，スプレー缶（エアゾール製品）については，缶の中にガスが残ったまま廃棄した場合，ごみ集積車や廃棄物処理施設で火災・爆発事故の原因となる可能性があることから，エアゾール製品を販売している事業者は消費者に向けて，必ず残った中身を出し切ってから，市町村等で定められた方法により廃棄するよう注意喚起を行っている。消費者は事業者や自治体の注意などに従うことが求められる。

3-2-4 消費者の被害等回復のための解決方法

　安全に関して問題が発生した場合，消費者は自己の被害等を回復するために次のような解決方法が用意されている。第1に，事業者に対しては，相対交渉によって，返金・交換・修理などの請求，あるいは被害があれば損害賠償請求などを行うことができる。第2に，事業者団体が設置している製品安全に関わるPLセンターなどに申し出ることもできる。第3に，消費者は地方自治体の消費生活センターなどに対して苦情等を申し出て解決する方法も存在する。第4に，消費者は相談窓口を設置している消費者団体に相談することもできる。第5の最終的手段として，消費者は裁判に訴えて消費者の要求を実現していくことも可能である。しかし，日本では諸外国に比べて裁判に訴える例が非常に少ない。国民生活センターによると，1995年7月の施行から2012年12月までの製造物責任法に基づく訴訟数は191件であり，年間単純平均11.2件である[17]。なお，最近，「小麦由来成分含有石鹸アレルギー事件について2012年4月から12月までの間に40件ものPL訴訟が提起されており，従来と異なる傾向が見られる。

3-3　リコール制度

　事業者が商品等を市場に出した後，商品等に不具合あるいは欠陥が明らかになると，被害の未然防止や拡大防止の観点で，商品等に対し，リコールの措置を取ることがある。リコールには法律に定められている場合と事業者の自主的なリコールがあるが，多くは自主的なものである。

3-3-1　リコールに関わる法律

　まず消費者安全法（第40条）によれば，事業者に対する点検，修理，改造，安全な使用方法の表示，役務の提供の方法の改善その他の必要な措置をとるべき旨を勧告することができる。ほかにも特定の商品・サービス等についてのリコールの規定もある。たとえば消費生活用製品安全法，電気用品安全法，食品衛生法など多くの法律に消費者の安全確保のためのリコール等の措置を命令できる仕組みが定められている。

3-3-2　リコールに関するガイドライン等

　自主的であれ，法律にもとづくものであれ，事業者がリコールを実施する

際の具体的な判断や手順などについて，次のようなガイドラインが存在する。

(1) リコールの実施等に関わるもの

　リコールの実施等に関わるガイドラインには，第1に，内閣府の「リコール促進の共通指針―消費者の視点から望まれる迅速・的確なリコールのあり方―リコールガイドライン」)(2009)，第2に，経済産業省の「製品安全自主行動計画策定のためのガイドライン」(2007)[18]，「消費生活用製品のリコールハンドブック2010」[19]，「消費生活用製品向けリスクアセスメントのハンドブック」(2010)[20]，「リスクアセスメント・ハンドブック（実務編）」(2011)[21]，第3に，業界団体として，食品産業センターの「食品企業の事故対応マニュアル作成のための手引き」(2009)[22]などがある。

(2) リコール社告記載に関わるもの

　事業者がリコールを社告で告知をする際のガイドラインとして「消費生活用製品リコール社告ガイドライン（JIS）」(2008) がある。

3-3-3　リコール情報の周知・共有・検索（図表8-1）

　現在非常に多くのリコールが実施されているが，これらのリコール情報の周知や共有，さらにはリコール情報の検索等の仕組みが存在する。

(1) 消費者庁（リコール情報サイト）(2012)

　「リコール情報サイト」には分野別にリコール情報が集約されており，消

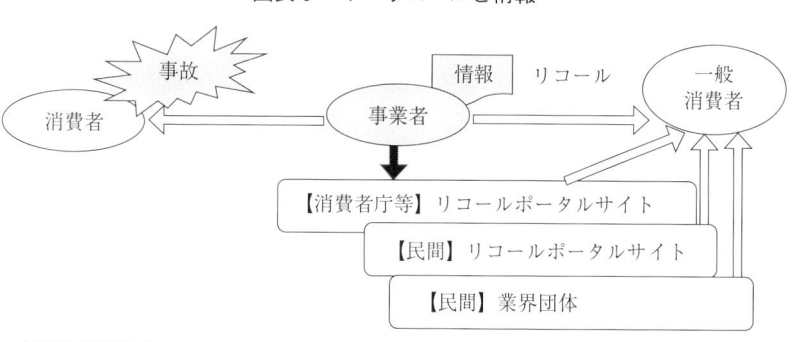

図表8-1　リコールと情報

（出所）筆者作成。

費者がキーワードを入力して必要な情報を入手することができる。2013年7月5日時点の分野別の件数は，食料品195件，家電製品294件，住居品106件，文具・娯楽用品35件，光熱水品12件，被服品107件，保健衛生品131件，車両・乗り物885件，建物・設備47件，その他33件となっている[23]。

（2）国等による情報提供

　消費者庁では「リコール情報サイト」以外にもリコール情報を提供しているが，トップページには写真付きで重大な製品事故のリコールを掲載している。また，2012年より「リコール情報メールサービス」[24]を開始し，担当省庁等が公表したリコール情報を一元的に集約して消費者に提供している。これによって消費者は迅速にリコール情報を受け取ることができるようになった。欧米等では以前から実施されていたものである。なお，消費者庁以外にも国民生活センターやNITEにもリコール情報を時系列で掲載されている。

（3）民間のポータルサイト等

　民間のリコールポータルサイトとして「リコールプラス」[25]では，国内企業や官公庁のWebサイトからリコール情報等を収集して掲載している。ほかには業界団体の例として，食品産業センターの「食品事故情報告知ネット」[26]があり，食品企業が公表した食品事故情報等を提供している。

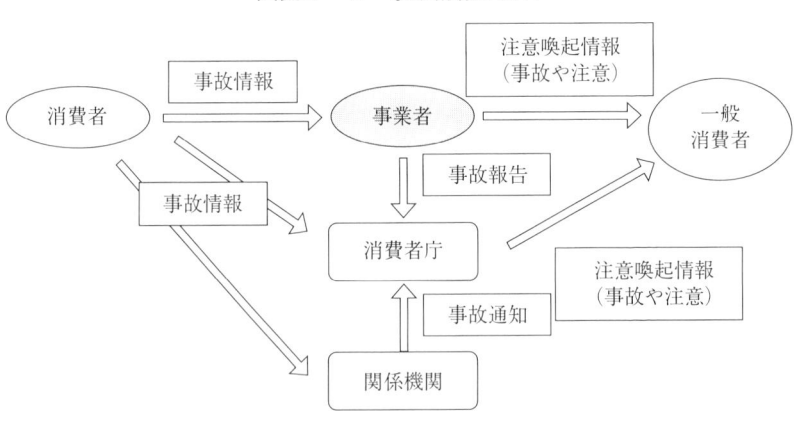

図表8－2　事故情報の流れ

（出所）筆者作成。

3－4　事故情報収集・公表制度

　生命・身体に関する事故情報は図表8－2のようにさまざまなルートで消費者庁に集約され，消費者に公表されている。まず，消費者安全法に基づき関係機関から事故情報が一元的に集約され，その後に分析・原因究明等が行われ，被害の発生・拡大防止が図られる仕組みである。2012年下半期に消費者庁に通知された「消費者事故等」は6210件，そのうち「重大事故等」は686件あり，内訳は，「車両・乗り物」が203件，次いで「家電製品」が177件である。特定の商品等については，たとえば消費生活用品製品安全法においては重大事故について消費者庁へ通知する義務があり，2012年下半期は「ガス機器等」が179件，「電気製品」が322件となっている[27]。また，医療機関ネットワーク事業[28]もあり，生命・身体の事故に遭い医療機関を利用した被害者から，消費者の不注意や誤った使い方も含めた事故情報が収集されている。

3－5　消費者への情報提供とコミュニケーション
3－5－1　消費者への注意喚起

　商品の使用にあたって，あるいは不具合等の事故が発生した際に，国や事業者等が消費者に注意喚起を行っている。消費者庁，国民生活センター，製品評価技術基盤機構（NITE）などがWebサイト上で注意喚起の情報を提供しているほか，メーカーや販売店でもWebなどでリコール情報の告知を中心に注意喚起を行っている。

3－5－2　リスクコミュニケーション

　リスクコミュニケーションとは，「リスクの専門家から情報が一方的に伝えられることではなく，多くの個人や団体がリスクについて疑問や意見を述べあい，情報を交換し相互に働きかけあいながら，ともに意思決定に参加する」[29]こととされる。モノには基本的にリスクが存在し，絶対安全はないが，消費者はそれを理解しないことも少なくないことから，リスクを適切に理解するためのリスクコミュニケーションが必要となる。

　政府や事業者の実際のリスクコミュニケーションは特に食品について行われることが多い。食品安全基本法制定以前は，食の分野でリスクコミュニ

ケーションという言葉はほとんど使われていなかった。2001年9月に，我が国で最初のBSEを疑われる牛が発見されて以来の一連の出来事は，我が国の食品安全行政の仕組みを大幅に変えることになり，2003年に食品安全基本法が施行され，食品安全委員会が新設された。その後，消費者庁や食品安全委員会などにおいてリスクコミュニケーションが行われるようになっている。消費者庁が最近関係府省庁と連携して行ったリスクコミュニケーションの例には，輸入牛肉の安全対策，健康食品，食品と放射性物質などがある[30]。また消費者庁ではリスクコミュニケーションの啓発資料も作成しており，「リスクの学習帖」[31]や「食品と放射能Q&A」[32]などの例がある。

3-6 事故原因の究明と再発防止

商品事故が起きた際に，その原因が究明され，その後の安全対策に活用されることは被害の未然・拡大防止など消費者の安全確保にとって重要である。

2013年6月，消費者安全調査委員会が発足後初めて，2009年発生のエスカレーター事故[33]についての報告・公表を行った。国交省事故調査部会が「昇降機等の構造，維持保全又は運行管理に起因した事故と判断する理由がない」とした結果に対し，事故防止の観点から再発防止策を提言している。

3-7 消費者教育その他

消費者の安全確保の取組みについては上述以外にもさまざまなものがある。消費者教育もその一つである。安全の確保は消費者の意識や使用方法にも影響されるからである。2013年1月，消費者庁公表の「消費者教育の体系イメージマップ」[34]によれば，消費者教育の重点領域の一つに「商品等の安全」があり，これを「商品安全の理解と危険を回避する能力」と「トラブル対応能力」に分け，消費者の成長期に沿った内容を設定している。

また経済産業省の「製品安全対策優良企業表彰制度」[35]がある。2007年に始まったもので，製品安全に積極的に取り組んでいる製造事業者，輸入事業者，小売販売事業者を「製品安全対策優良企業」として表彰し，事業者の製品安全の取組みを促進していくものである。

4 消費者から見た課題

　消費者の安全については歴史的発展を経て，徐々に充実してきたが，課題がないわけではない。以下に，消費者から見た主要な課題を挙げる。

4-1　消費者の使用実態から見た課題
4-1-1　消費者の誤使用の判断
　商品事故は消費者の誤使用によるものも少なくない。しかし，誤使用かどうかの判断こそが問題である。2006年のシュレッダー事故を例にとると，事故が発生した当時，"誤使用"という声も多かったが，商品の販売や使用実態から誤使用とすることがむしろ問題であった。事業者は商品の設計等において，社会背景や消費者の使用実態等を十分考慮することが必要となる。
4-3-2　消費者の不満・苦情とリスク
　消費者が商品を使用・消費する際に不満や苦情を持つことがある。この情報には将来的に事故になりかねないリスクが含まれていることもある。しかし，事業者がそのリスクを発見できるかどうかは事業者の考え方によるところが大きい。たとえば，前述の誤使用の例でも事業者が想定していない使用の場合に誤使用と断定してしまうことは，その問題をリスクとみなすことができないということでもある。事業者は消費者とのコミュニケーションによってリスクを把握していくことが必要であろう。

4-2　リコールの実態から見た課題
4-2-1　リコールの判断基準から見た課題
　実際にリコールをするかどうかの判断にあたっては，多くの事業者や業界はその判断基準を持っている。しかし，リコールの判断基準そのものに問題があることによって消費者の安全の確保が不十分になる懸念も存在する。
　消費者の安全が確保されるためには，商品による被害の拡大の可能性が疑われる場合にはリコールを実施すべきであるが，現実にはコストや信用を考慮し，さらには消費者の安全への企業姿勢が不十分などさまざまな要因によ

って，リコールの判断に誤りを生じてしまうことも稀ではない。

また何か商品上の問題があればただちにリコールをすればいいわけでもない。表示のミスなど消費者の安全にはまったく影響しないリコールがあふれることで重篤な被害をもたらすリコールを覆い隠すことにもなりかねない。また商品の廃棄等による環境負荷の問題も考えられる。

4－2－2　リコールの告知方法から見た課題

現在，事業者は社告という方法で消費者にリコール告知をすることが多い。しかし，最近では社告があまり見られていないという実態から自社のWebや関係省庁に通知することで終わりにする例も増えているようだ。問題は事業者のリコール告知が消費者に届いているかである。消費者の被害の拡大防止の観点から，リコールの告知手段と告知内容についての課題を考えてみる。

（1）告知手段

内閣府の調査[36]によれば，リコール情報の入手はメーカー・販売店等からのDM・電話の「49.6％」，社告による情報入手は「20.4％」となっており，「自治体」は「4.4％」である。消費者庁が設置されてからの変化も考えられるが，リコール後に事故が発生している現状もあることから，リコール情報を消費者に着実に届けることは依然として大きな課題であろう。参考として，アメリカの消費者製品安全委員会(Consumer Product Safety Commission)の「近隣安全ネットワーク」(The Neighborhood Safety Network)を挙げると，そこではオンラインでコミュニティにツールを届け，そこからリコール情報が届けられる仕組みになっている。日本でも日本の実態に合ったさらなる工夫が必要であろう。

（2）告知内容

リコールの告知がなされた場合，消費者にとっては必要な情報が的確に受け取ることが重要である。「安全上に問題はありません。しかし念のために回収します」が氾濫しており，これでは消費者に必要な情報はないに等しい。事業者は消費者が的確にリスクマネジメントできるようにリスクの内容，程度，リスク回避の方法を知らせる必要がある。

参考になるのが，EUのRAPEX（The Rapid Alert System for Non-Food

Products)⁽³⁷⁾である。RAPEXの情報提供方法は，リコールを一覧にし，写真，商品名，リスクの内容や程度が一目で見えるものになっている。

4-3　消費者への情報提供から見た課題

　消費者に対する情報はリコール情報だけではなく，使用方法，保存方法，さらには注意喚起情報や事故情報などがある。このような情報は事業者からも行政からも提供されているが，日本では商品選択時に安全の取組みなどを知るための情報が十分とはいえない。

　参考になるのが，アメリカの消費者団体のコンシューマーズユニオン（Consumers Union）の「コンシューマーレポート」（Consumer Reports）⁽³⁸⁾である。消費者団体による商品テストの情報を冊子あるいはオンラインで提供しており，消費者は事業者の情報以外に消費者の視点でテストされた情報を受け取ることができる。日本では行政や第三者機関による商品選択時の情報提供が十分ではないことが問題である。

4-4　消費者の被害回復から見た課題

　消費者に生命・身体等に被害が発生した場合に，消費者の被害回復については課題が存在すると考える。たとえば商品の欠陥によりメーカー等に訴えを起こす場合，消費者には欠陥の証明という難題を抱えることになる。消費者の視点で原因究明を行う消費者安全調査委員会はまだ始まったばかりであり，今後の運用にかかっている。

5　おわりに―これからの安全に関わる消費者保護の取組み―

　経済社会の発展は消費者の安全を高める一方，技術の発展や複雑化する社会において事業者や政府の取組み，あるいは消費者の努力だけでも消費者の安全の実現がむずかしくなっている。多様な主体の連携・協働による取組みが必要になっている。最近，次のような連携・協働事例が注目される。

(1) 食のコミュニケーション円卓会議の実施(2006〜)[39]

　2006年7月に,主婦,事業者,研究者,教育者,マスメディア,行政など様々な立場のメンバーが互いに学びあう場として創設された。同会議の目的は「どこまで安全を,どこまで安心を求めていくかは,その時代背景や,その時々にかかわる大勢の人々の考えによって解答が導かれるのかもしれません。」とし,学びあうことの重要性を指摘する。

(2)「食品リコールガイドラン〜持続可能な未来のために」の策定(2011)[40]

　数多くの食品のリコールが実施されているが,前述したように安全に関わらない商品等のリコールも数多く実施されている。消費者の利益につながるリコール,そして持続可能な社会の構築との観点で,2011年に消費者団体が事業者の協力を得て,ガイドラインを提案している。

(3) 子ども服のフード,ひもの安全規格の提案(2010〜2013)[41]

　子ども服のフードやひもによる事故を防ぐために,消費者団体が医者等の専門家,保育園からの情報提供も受けながら,子ども服の安全規格を提案している。当初,事業者のなかには"消費者が買うから提供する"との主張もあったが,同提案はマスコミから注目され,JIS制定が検討されている。

　以上のような多様な主体の連携・協働はまだ十分根づいているとは言えないが,今後の消費者の安全確保の在り方を示唆するものではないだろうか。お互いの利害を超えて持続可能な社会における消費者の安全を関係者がともに実現していくことが重要な時代になったのではないだろうか。

(古谷由紀子)

注
(1)　2004年,消費者保護基本法(1968成立)の改正法として成立した。
(2)　ベック(2011)23頁では「近代が発展するにつれ富の社会的生産と並行して危険が社会的に生産されるようになる」と指摘する。
(3)　事例については,日本産業協会 前掲書,鈴木深雪 前掲書,内閣府 前掲書等を参考にした。
(4)　丸山(2012)18頁。
(5)　ただし,2008年4月号で終了している。

（6） 清水（2009）69-76頁。
（7） 1998年3月には「規制緩和推進3ケ年計画」が閣議決定されている。
（8） 内閣府の国民生活審議会消費者政策部会がまとめたものである。
（9） 2002年12月，内閣府国民生活審議会消費者政策部会が「消費者に信頼される事業者となるために―自主行動基準の指針―」を公表している。
（10） 1956年に設立。全国の消費者団体の連携と協力を図っている。
（11） 毎年，PL法制定の公布日の7月1日に報告会を行い，2013年はTDK事故をテーマとしている。（http://www.shodanren.gr.jp/Annai/412.htm，アクセス2013.06.25）。
（12） 2013年2月に発生したグループホームでの火災死亡事故の原因はTDKが回収を呼びかけている加湿器が火元であった可能性が高いと，同社から発表があった。（http://www.caa.go.jp/safety/pdf/130305kouhyou_2.pdf，アクセス2013.06.25）。
（13） 参画している登録機関の情報は12種類である。（http://www.jikojoho.go.jp/ai_national/help/faq.html，アクセス2013.07.05）。
（14） 消費者庁（2013）27頁。
（15） 消費者庁（2013）39頁。
（16） http://www.caa.go.jp/kodomo/index.php，アクセス2013.06.22。
（17） 国民生活センター『［2013年2月12日更新］製造物責任法（PL法）訴訟件数』，http://www.kokusen.go.jp/pl_l/index.html，アクセス2013.05.02。
（18） http://www.meti.go.jp/product_safety/policy/guideline_selfaction.pdf，アクセス2013.06.22。
（19） http://www.meti.go.jp/product_safety/recall/handbook2010.pdf，アクセス2013.06.22。
（20） http://www.meti.go.jp/product_safety/recall/risk_assessment.pdf，アクセス2013.06.26。
（21） http://www.meti.go.jp/product_safety/recall/risk_assessment_practice.pdf，アクセス2013.06.26。
（22） http://www.shokusan.or.jp/index.php?mo=topics&ac=TopicsDetail&topics_id=415，アクセス2013.06.26。
（23） http://www.recall.go.jp/，アクセス2013.07.05。
（24） http://www.recall.go.jp/service/register.html，アクセス2013.06.26。
（25） http://www.recall-plus.jp/，アクセス2013.06.23。
（26） http://www.shokusan-kokuchi.jp/，アクセス2013.06.22。
（27） 消費者庁（2013）1-3頁，26頁。
（28） http://www.caa.go.jp/safety/pdf/130617safety_1.pdf，アクセス2013.06.22。
（29） 消費者庁（2011）1頁。
（30） http://www.caa.go.jp/safety/index.html，アクセス2013.06.29。
（31） http://www.caa.go.jp/safety/pdf/110125shiryo.pdf，アクセス2013.06.29。

(32) http://www.caa.go.jp/jisin/pdf/120831-3_food_qa.pdf，アクセス2013.06.22。
(33) http://www.caa.go.jp/csic/action/index5.html，アクセス2013.06.22。
(34) 2012年12月施行の消費者教育推進法をもとにして作られたものである。
(35) http://www.ps-award.jp/，アクセス2013.06.22。
(36) 内閣府（2006）18頁。
(37) http://ec.europa.eu/consumers/safety/rapex/alerts/main/index.cfm?event=main.listNotifications&CFID=849541&CFTOKEN=82555386&jsessionid=089c4cbfc3325215d41832355f703e25696c，アクセス2013.06.23。
(38) 下記Webの情報によると，購入者は700万人以上とされている。http://www.consumerreports.org/cro/magazine/2013/07/index.htm，アクセス2013.06.23。
(39) http://food-entaku.org/entakutoha.htm#mokuteki，アクセス2013.07.05。
(40) http://www.nacs.or.jp/katudou/documents/syokurecallguideline.pdf，アクセス2013.07.05。
(41) 経緯等については日本消費生活アドバイザー・コンサルタント協会「標準化を考える会」の「子ども服の安全規格作りに参画して～見えてきた私たちの役割～」に詳しく記載されている。

参考文献

小木紀之（1999）『消費者問題の展開と対応』放送大学教育振興会。
消費者庁（2010）「ハンドブック消費者 2010』。
消費者庁（2011）『リスクの学習帖講座のための手引書』。
消費者庁（2013）『消費者事故等に関する情報の集約及び分析の取りまとめ結果の報告』。
清水きよみ（2009）「企業の消費者対応の変遷と消費者の変化―10年間の ACAP『企業の消費者対応実態調査より―』」『ACAP ジャーナル』No. 2，69-76頁。
鈴木深雪（2010）「消費者政策消費生活論［第５版］』尚学社。
内閣府（2006）「製品の回収措置に関する情報の利用状況についての調査研究 報告書』。
日本産業協会（2013）「消費者問題 行政問題」『消費生活アドバイザー通信講座 2013』日本産業協会。
古谷由紀子（2010）『消費者志向の経営戦略』芙蓉書房。
古谷由紀子（2013）「消費者課題解決のアプローチ―市場経済の場面に沿って―」『NACS 消費生活研究 2013』NACS 消費生活研究所，2-11頁。
ベック，ウルリヒ著，東兼・伊藤美登里訳（2011）『危険社会』法政大学出版局。
丸山千賀子（2012）「消費者政策をめぐる消費者団体の態様の変化と今後の展開（１）」『国民生活研究』第52巻第２号，19-33頁。
御船美智子編著（2006）『消費者科学入門』光生館。

第9章

消費者主権と消費者による監視の可能性

1 はじめに

　ICT（Information and Communication Technology）の発展，特にインターネットの登場によって，消費者の情報化が進んだ。商品特性や比較価格など，消費に関わる情報の取得がこれまで以上に容易になり，消費者自身による情報発信が可能になったことも，その大きな特徴である。また企業と消費者との間の双方向な情報のやり取りもかなりスムーズに行なわれるようになり，一部では消費者参加による製品開発や個別仕様の商品の提供が可能になったことで，企業と消費者との情報格差が縮小し，消費者主権が実現しているとする意見もある。

　このように，ICT は市場における情報の非対称性を縮小させるため，自由競争理論の示すような純粋な市場の競争機能が発揮されることが一般に期待されている。果たしてその通りなのだろうか。また，その際の消費者主権はどのように実現されるのであろうか。本章の問題意識の出発点はここにある。とりわけ，近年の食品の安全問題や東日本大震災後の放射能の影響など，消費者の身近で起きる商品そのものや商品流通への不安は増す一方である。その問題に ICT はいかに貢献しうるのか，これもまた今日的な課題である。

　本章では，現代的な市場における消費者主権の概念を再検討し，その概念と市場における ICT との関わりを考察する。結論を先取りしていえば，消費者主権概念が想定していた理念的な純粋競争市場の実現は非現実的である

としても，現代の市場において，ICTを利用するかたちで，広い意味での消費者による「監視」が続けられれば，消費者にとってより望ましい市場の姿へ導くことができるのではないかという期待を本章は持っている。

　それは経済学が描く純粋な市場の競争機能が強化されただけの姿ではなく，多様な主体による多様なかたちのソリューション・ネットワークの交流の姿（図表9－1参照）として，そして市場の外の問題をも含めた多元的重層構造を持つ現代の市場ならではの姿としてである。本章では，具体的な事例として食品の安全問題の解決手段に利用されているICTの現状を取り上げ，それと消費者との関わりを「監視」というキーワードからとらえ返してみる。これらを通じて，ICTの進展を含めた現代的な市場における消費者主権のあり方について，その素描を導き出すことが目的である。

2　現代の市場と消費者主権

2－1　消費者主権とは[1]

　消費者主権とは，もともとは経済学の概念で，個々の消費者に選択の自由があり，その個々の自由な消費者の選択が究極的に社会全体の資源配分を望ましい姿へと方向づけるという考え方である。ここで前提とされている市場は純粋な自由競争市場で，効率的な資源配分機構としての市場の経済的効果が，消費者主権を実現させるという市場の優位性を説いたものである。

　しかし，消費者主権の実現が困難であることは，これまでにも指摘されてきた[2]。たとえば，そのよって立つ市場機構が純粋な自由競争を想定しており，現代の市場は独占段階のそれに変容しているため，その実現は事実上困難である。また仮に自由競争の市場であっても，消費者と生産者との間には情報の非対称性がある。さらに消費者主権と消費者の選択の自由は区別して論じられなければならない。

　それでもなお，消費者主権の概念は，経済主体としての消費者の利益確保の観点から，市場機構のあり方を論じる際に積極的に使用されてきた。具体的には，市場に内在する消費者主権を阻害する諸要因の除去を目的として，すなわち市場における情報の非対称性の是正や，価格競争が自由に行われる

ための市場支配力の排除などのために，消費者主権の概念が政策論的に用いられてきた。競争政策や消費者保護政策，あるいは消費者法などでは，消費者主権の概念はその政策思想として「規範的」な理念なのである。

消費者主権のそうした規範的な文脈と通ずる概念としては，「消費者の権利」が一般的である[3]。1962年に発表されたアメリカのケネディ大統領の「4つの権利」[4]が有名であるが，消費者主権の概念にも含まれる選択の自由をはじめとして，市場において消費者が保障されるべき権利が説かれる。今日の市場においては，大企業による寡占化が進んでいるため，市場参加における非対称性が著しく，特に消費者の市民としての権利が脅かされている。そのため，消費者の経済主体としての権利を確保するための政策が必要となる。消費者主権の概念は，こうした権利確保の延長線上に位置づけられて，今日的な意味で用いられている。本章でも，消費者主権をこのような意味でとらえ，そのよって立つ市場機構の現代的な作用（独占段階の市場の作用）に対し，どのように消費者の権利を確立していくかという立場でこれをみていくことにする。

2－2　消費者主権のとらえ方にみる今日的な消費者像

さて，消費者主権は，規範的な理念とされながらも，その解釈の中に今日的な消費者像や消費者問題を反映してとらえるべきとする動きがみられる。現代的な市場における消費者主権を考えるにあたって有益であるため，以下で紹介する。

消費者主権の概念には，大別して二つのとらえ方がある[5]。一つは，上でも述べた市場経済のあるべき姿を評価する際の規範的なとらえ方，あるいは価値命題としての側面である。これは，市場取引における主体の本来的権利を主張するもので，人は本来的に平等で自由であるという個人主義の思想や自由権の思想を基礎としている。

いま一つは，現実の経済活動を分析する際の実証的なとらえ方，あるいは事実命題としての側面である。この中には，従来市場機構において取り扱われなかった人間の生活欲求の権利や社会権の思想が追加される。たとえば，所得格差によって選択の自由が制限されることがそうである。また，そもそ

も市場機構に乗らない外部効果や，公共サービスの提供に関する消費者問題の存在も指摘されている[6]。近年の食品の安全問題との関わりでいえば，まさしく市場の外部で起きた問題の多くが消費者問題として立ち表れており，またICTに関していえば，いわゆる「デジタル・デバイド」[7]はまさしくこの領域の問題である。

　一般に，消費者主権を理念として掲げる今日の競争政策や消費者保護政策は，前者の規範的なとらえ方での個人の権利の保障や自由・平等の保障を前提に，特に大企業と消費者とを対置させてきた。しかし，後者の実証的なとらえ方では，より広く，それ以外の問題として個人間の差異や格差，また市場の外での問題も視野に入れ，今日的な消費者問題をとらえようとしている。とりわけ商品流通がグローバル化し，情報流通が格段に進化した今日では，市場における売り手と買い手の多様性や複雑性はよりいっそう増し，そこでの消費者の選択の自由を論じることは容易ではない。さらに市場の外での様々な問題も消費者にとっては十分に消費者問題であり，環境問題や食品の安全問題，直近の原発問題なども，直接的・間接的に消費者の市場取引と関わってくるものである。このような現代的な市場の姿と消費の複雑性を考えると，消費者主権という概念が持つ現実的で多様な側面に目を向けることは，重要な意義がある。

2－3　消費者保護論の消費者像を超えて

　消費者主権を理念として掲げる今日の競争政策や消費者保護政策は，消費者主権を阻害する要因，あるいは市場機構において消費者問題を発生させる要因として，大企業の支配体制や独占的操作のほかに，以下のような消費者の属性や位置づけを強調してきた。たとえば，消費者が生身の人間であること（身体的・知的な制約を持ち，場合によっては生命的危機にさらされる可能性があること）や，弱者としての立場（未組織の個人であること，組織や専門家に対し素人であること，および無知であること），また最終消費者という立場（価格転嫁が不可能であること）や，消費者の事業者に対する従属性などである。市場機構に関していえば，大企業の市場支配力により競争が制限され，独占価格を強いられること，および市場における情報が企業側に

占有され，情報の非対称性が存在することである。総じていえば，個人であり最終消費者であるがゆえの保護されるべき，弱き存在としての消費者像である。

　このこと自体は事実であるが，それらは「消費者の無能力と，消費者の個別に切り離された状況をあまりにも強調しすぎ」ていると来生はいう[8]。それは，今日の消費者を取り巻く諸問題が拡大し，消費者自身の意識や行動にも変化がみられるからである。たとえば，消費者問題の中で取り扱われる環境問題は，企業のみならず消費者自身も環境に対して責任を負う意識が強く芽生えてきたことから浮上してきた。そこでの消費者は，受動的な弱者としての立場ではなく，自分自身も環境に被害をもたらしている加害者の立場にあることを反省し，消費スタイルをみつめなおす動きをみせる。いうなればそれは消費者意識の変化，あるいは消費者問題の質的変化である。近年の食品の安全問題に関しても，これまでの価格一辺倒の消費のあり方や輸入食品を見直す動きは，この文脈に入るものといえるだろう。

　また来生は，消費者自身の学習効果や，個々の消費者の総体としての存在意義に注目し，「需要者という集合」が一定の時間の幅の中で商品を選択する市場における働きを重視する[9]。それは消費者が市場機構に影響力を行使する力，すなわちガルブレイスのいう拮抗力の形成による，可能な限りの自由の拡大の可能性を意味する。当然こうした消費者自身の能動的な活動や集団的な運動は消費者団体の組織化や消費者運動としても結実するのであるが，一般的な消費者主権の議論の中で「保護されるべき弱き立場の消費者」像を，より実体的に能動的な存在としてとらえることは，高度情報化社会における消費者像を描く際に有用な視点となる。消費者はICTの活用により，その能動性をこれまで以上に拡大させているからである。加えて，ICTは一般的に上述の消費者主権を阻害する諸要因をかなりの程度まで克服することができると期待されている。節を変えて詳しくみていくことにする。

3　ICTと消費者主権

　市場におけるICTの効果については，広く経済学の分野から，経営戦略

的なマーケティング論の分野まで，様々な観点から論じられてきた。ICTによって市場に情報が行き渡り，売り手と買い手との間の情報の非対称性が縮小し，市場の透明性が増すことで競争が活発になる。あるいは顧客情報の取得が容易になることから需給整合の精度が上がり，顧客志向が実現される。そしてより進んでは，ICTのコミュニケーション技術によって顧客に個別的な対応ができるという。もって消費者主権の実現に寄与するという論理である。本節では，これらの議論を整理し，現代的な市場における消費者主権のあり方を考察する。

3－1　ICTと消費者主権をとらえる3つの視座

　ICTが消費者主権に資するとする議論を，ここでは市場における取引主体の集計水準から，大まかに3つ区分する。一つ目は企業対消費者の個別的な関係性で，特に企業側からの視点である。経営戦略論やマーケティング論での議論がこれにあたる。二つ目はそれら取引主体の総体である市場全体における売り手と買い手の関係性で，市場機構からの視点である。そして3つ目に市場を含む経済全体あるいは社会からの視点である。以下で，それぞれについて論じられているICTの効果を振り返ってみる。

3－1－1　企業対消費者の個別的な関係性におけるICT

　マーケティング戦略において，ICTは企業の利益獲得活動に大いに資する。それは単なる省力化や自動化というコスト削減要因だけでなく，消費者との情報交流の面で，顧客獲得や顧客満足に大いに威力を発揮する[10]。蓄積した顧客情報に基づき，顧客に見合った製品やサービスを個別に提供するデータベース・マーケティングや，大量生産技術を基盤としながら，データベースに基づき個別対応を図るマス・カスタマイゼーションなどがそれである。これらの議論では，顧客満足を個別にあるいは究極的に高めるという効果が謳われる。また，ICTの普及によって，企業と消費者との間に存在してきた情報格差や情報の非対称性が縮小したことや，実際にICTを用いた消費者主導型の製品開発が行われている事例から，相対的に消費者が優位になりつつあるという見解もある[11]。

　これらをもって消費者主権の実現ととれなくもないが，これらは個別企業

のマーケティング戦略の枠内におけるものであって，全体としての市場における消費者主権を実現したことにはならず，またその意味ではむしろ囲い込まれたかたちでの顧客の個別的な欲求の実現である。それは消費者主権を対個別企業との限られた関係からとらえたものにすぎず，市場や流通機構の全体あるいは社会全体における消費者主権とは呼べない。こうした企業からの顧客情報の収集や活用は，「企業による消費者情報把握の容易化」にすぎず，消費者の個別情報の企業利益のための濫用にすぎないとの指摘もある。加えて，確かに ICT の発達によって消費者も情報を取得しやすくなったが，消費者側が獲得したといえるのは「商品の品質や価格に関する比較情報，すなわち相対的評価の指標であって，製品の素材やコストに関する情報など絶対的評価の基準を獲得したわけではない」[12]。消費者が製品開発やクチコミなどの情報発信に参加することで究極の顧客志向が実現されるとする議論もあるが，それらは消費者の参加による喜びや名声といった主観的な動機づけを強調するだけに終わり，メーカーから仲介業者，さらに消費者への価値の生産と配分および再配分の過程を明らかにしていないという指摘もある[13]。

　以上から，個別の取引関係における消費者主権の実現は，個別企業と顧客との間の閉じられたものにすぎない。また，消費者の得る情報には限界があり，消費者参加についても企業側に利用されている面が拭えない。

3 - 1 - 2　市場機構における ICT

　ICT の効果を市場全体のレベルでみるとどうであろうか。ICT は市場における情報の非対称性を是正し，あらゆる売り手と買い手に取引の機会の増大をもたらす。したがって市場の競争機能が有効に働く。特に ICT 企業（たとえばアメリカの eBay やヤフー・ジャパンなど）によって提供される消費者相互（中小企業を含む）間での大規模なオークション取引の場の創造（ネットワーキング・サービスの提供）に関しては，そのことがいえる[14]。これによって寡占市場において弱い立場にあった中小企業や消費者にも対等な立場での市場参加や取引の機会が訪れ，競争が活発になることによって，論理的には市場は自由競争時代に近い状態になることが期待される。これが経済学的な観点からの ICT の効果である。

　消費者に関しても，情報の取得が容易になり，これまで特に問題視されて

いた企業と消費者との間の情報格差は，理論上は解消に向かう。また情報の自由な取捨選択によって，消費者が資源配分を規定するという消費者主権がこちらも理論上は実現する。

しかし，現実にみられるのは，一方では情報の「氾濫」と，他方ではそうした大量の情報からの「過疎」の状況である[15]。また，ICTの利用をすべての消費者が等しく行えるわけではなく，その意味で情報の入手の不平等性や困難性がつきまとい，仮に情報が自由かつ平等に入手できるとしても，膨大な情報や専門的な情報を理解したり，判断したりすることは難しい。いわゆるデジタル・デバイドは無くなることはないのである[16]。また，上に述べた企業対顧客という個別的な関係性を強化する（いわば情報共有によって競争を制限する）力と，情報の非対称性の是正によって広く関係性が開放される（いわば競争を促進する）力は，同じ市場で同時に働く。その意味で市場の不確実性はますます増加しており，この両者の引力の間で，消費者は市場での意思決定を迫られている。

3−1−3　経済全体あるいは社会におけるICT

さて，市場そのものの議論からは逸れるが，本章にとって有益な示唆を与えるので，市場を含む経済全体あるいは社会的にみた場合のICTの効果についても触れておく。ここで対象とするのは，消費者のみならず市民一般がICTを駆使することによって消費者問題を含む様々な生活上の問題や社会問題を解決するというものである[17]。これらは，ICTによる問題意識の共有やコミュニケーションの増大，またコミュニケーションを通じた問題解決への活動（ウェブ上の議論から現実世界における勉強会や講演会等まで）を通じて，社会的な問題解決が図られることに期待する。ICTの利用は産業分野から出発したが，消費・生活の領域に拡大した段階で，問題解決のツールとしての有用性を最大限に発揮するようになった。特に個々人の情報活動や相互交流にICTは寄与し，コミュニケーションを通じた問題解決に期待が寄せられている。

しかしながら，これらの活動や問題解決はまだ局地的・限定的なものにとどまっており，また，それを担う市民組織という意味では，ネットワーク組織の脆弱性が指摘されている。ネットワーク組織の脆弱性とは，行政組織や

企業組織など既存の組織に比べ，管理能力や経営能力などが劣ることをいう。加えて，市民組織や市民運動などは営利活動ではないため競争的状況がなく，主体性意識も弱いため，問題解決の構想力がまだ貧弱だという問題もある[18]。また，ここでもデジタル・デバイドの問題は依然として残る。

　しかし，それでも広く市民一般が関与するこうした活動は，今日の食品の安全問題のような社会問題を解決していく際に有効な手段であり，またその可能性を秘めている。つまり市場の問題あるいは消費者問題に対して，消費者自らがICTを介して関わっていくことで，市場を望ましいかたちに編成する可能性があるということである。その意味で，現代的な市場における消費者主権は，ICTが市場の参加者すべてに導入されることによって直ちに実現されるのではなく，デジタル・デバイドの問題も含め，消費者自らが自身の問題としてそれらに関与する主体的で社会的な意識を強め，不断の対話を続けることによって実現すると考える。そしてそのためのしくみが必要とされている[19]。

3－2　ICTと問題解決のためのネットワーク
3－2－1　情報の非対称性

　整理すると，ICTは企業や消費者の個別的な立場で，それぞれの問題解決に資するものであるし，他方でそれを全体としてみた場合には，双方にとって有用なものとなることもあれば，障害となることもある。これは見方を変えれば，情報の非対称性をどの取引主体の集計水準でみているかの違いともいえる。そしてそもそも情報は多義的で，主体や文脈によって内容が変わるものであるため，多岐にわたるそれを一元的に対称であるか否かと論じることは難しい。しかし重要なのは，企業対顧客であっても，総体としての売り手と買い手であっても，市場における売買というかたちに収斂されるまでに，両者にどのような情報のやり取りや相互作用があるかという動態をつかむことである[20]。近年のマーケティング研究におけるネットワーク論の台頭は，こうした相互作用の重要性を裏付けているともいえる。

3－2－2　ソリューション・ネットワーク

　これまでみてきたICTと消費者主権をとらえる3つの視座（前掲3－1

参照）と，ICT がもたらすネットワークの特性から，問題解決のための（ソリューション）ネットワークとして，タイプ分けを試みたものが図表9－1である[21]。縦軸には，それが個別で特定の関係性の強化を志向するかどうかという点から，オープンとクローズドというネットワークの開放性をあてた。横軸には，解決される問題の度合いが，個別的あるいは私的なものか，広く多くの人々に賛同され共有されるものか（いわゆる社会的・公共的なものか）という問題関心の度合いをあてた。

図表9－1では，二つのソリューション・ネットワークのみを描いた。左下に位置するのは，企業と消費者との個別的なソリューション・ネットワークであるが，それは企業が消費者を囲い込むかたちでのソリューション・ネットワークである。たとえば企業が蓄積しているデータベースを基にしたオンライン・コミュニティなどがこれに含まれる。そして右上に位置するのは，市民を含む多様な主体が社会的・公共的な問題を解決するためのソリューション・ネットワークであり，たとえば環境保護団体や消費者団体，地域ボランティアなどのネットワークである。この両者のネットワークの中間

図表9－1　ICT を用いたソリューション・ネットワークのタイプ

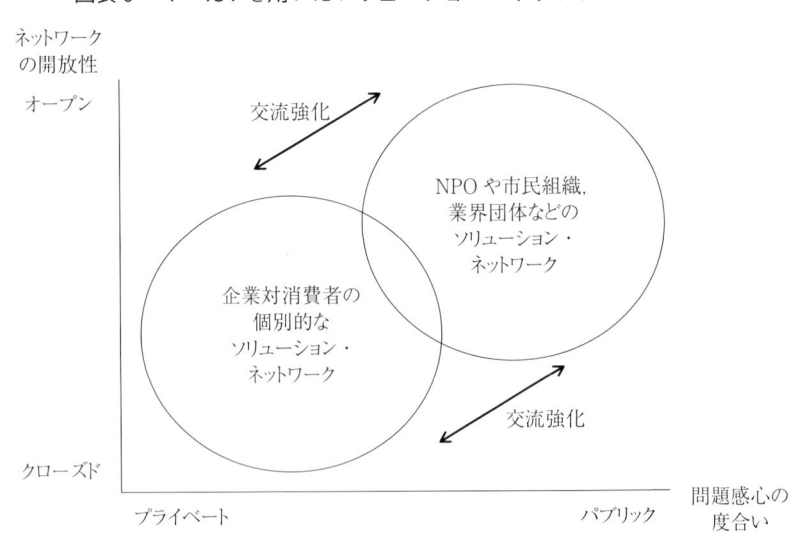

的なものとして，たとえばウェブサイト上でクチコミを収集したり，価格比較を行うネットワークなどもある。これらは広い意味で市場の競争機能を有効に働かせることに資しているといえるが，ここでは簡略化のために二つのネットワークのみを描いている。

　本章の関心は，この二つのネットワークが両者の性質を保ちながら，相互に交流を深め，課題認識や課題解決技法の共有化を通じて問題解決を図る方向へと変質していく可能性についてであり，その意味での中間的なネットワークの新種を期待するものである。また，本章の主題である現代的な市場における消費者主権とは，こうした様々なソリューション・ネットワークに消費者が多様に関わることで，企業側と消費・生活側との境界で対話が繰り返され，結果として市場を通じて，いいかえれば消費者問題や社会問題が市場機構に組み入れられて解決されていくかたちで，緩やかに実現されていくものと考える[22]。

4. ICTを用いた消費者による監視の可能性

　さて，現代的な市場における消費者主権をICTとの関わりにおいてみる際に，主要なキーワードとして「監視」を挙げたい。それは先に述べた通り，様々な消費に関する問題に対し，消費者自らがICTを用い，また仲介されながら，自身の問題としてそれら諸問題に関与することで実現すると考えるからである。その主体的な意識づけや関与の技術として，ICTやそれが作るソリューション・ネットワークの意義を考えたい。そしてそのあり方としてのICTによる「監視」の役割をここで提唱したい。

4−1　情報化社会における監視機能

　情報化社会において，監視というテーマは常に主要な関心の一つであり，情報化社会論の蓄積はそれと同じくらい監視についての議論を重ねてきた[23]。監視者には被監視者が見えているが，被監視者には監視者が見えない，つまり知らず知らずのうちに監視下に置かれているという「パノプティコン（一望監視型監獄装置）」の概念が有名であるが，情報化社会はそのよ

うな監視を生む社会といわれてきた。そこから情報化社会論では常に監視の危険性とプライバシーの保護が対となって議論されてきた。

　しかし，こうした監視社会論を再考した青柳は，監視社会が情報化の不可避的な帰結であることを前提に，「抑圧のための監視ばかりでなく，保護と安全のためのそれもあること，さらに監視は規制や統制に代わる自主的な管理のツールになること」[24]に積極的な意義をみいだす。青柳によれば，パノプティコンをはじめとする権力者や権威者による一方的な監視に対する否定的な見方は，かつての全体主義的権力国家型の「権力者による権力維持のための非人間的なツール」に対する時代的な嫌悪感を反映したものであったという。しかしそれは冷戦体制や共産主義国家の事実上の解体という現実から，今日の政治・経済体制では喪失しているという。また，プライバシーを過保護に訴えるアレルギー反応的な監視反対論も行き過ぎであると批判する。むしろ，情報ネットワークが高度に分散し，相互に張り巡らされるに至った今日的な情報化社会では，かえって監視者と被監視者との境界が喪失していること，そして監視者の視線が常に被監視者に自発的な規範を持たせるような機能があることに注目する。

　青柳は，他人のまなざし（監視）による人間の内面化の作用に注目し，監視のもたらす自制心や道徳心のはたらきに期待を寄せる。「人から監視されているという意識は，摘発されると恥をかくとか，罰せられるのを避けるなどの消極的防衛策が動機としてあるのはもちろんであるが，そのほかにも監視する人間の期待に応えようとする積極的な前向きの動機が無意識のうちに発生する」[25]。これによって，公徳心の閾値が高く保たれ，たとえば犯罪を未然に防ぐことができたり，モラルハザードが抑えられたりするという効果が生まれる。人々の内面で倫理観や良心が高く保たれると，総体としてそれが社会的な規範や秩序となって広がり，望ましい社会の状態を作るのである。

　他にも，監視には様々な効果がある。たとえば相互監視は牽制と均衡（チェックとバランス）の機能を持っている[26]。牽制と均衡とは，政治学の分野におけるリスクの分散管理の手法であるが，常に対抗あるいは競合する複数の勢力を確保して，これを相互に競争および監視させることによって，競

争による向上を確保するというものである。政治における三権分立や企業統治に用いられる委員会制度などがそれである。

　このように，青柳が監視機能に期待するのは，相互に監視しあうことによって生まれる社会的規範と，それが人々に内在化することである。それは一般に倫理感や道徳心と呼ばれるものである。それらを高めることができれば，社会は，あるいはここでの関心でいえば市場機構は，その全ての参加者に望ましいかたちに変わっていくのである。そしてそのためには，見る者も見られる者もそこに関与していること，あるいはし続けていることが必要となる。

　消費者問題の関心に近づけていえば，監視といえばこれまでは主に被監視者としての消費者の立場を強調したプライバシー保護論が主であった。しかし，食品の安全や商品流通のあり方を問う際には，むしろ消費者も市場の監視者となって，関連事業者の動向を見守る役割が期待される。1－3で述べた消費者意識の変化，あるいは消費者問題の質的変化が求められているのである。そしてそのためのICTの有効な利用法が模索されるべきである。

4－2　食品トレーサビリティにおける監視機能

　ICTと消費者主権のあり方を，上述の監視の機能からとらえ返すことの含意は，個別の商品取引における個別主体間の問題であれ，それらの集合体としての公共的・社会的な問題（いわゆる消費者問題を含む）であれ，ICTを有効に活用し，それらの問題に消費者自身が監視者となって何らかの関与をし続けることが問題解決につながるという期待である。ここでは，図表9－1の右上に位置する社会的・公共的な問題を解決するためのソリューション・ネットワークに焦点を当て，ICTを用いた消費者による監視の可能性について考察する。具体的な事例として，ここではICTを用いた監視システムとして確立している食品のトレーサビリティを取り上げる。

4－2－1　トレーサビリティとは

　トレーサビリティとは，生産，加工および流通の特定の一つまたは複数の段階を通じて，食品の移動を把握できることである[27]。この場合の移動とは，川下方向へ追いかける追跡と，川上方向へ遡る遡及の両方を意味してい

る。2002年に起きたBSE問題を機に，食品の生産・製造および流通上の透明性を確保するために，2003年に国によって牛肉のトレーサビリティが義務化され，2010年には米および米加工品のトレーサビリティが義務化された[28]。その他の食品に関しては，農林水産省によりガイドラインが出され，任意となっている。

トレーサビリティは，食品の入荷や加工処理，出荷といった流通過程を記録することで，食品危害の事故や事件が起きた際の原因究明や回収を目的に作られた。その意味でトレーサビリティは「安全を担保するシステムではなく，適切な情報を提供することによって，事故・事件による被害を最小限に抑えるためのシステム」である[29]。また，トレーサビリティには，食品の生産地や生産者，製造や加工処理過程についてロットごとに情報が記録されるため，求めがあればそれら情報を開示できる情報提供機能と，それを通じて食品表示や品質の安全性や信頼性を確保する機能とがある。食品危害事故や事件が相次ぐ昨今，大手食品会社や大手スーパーは，食品の安全性確保や事故処理機能のほかに，そうした情報提供機能や信頼性を確保する機能を競争優位とすべく，独自のトレーサビリティに取り組み始めている。

4-2-2　トレーサビリティの現状と課題

わが国におけるトレーサビリティは，BSE問題への対策として政府によって進められたが，義務化は牛肉と米の2品目のみで，その他は任意となっている。そのため，個別の食品や個別企業間のみで利用可能なシステムの乱立を許しており，またシステムの標準化も図られていない。牛肉と米を除いた食品関連の生産者や企業は，上述の通り食品危害事故や事件の不安払拭を目的とした安全性確保の対策として，いわば消費者への安心の訴求として，他の品目や事業者への差別化として導入しているところがある。しかし，グループ企業間取引のように関連流通事業者間のみで運用しているため，上述の通り乱立状態にある。

一方，消費者は，全体としてみるとトレーサビリティへの認識が低い。たとえば農林水産省が行った平成19年度食料品消費モニター第4回定期調査[30]の結果によると，トレーサビリティという言葉を知っていたか聞いたところ，「よく知っていた」15％，「だいたいのことは知っていた」32％，

「言葉を聞いたことがある程度」20％と，全体の認知度は67％であった。さらに「よく知っていた」と「だいたいのことは知っていた」と回答した人のうち，トレーサビリティと生産情報の開示とが異なるものであると正しく理解していた人は，そのうちの49％であった。つまり，トレーサビリティの意味を正しく理解している人は，全体の約23％に過ぎなかったのである。同じ調査の中で，トレーサビリティが普及されることは食生活において重要かとの問いに，「重要である」56％，「どちらかといえば重要である」31％と合計で87％もの人がトレーサビリティを重要視していると答えたにもかかわらず，その理解は進んでいないことが分かる。トレーサビリティの制度そのものが様々な課題を抱えているとはいえ，このような消費者の理解度の低さでは，消費者の側から食品の安全問題に関与していくことはまだまだ難しい。

4-2-3　食品トレーサビリティに対する監視の現状

　さて，このようなトレーサビリティであるが，この制度は現在どのような「監視」の下に置かれているかみておこう[31]。トレーサビリティ・システムそのものの信頼性を確保する検査手法には，民間監査と政府監査とがある。前者は食品事業者の独立した監査部門による内部監査，取引相手事業者による第二者監査，そして食品事業者の利害から離れた監査機関による第三者監査である。わが国では第三者監査制度があまり発達せず，もっぱら内部監査と第二者監査によってトレーサビリティ・システムの運用がチェックされているのが現状である。後者の政府監査は，法律によって義務付けられている牛肉と米のトレーサビリティ・システムの監査に用いられているが，実際には地方農政事務所や都道府県のJAS検査担当職員が担当している。こうした実態は，民間の監査機関による第三者監視が行われているヨーロッパとは対照的である。つまり，わが国ではシステムそのものを第三者の側から他律的に監視する制度がまだ確立されておらず，ここに認識の低い消費者がどのように関わることができるかという問題は，まさしくこれからの課題である。

4-2-4　消費者を監視者に育てるための取り組み事例

　食品トレーサビリティへの消費者の理解度の低さを消費者の立場から改善すべきとして，食品関連事業者間で作られる日本トレーサビリティ協会[32]

は，2008年に消費者情報部会を発足させ，消費者の理解促進たのめの様々な交流活動を行っている。部会では，消費者の視点からわかりやすい食品表示のあり方やトレーサビリティ情報に焦点を当て，調査や学習会，工場見学などを行っている。また，その一環として，食品表示検定協会と連携し，消費者への食品表示の理解を促す書籍を出版している[33]。

同様の食品の安全問題に関して，消費者との交流の取り組みでは，内閣府食品安全委員会[34]が食品の安全性についてリスク分析を行う観点から，消費者を含む関係者との間で情報の共有や意見交換を行う「リスクコミュニケーション」を導入している。ここでは，年間を通して意見交換会や各種説明会，講演などを行っており，他にも条件つきながら消費者から食品安全モニターを募り，食品の安全性の評価に消費者の意見を取り入れたり，問い合わせ窓口としての「食の安全ダイヤル」を設置したりして，様々な情報公開を行っている。

しかしながら，こうした取り組みは限定的なものとなっており，なお課題が残る。それぞれの公開資料の中で問題として挙げられているのは，たとえば食品事業者や行政および消費者など関係主体者間の認識の違い（特に食品の安全性に対する専門家と一般消費者との認識の差や，関連事業者間の利害関係による認識の差）や，行政や専門家の伝達方法のまずさといったものである。これらは概してコミュニケーションの問題である。ICTの発達と情報公開の一般化によって，今日では食品に関する情報は詳細に提供されているが，消費者にとってそれらは難解で，かつ供給過多に感じられるのである。情報開示の範囲や分かりやすさについて，その実現の困難性はあるものの，それらはすべて消費者にとって望ましいかたちで提供されなければならない[35]。

また，こうした機関との交流は，参加する消費者にそもそも偏りがあるという問題もある。日本トレーサビリティ協会や食品安全委員会と交流のある消費者は，代表的な消費者団体に所属する消費者のみであるという点である。消費者団体のもつ役割や意義，そしてその果たす監視機能は疑うべくもないが，消費者問題にとってのよりいっそうの課題としては，一般消費者にまであまねく消費の諸問題が共有され，関与しやすいしくみが作られること

である。そうした広く一般の消費者までもがICTを利用して政府や企業などの食品の安全対策を「見守り」（監視し），食品関連産業やひいては市場のあり方そのものを消費者にとって望ましい方向へ導いていくことが，究極的には求められる。

5 おわりに

図表9-1で，ICTを用いたソリューション・ネットワークに二つのタイプを挙げたが，最後にその両者の近接あるいは融合の可能性の一つの方向を示し，本章を結びたい。

本章では食品の安全問題を例にICTを用いた消費者による監視の可能性を探ったが，3および4でみた通り，消費者がそれらの問題に関与する方法には多くの課題が残されている。それは一般にコミュニケーションの問題であり，またそこでICTが活用されるとすれば，デジタル・デバイドの問題も関わってくる。これらの解決をそのネットワークの中で，あるいは関係者間の交流の中で図るとしても，かなりの時間を要し，また広く一般の消費者に行き渡るかたちでの問題意識の共有やその解決は容易ではないだろう。

他方で，図表9-1の左下に位置するもう一つのソリューション・ネットワークは，それが企業による営利活動の延長線上に位置づけられるとはいえ，消費者の関心をうまく引き付け，固定させ，双方にとって望ましい，いわばwin-winの関係性を構築している。本章の最後に提案したいのは，こうした企業の持つマーケティング手法を社会的・公共的な問題を解決するためのソリューション・ネットワークにうまく応用させていくことと，企業の個別のソリューション・ネットワークに，社会的・公共的な問題解決への志向性を同調させることである。前者は，いわゆるマーケティング技術のオープンでパブリックなソリューションへの応用であるが，たとえばトレーサビリティの認知度や理解度を上げるために，マーケティングのプロモーション機能を生かす方法がある。あるいは，専門家と消費者との認識や理解の差を埋めるために，消費者のニーズを汲み取り，消費者に分かりやすいかたちで情報伝達をするマーケティングのコミュニケーションの手法を活用できる。

また個別企業の営利活動の延長線上で，トレーサビリティへの取り組みを競争差別化に用いたり，そのPRを通じて消費者にトレーサビリティや食品の安全性への関心を持たせたりすることもできる[36]。

　もちろんこれらが個別企業の私利私欲のためだけに使われてはならないが，企業の営利活動にとっての諸問題と，消費者や社会全般における諸問題との境界線はいまや揺らいでおり，特に食品の安全問題のような社会全般にわたるものに関しては，企業の個別的な営利活動と並行して，企業の社会的な責務の遂行（CSR）として行うことが求められている。CSRはいまや「産業システム領域の活動で経済社会システムに対する長期的展望ないし洞察に支えられて，新たな企業活動を通じて新たな社会的文脈を提示する」[37]ものであり，企業の営利活動が社会的な問題解決と同調することは，社会の求めるところでもあるのである。

　ここに，図表9－1の二つのネットワークが近接あるいは融合する可能性がある。企業の営利活動に媒介されながらも，消費者は社会的な諸問題に関与し，または常にそれらを監視し，監視による社会的規範や秩序が生まれることで，企業の活動や市場そのものを消費者に望ましいかたちに変えていくのである。これこそが現代的な市場におけるICTを用いた消費者主権の実現の姿である。

（伊藤祥子）

注
（1）消費者主権の概念の整理については，主に以下を参照にした。宮澤（1974），中村（1978）第9章，宮坂（1990）。
（2）中村（1978）第9章。
（3）正田（2010）第1章。正田は，市民社会の基本的な原則である個人の権利の保障，とくに人間の自由・平等の保障に消費者の権利の出発点があるという。
（4）安全である権利，知らされる権利，選択できる権利，意見を反映させる権利である。
（5）この分類は宮澤（1974）に従っている。
（6）中村（1978），宮澤（1974），および宮坂（1990）。
（7）デジタル・デバイドとは，ICTを使いこなせる者と使いこなせない者の間に生じる待遇や貧富，機会の格差のことをいう。

(8) 来生（1997）295頁。
(9) 来生（1997）297-298頁。
(10) ここでは潜在顧客を含む消費者一般を「消費者」，個別企業との継続的な取引関係にある消費者を「顧客」と意図的に区別して使っている。
(11) 代表的なものに，上原（1999）。
(12) 佐久間（2005）69-70頁。
(13) 阿部（2009）第3章。
(14) 阿部（2009）172頁以下および179頁以下。
(15) 西村（1998）第Ⅳ章，西村（2010）第4章。
(16) 情報の内容について適切な判断ができるかどうか，それを使いこなせるかどうか，そして大量の情報の中から必要なものを収集し，分析・活用するための知識や技能のことを指す「情報リテラシー」という言葉もある。消費者問題としていわれる情報格差やデジタル・デバイドには，この問題も含まれる。
(17) 代表的なものに次のものがある。金子（2002），公文（2004），SGCIME（2007）。
(18) 福田は市民組織などによる問題解決に期待を寄せながら，その課題とそれを克服する条件について論じている。福田（2005），福田（2010）。
(19) 福田は市民の主体性意識を高めるためのしくみとして，いわゆる公共圏のような議論・討論できる場や学習のための場を作ることが重要だとしている。（福田 2010）。
(20) 情報水準という概念を用いて，市場における多様な情報を段階ごとに分け，それが市場機構に反映される動態について以下で考察した。（花園 2003）。
(21) この概念図の考え方は，次の著者らの考え方を基にしている。須藤（1995），金子（2002）。
(22) 産業分野と消費生活世界とのICTを介した今日的な相互浸透については，次に詳しい。福田（1996）。
(23) 情報化社会論を含め，社会における監視についての議論をレビューしたものとして，青柳（2006）第4章が詳しい。監視社会論の代表には，ライアン（2002）。
(24) 青柳（2006）第4章，279頁。同様に，公文も監視のもつ積極的な意義を重視する。公文は情報化社会の監視の状況を「可視化社会」と呼び，監視が持っている他人への配慮の側面と管理の側面のうち，前者がこれからの社会編成原理（「共の原理」と呼ぶ，説得や誘導の相互制御行為）にとって重要な技術となると述べている。公文（2004）第4章。
(25) 青柳（2006）第4章，311頁。
(26) 青柳（2006）第4章，335-336頁。
(27) 農林水産省（2003）より。
(28) 牛肉については，「牛肉トレーサビリティ法」が2003年6月に制定，同年12月に施行された。米および米加工品については，「米トレーサビリティ法」が2009年4月に制定，2010年10月1日から一部施行された。

(29) 松田（2009）71頁。
(30) 農林水産省消費・安全局消費・安全政策課『平成19年度食料品消費モニター第4回定期調査結果』（テーマ１．米の消費及び購入動向等について，２．食品のトレーサビリティについて）より。調査期間は2008年２月から３月，食料品消費モニター（全国主要都市に在住する一般消費者）1021名のうち1003名（98.2％）が回答した。
(31) 以下の内容は次の文献を参考にした。矢坂（2011）。
(32) 農林水産食品の安心，安全，品質について消費者に受入れられる情報提供の仕組みを構築し，普及・啓発を行うことにより，生産，流通，小売を通じて農林水産食品の流通を促進し，協会に参加する会員および消費者の利益に寄与することを目的に，2006年に食品事業関係者間で設立された。2012年２月末時点で88団体が入会している。日本トレーサビリティ協会　＜http://www.jtrace.jp/＞
(33) 森田（2011）より。出版物は食品表示検定協会（2009）。
(34) BSE問題を受けて2003年に食品安全基本法が制定され，その元に置かれた委員会で，内閣府に設置されている。食品安全委員会　＜http://www.fsc.go.jp/＞
(35) 横山（2004）第１章，21頁。
(36) 大手食品メーカーは，自社製品のトレーサビリティ情報の公開や，消費者を招待した工場見学など，すでにこのような取り組みを始めている。その意味で「トレーサビリティは，消費者から求められる安全を達成する方法ではなく，また単に信頼確保のための管理手法のみならず，活用法によっては食育の媒体や商品開発につながるニーズ把握等，多機能を有するシステムである。」老川（2011）74頁。
(37) 福田（2010）152頁。福田はCSRが社会的に育っていくためには，消費者の関与が必要であると述べている。これは本章の監視の視点と共通するものである。

参考文献

青柳武彦（2006）『サイバー監視社会―ユビキタス時代のプライバシー論―』電気通信振興会．

阿部真也（2009）『流通情報革命―リアルとバーチャルの多元市場―』ミネルヴァ書房．

上原征彦（1999）『マーケティング戦略論―実践パラダイムの再構築―』有斐閣．

老川信一（2011）「消費者のための食品トレーサビリティ制度のあり方」『宮城大学食産業学部紀要』5（1）．

金子郁容（2002）『新版　コミュニティ・ソリューション―ボランタリーな問題解決に向けて―』岩波書店．

来生新（1997）「Ⅴ　消費者主権と消費者保護」岩村正彦・碓井光明・江橋崇・落合誠一・鎌田薫・来生新・小早川光郎・菅野和夫・高橋和之・田中成明・中山信弘・西田典之・最上敏樹編『岩波講座　現代の法13　消費生活と法』岩波書店．

公文俊平（2004）『情報社会学序説―ラストモダンの時代を生きる―』NTT出版．

佐久間英俊（2005）「第２章　インターネット・マーケティングと消費者」山口重克・福田豊・佐久間英俊編『ITによる流通変容の理論と現状』御茶の水書房．

正田彬（2010）『消費者の権利 新版』岩波書店。
食品表示検定協会著，小川美香子・臼井一茂監修（2009）『食べちゃれクイズ』ダイヤモンド社。
須藤修（1995）『複合的ネットワーク社会―情報テクノロジーと社会進化―』有斐閣。
中村達也（1978）『市場経済の理論』日本評論社。
西村多嘉子（1998）『現代流通と消費経済―グローバリゼーションと消費者主権―』法律文化社。
西村多嘉子（2010）『市場と消費の政治経済学』法律文化社。
農林水産省（2003）『食品トレーサビリティシステム導入の手引き（食品トレーサビリティガイドライン）』（初版）。
花園祥子（2003）「第10章 情報水準の動態と流通論への新たな視点」阿部真也・藤沢史郎・江上哲・宮崎昭・宇野史郎編著『流通経済から見る時代』ミネルヴァ書房。
福田豊（1996）『情報化のトポロジー―情報テクノロジーの経済的・社会的インパクト―』御茶の水書房。
福田豊（2005）「第1章 IT進化第4フェーズのソリューション特性―IT発展の現状と課題―」山口重克・福田豊・佐久間英俊編『ITによる流通変容の理論と現状』御茶の水書房。
福田豊（2010）「第7章 全面情報化とCSR, Civic Engagement―再帰的再構造化の可能性―」斯波照雄編著『商業と市場・都市の歴史的変遷と現状』中央大学出版部。
松田友義（2009）「トレーサビリティシステム導入の意義と普及に向けた課題」『都市問題研究』第61巻第11号。
宮坂富之助（1990）「第1章 現代の消費者問題と権利」宮坂富之助・谷原修身・内田耕作・鈴木深雪著『現代経済法講座5 消費生活と法』三省堂。
宮澤健一（1974）「消費者主権の理念とその実現条件」『季刊 現代経済』15。
森田満樹（2011）「日本トレーサビリティ協会消費者情報部会2010年度活動報告 消費者視点から提案するわかりやすい食品表示とトレーサビリティ」『Trace Report』Vol.14。
矢坂雅充（2011）「食品トレーサビリティの現状と課題」『明日の食品産業』5月号（416号）。
横山理雄監修，松田友義・田中好雄編集（2004）『食の安全とトレーサビリティ―農場から食卓までの安全・安心システム作り―』幸書房。
ライアン，デイヴィッド著，河村一郎訳（2002）『監視社会』青土社。
SGCIME編（2007）『マルクス経済学の現代的課題 第Ⅰ集 グローバル資本主義 第2巻 情報技術革命の射程』御茶の水書房。
食品安全委員会
　＜http://www.fsc.go.jp/＞
日本トレーサビリティ協会
　＜http://www.jtrace.jp/＞

執筆者一覧

小野雅之（おの　まさゆき）序章，編著者
　神戸大学大学院農学研究科　教授
佐久間英俊（さくま　ひでとし）第1章，編著者
　中央大学商学部　教授
山下裕介（やました　ゆうすけ）第2章
　駒澤大学経済学部　非常勤講師
樫原正澄（かしはら　まさずみ）第3章
　関西大学経済学部　教授
野見山敏雄（のみやま　としお）第4章
　東京農工大学大学院農学研究院　教授
古林英一（ふるばやし　えいいち）第5章
　北海学園大学経済学部　教授
矢野　泉（やの　いずみ）第6章
　広島大学大学院生物圏科学研究科　准教授
池上幸江（いけがみ　さちえ）第7章
　大妻女子大学　名誉教授
古谷由紀子（ふるや　ゆきこ）第8章
　玉川大学工学部　非常勤講師
伊藤祥子（いとう　さちこ）第9章
　名桜大学国際学群経営情報教育研究学系　准教授

日本流通学会設立25周年記念出版プロジェクト（第3巻）
商品の安全性と社会的責任

発行日──2013年11月16日　初 版 発 行　〈検印省略〉

監　　修──日本流通学会
編著者──小野雅之・佐久間英俊
発行者──大矢栄一郎
発行所──株式会社　白桃書房
　　　　〒101-0021　東京都千代田区外神田5-1-15
　　　　☎03-3836-4781　📠03-3836-9370　振替00100-4-20192
　　　　http://www.hakutou.co.jp/

印刷・製本──藤原印刷

Ⓒ Masayuki Ono, Hidetoshi Sakuma, 2013　Printed in Japan
ISBN978-4-561-66198-2 C3363

本書のコピー，スキャン，デジタル化等の無断複製は著作権法上での例外を除き禁じられています。本書を代行業者等の第三者に依頼してスキャンやデジタル化することは，たとえ個人や家庭内の利用であっても著作権法上認められておりません。

JCOPY　〈(社)出版者著作権管理機構　委託出版物〉
本書の無断複写は著作権法上での例外を除き禁じられています。複写される場合は，そのつど事前に，(社)出版者著作権管理機構（電話03-3513-6969，FAX 03-3513-6979，e-mail : info@jcopy.or.jp）の許諾を得てください。

落丁本・乱丁本はおとりかえいたします。

好評書

日本流通学会設立 25 周年記念出版プロジェクト
日本流通学会【監修】

佐々木保幸・番場博之【編著】
第1巻 地域の再生と流通・まちづくり　　　　　　　　　本体 3,000 円

吉村純一・竹濱朝美【編著】
第2巻 流通動態と消費者の時代　　　　　　　　　　　　本体 3,000 円

小野雅之・佐久間英俊【編著】
第3巻 商品の安全性と社会的責任　　　　　　　　　　　本体 3,000 円

木立真直・齋藤雅通【編著】
第4巻 製配販をめぐる対抗と協調　　　　　　　　　　　本体 3,000 円
　　―サプライチェーン統合の現段階

大石芳裕・山口夕妃子【編著】
第5巻 グローバル・マーケティングの新展開　　　　　　本体 3,000 円

加藤義忠【監修】日本流通学会【編著】
現代流通事典　　　　　　　　　　　　　　　　　　　　本体 3,000 円

――――――― 東京　白桃書房　神田 ―――――――

本広告の価格は本体価格です。別途消費税が加算されます。